encontros com o *griot*

AAC BERNAT

encontros com o *griot*

Sotigui Kouyaté

edição
reimpressão

ALLAS

Copyright © 2013 Pallas Editora

EDITORAS
Cristina Fernandes Warth
Mariana Warth

COORDENAÇÃO EDITORIAL
Livia Cabrini

COORDENAÇÃO GRÁFICA
Aron Balmas

PREPARAÇÃO DE ORIGINAIS E EDIÇÃO DE TEXTO
Babilonia Cultura Editorial

CAPA
Rafael Nobre / Babilonia Cultura Editorial

FOTO DE CAPA
Alain Chambaretaud

FOTO DE CONTRACAPA
Coleção particular de Esther Marty-Kouyaté

PROJETO GRÁFICO E DIAGRAMAÇÃO
Abreu's System

(Este livro segue as novas regras do Acordo Ortográfico da Língua Portuguesa.)

Todos os direitos reservados à Pallas Editora e Distribuidora Ltda.
É vedada a reprodução por qualquer meio mecânico, eletrônico, xerográfico etc., sem a permissão por escrito da editora, de parte ou totalidade do material escrito.

CIP-BRASIL. CATALOGAÇÃO NA PUBLICAÇÃO
SINDICATO NACIONAL DOS EDITORES DE LIVROS, RJ

B445e

Bernat, Isaac, 1960-
    Encontros com o *griot* Sotigui Kouyaté / Isaac Bernat. – 1. ed. – Rio de Janeiro: Pallas, 2013.

    292p. : il. ; 23 cm.
    Inclui bibliografia
    ISBN 978-85-347-0510-3

    1. Arte negra – Brasil – História. 2. Arte brasileira – Influências africanas. 3. Artes – Brasil – História. 4. Tradição oral. 5. Contadores de história. I. Título.

13-05716   CDD: 709.081
                                                          CDU 7(81)

Pallas Editora e Distribuidora Ltda.
Rua Frederico de Albuquerque, 56 – Higienópolis
CEP 21050-840 – Rio de Janeiro – RJ
Tel./fax: 21 2270-0186
www.pallaseditora.com.br
pallas@pallaseditora.com.br

Para
Sultana Garson Bernat
Julia Bernat e Teresa Isnard Bernat
Moises Bernat e Sotigui Kouyaté
Esther Marty-Kouyaté e toda a família Kouyaté
Ana Achcar e Laura Bruno
Judith Grossmann
Letícia Isnard
Soraya Ravenle

Aos meus afilhados Claudio Victor, Flora, Gustavo, Elena, Joana, Miguel e Vitor

Agradecimentos

Ao Prof. Dr. Zeca Ligiéro, meu orientador no doutorado, pelo auxílio e pelo estímulo generoso na construção e no desenvolvimento deste livro. Ao Prof. Dr. Victor Hugo Adler Pereira e ao Prof. Dr. Ricardo Kosovski pelas valiosas e imprescindíveis contribuições no processo de qualificação. A Profª. Dra. Ana Maria de Bulhões Carvalho, a Profª. Dra. Inaicyra Falcão dos Santos e Prof. Dr. Luciano Pires Maia agradeço o interesse, a disponibilidade e a competência com que honram a leitura deste livro.

Ao Conselho Nacional de Desenvolvimento Científico e Tecnológico (CNPq) pela bolsa concedida durante o doutorado, ao Programa de Pós-Graduação em Teatro (PPGT) e ao Núcleo do Ator, ambos da Universidade Federal do Estado do Rio de Janeiro (UNIRIO).

Ao Prof. Dr. Marco Antonio Gonçalves do Instituto de Filosofia e Ciências Sociais da Universidade Federal do Rio de Janeiro (IFCS/UFRJ).

Agradecimento especial a Daniele Ramalho, madrinha deste livro.

A Abdou *Ouologuem*, Adriana Bonfatti, Adriana Maia, Adriana Schneider Alcure, Adriano Pelegrini, Alexandre Bordallo, Alexandre David, Alex Pinheiro, Amazona Angélica dos Santos, Ana Achcar, Ana

Célia de Faria Meirelles, Ana Paula Brasil, Ana Paula Carvalho, Andréa Jabor, Anna Wiltgen, Aristídes Domingos, Artur Kampela, Augusto Madeira, Augusto V. P. Fonseca, Beatriz Carneiro da Cunha, Beatriz Sayad, Bernardo Utchitel, Betty Passi de Moraes, Bia Penteado, Bourama Kouyaté, Camila Bastos, Carlos Djahjah, Carmen Frenzel, Cátia Costa, Cristina Fernandes Warth, Christine Davoudian, Claudia Arcadier, Claudia Maranhão, Claudia Ventura, Claudio T. Gonzaga, Clara Santhana, Clarice Niskier, Dani Kouyaté, Debora Lamm, Dedina Bernadelli, Fernanda Azevedo, Graciela Pozzobon, Glauber Carvalho, Guti Fraga, Habib Dembelé, Hassane Kouyaté, Helena Varvaki, Henrique Jatobá, Isabele Genlis, Isabela Lomez, Ismael, Issa, Janaina Moura, Jean Bodin, Jean Jacques Dulac, João Avelino, João Miguel, Joyce Niskier, José Carlos Cohen, José Wendell Soares, Judith Grossmann, Juliana Delgado, Juliana Jardim, Karen Coelho, Kamilla Oliveira, Karen Liberman, L'Hadj Beton Konaté, Luntani Kouyaté, Letícia Isnard, Letícia Spiller, Lionel Fischer, Mabô Kouyaté, Marcelo Preto, Márcio Trigo, Maria Emília, Mariana Warth, Marina Bezze, Matheus Carvalho, Miriam Halfim, Nadine Joory, Nathalia Sambrini, Nedira Campos, Pablo Aguiar, Pamela Jean Croitorou, Paula Cavalcanti, Paulo Pontvianne, Raphael Vidal, Renata Janeiro, Ricardo Gadelha, Ricardo Hofstetter, Ronaldo Gama, Rosana Queiroz, Rose Verçosa, Rubens Rosental, Rubens Camelo, Sérgio Marimba, Sérgio Loroza, Soraya Ravenle, Sultana Helena Zmiro, Sunshine Carneiro, Suzana Abranches, Socrates Nolasco, Soussaba Kouyaté e Tagaré Kouyaté, Teresa Seiblitz, Tereza Naylor Rocha, Tiago Quites, Vanessa Monteiro, Vitor Lemos, Xando Graça, Yagaré Kouyaté.

A Esther Marty-Kouyaté e toda a família Kouyaté, que tornaram tudo possível e ajudaram a clarear o meu olhar.

À Mon Père Sotigui Kouyaté pour m'adopter en tant que son fils.

Sumário

Abertura 11
Nota prévia 13
Prefácio: Ressignificando a tradição: Uma pesquisa
interdisciplinar da linguagem teatral 17
Introdução 21
    Primeira parte: O nascimento da ideia 21
    Segunda parte: A viagem à África 30

CAPÍTULO 1. O *griot*, Sotigui Kouyaté e a África 51
    Definição do termo. Histórico. Função na África Ocidental .. 51
    A sociedade malinca: Mitos e estrutura 54
    A família Kouyaté e a educação de um *griot* 65
    Outros ofícios e o encontro com o teatro 70

CAPÍTULO 2. O encontro de Sotigui Kouyaté com Peter Brook 75
    O "Mahabharata": A entrada de Sotigui na Europa 81
    Um Próspero africano 89
    "Le costume" e a descoberta do *griot* 95
    Tierno Bokar revive na pele de um *griot* 100

CAPÍTULO **3. Um *griot* no cinema** 115
    Le courage des autres: A palavra e o silêncio 120
    Keita, L'heritage du griot: Entre a tradição e a modernidade 126
    Little Senegal, a diáspora africana na América 138

CAPÍTULO **4. Ensinamentos: Prática e transmissão** 147
    Os estágios 150
    Os exercícios 155
    Os contos 172
    A experiência na UNIRIO 192

    Considerações finais 227
    Bibliografia 239
    Trajetória profissional — Sotigui Kouyaté 253

Abertura

O espírito das coisas ao se tornar homem, começou a falar uma língua estranha cheia de imagens e de flores. Porém, não foi compreendido, e por o considerarem louco, jogaram-no ao mar. Um peixe o engoliu, e um pescador, tendo pescado o peixe e o comido, começou a falar uma língua misteriosa. Ele foi apedrejado e enterrado. Aos poucos, o vento do deserto descobriu a sua face, e num dia de simoun,* alguns pedaços do seu corpo caíram dentro do *couscous* de um caçador. Na mesma hora, com palavras místicas, ele começou a contar coisas desconhecidas. Então, ele foi exterminado; o seu corpo, reduzido num pó tão fino como a poeira do deserto, foi lançado ao espaço. Um homem, cujo ofício consistia em tirar de uma corda estendida sobre uma cabaça, harmonias divinas, aspirou alguns grãos desta poeira e, ao mesmo tempo que seus dedos faziam a corda vibrar , ele se pôs a cantar. E o deixaram viver. Assim, a piedade fez nascer o *griot* e é ela quem o permite existir para sempre.

(*Mito mandinga, Guiné. em Paroles de Griots,*
Paris: Albin Michel: 2005, 16)

---

* Vento quente e violento do deserto do Saara.

Sotigui Kouyaté no filme *Génésis* (2003), de Claude Nuridsany e Marie Pérénou. Foto da coleção particular de Esther Marty-Kouyaté

Nota prévia

Este livro é fruto de um encontro. E de vários outros encontros decorrentes deste inicial. Encontro, palavra-chave que encerra tudo que Sotigui Kouyaté buscou na vida e na arte. Aliás, para ele não havia esta distinção. Arte e vida, vida e arte caminham juntas sob o olhar deste *griot* que deixou uma vasta herança por onde passou. E foi longa sua caminhada. Ele visitou todos os continentes, países, cidades, aldeias, bairros, teatros, universidades, casas. Sua palavra chegou a muita gente e hoje podemos dizer que se propaga incessantemente, mesmo que não se saiba a origem. No caso do Brasil e especificamente no Rio de Janeiro, em São Paulo e Belo Horizonte ela ultrapassou os palcos nos espetáculos que fez aqui e invadiu as universidades, grupos de teatro, hospitais e principalmente a consciência de quem o conheceu de perto. Quantos atores, palhaços, contadores de histórias, bailarinos, diretores e professores hoje utilizam exercícios, ditados, histórias e toda uma pedagogia amparada na tradição deste *griot* moderno e único. Mesmo quem não o conheceu se sente próximo. Em homenagem realizada na UNIRIO em setembro de 2010, ouvimos alunos que nunca o encontraram dizerem: "Aprendi a amar alguém que não conheci".

A última vez que o vi em Paris em setembro 2008, ele já estava muito doente, mas passamos um dia juntos. Ele fez questão de tirar uma foto comigo com o troféu de melhor ator que ganhou em Berlim, o Urso de Prata, pelo belíssimo *London River*, seu penúltimo longa-metragem. Neste filme Sotigui mais uma vez representa a África no Ocidente e protagoniza uma obra que alerta para os riscos da intolerância e do preconceito entre os povos, temas recorrentes em suas falas, ações e performances. Nesse dia ele me pediu para que a tese virasse livro. Foi a minha confirmação da necessidade de publicar este livro. Então lhe dei minha palavra. E isto aprendi com ele. Palavra dada não se volta atrás.

No Ocidente frequentemente a morte não é vivida como uma passagem que precisa ser lembrada. Pois, afinal, o que é a morte senão o retorno para onde viemos. Por isso, transcrevo o belo texto de Ana Achcar, que esteve em Paris, e foi a única brasileira que ouviu o relato de sua passagem em 17 de abril de 2010. Ana pôde se despedir dele pessoalmente por todos nós.

Queridos amigos,
Sotigui partiu para a África hoje pela manhã. Será enterrado em Ouagadougou, Burkina Faso, amanhã, sábado, às 14h de lá (11h aqui no Brasil), com honras de chefe de Estado.
Ontem, quinta-feira, entre 11h e 13h de Paris, amigos e familiares puderam se despedir dele no hospital onde esteve internado, Européean Georges Pompidou, em Balard. Depois seguimos juntos para Marie des Lilás na casa dos Kouyaté para a prece mulçumana e o *griotage*, que se iniciou às 15h e durou até a noite. Encontrei Esther, Mabô, Yagaré, Papá, Hassane, Rosario, Isa... que mandaram beijos e abraços para todos. Estavam cansados, mas, na medida do possível, tranquilos. Sotigui não estava bem já há alguns meses, mas nos últimos tempos havia piorado muito. Pesando 40 quilos, ele já não se movimentava e, na quarta-feira passada à noite, não foi mais possível evitar sua internação. Mesmo com oxigênio Sotigui ainda passou por vários episódios de falta de ar na quinta, sexta e no sábado resolveram lhe perguntar se

queria que lhe tirassem a máscara, ao que ele respondeu que sim com a cabeça. Mesmo avisados pela equipe de enfermagem de que Sotigui resistiria apenas por alguns minutos, os familiares e alguns amigos ainda permaneceram ao seu redor por cinco horas e meia. Em círculo e de mãos dadas em volta dele, iam se comunicando com ele, que respondia sempre que sim ou que não apenas mexendo a cabeça. Hassane assumiu o papel do *griot* e contou a história de Sotigui, que a seguiu, afirmando-a sempre com a cabeça. Sotigui esteve consciente até o momento em que parou de respirar, às 19h15 da noite em Paris. Suave interrupção. Leve suspiro. Ninguém chorou.

Segundo os presentes, a sua passagem foi iluminada, grandiosa, aceita. A passagem do *griot* que foi ao encontro dos seus ancestrais. No corredor do hospital, nós comentávamos as coincidências que fizeram cada um de nós estar lá naquele momento. Eu me senti privilegiada e ao mesmo tempo lamentei muito não estar com vocês. Pensei em vocês o tempo todo. Entreguei sua rosa, Isaac, para Esther, e a flor ficou passando de mão em mão assim como se fosse você andando por ali. Levei uma bolsinha com a estampa do Cristo Redentor (que me desculpem os paulistas... mas foi uma improvisação), onde coloquei o nome de cada um de nós e outros também, em papeizinhos dobrados e a entreguei a Esther para que guardasse com ela nosso amor e nossa amizade. Não encontrei lugar para a fotografia, Anna, nem a quem entregar. Apenas a mostrei para ele e a trouxe de volta. A visão de Sotigui não me impressionou. Na verdade, não o reconheci. Enrolado por um tecido branco, corpo e cabeça, apenas com o rosto, barbeado, de fora, a sua imagem me fez viajar no tempo e fiquei alguns minutos ao lado do seu corpo rememorando flashes da sua presença viva. A cerimônia em Lilas foi um acontecimento à parte.

Uma festa, uma celebração, mesmo que a todo tempo se alternassem lágrimas espontâneas pelos rostos dos africanos em terno (lembrei-me do "Le costume"!), das *griottes* impecavelmente vestidas, dos companheiros franceses do teatro, dos amigos, dos filhos, da imensa família de Sotigui. Havia cerca de cem pessoas, divididas entre aquela sala do térreo da casa deles e espalhadas em cadeiras pela calçada. O dia estava lindo, azul e frio. Lembram aqueles vídeos que ele passava nas oficinas, de *griotage* dos mortos, na África? Pois então, ontem foi a vez de Sotigui. Como nos filmes, um *griot* contava a história, que era aprovada por todos em coro, até que um discordava e tomava a história para si e então passávamos a acompanhá-lo. Em seguida, separaram na sala as mulheres dos homens e todos de cabeça coberta começaram a prece. As *griottes* começaram a cantar e nessa hora eu tive que ir embora. Se não me apressasse, corria o risco de perder meu lugar, tão difícil de conseguir, num voo para o Rio. Fui embora andando até o metrô, pelas ruazinhas de Lilas ainda claras pela luz do sol, impregnada por uma forte sensação de permanência. Era estranho porque eu ia, eu andava, eu me movimentava e me distanciava, mas algo dentro de mim ficava, chegava, voltava, para sempre. "Nós conhecemos um homem por seus atos, não por suas palavras", diz Sotigui. E agora me faltam os verbos e os substantivos, pois só desejo estar na presença de vocês e compartilhar o silêncio seguro e ativo de quem está junto. Um beijo em cada um e até. Ana.

No dia em que foi enterrado em Burkina Faso, marcamos um encontro em frente ao único baobá existente no Jardim Botânico do Rio de Janeiro. Sete anos após a grande oficina realizada na UNIRIO, metade dos participantes estava lá para render homenagem, rezar, enaltecer, rir, chorar e reconhecer o quanto ele nos deu. Foi como disse Ana Achcar, uma espécie de "griotagem" realizada por seus alunos, amigos e filhos de coração. Desde então, para nós o espírito de Sotigui também está naquele baobá. A sua força e dignidade eram impressionantes. E calmamente, muito calmamente nos guiam.

Este livro pretende apresentar a quem quiser ouvir uma parte da história deste *griot*. A tradição, a família, o teatro, o cinema e os ensinamentos por ele trazidos para o Brasil aqui estão para "clarear o nosso olhar". Se isso for possível, terei cumprido minha missão.

Prefácio

*Victor Hugo Adler Pereira**

Ressignificando a tradição:
Uma pesquisa interdisciplinar da linguagem teatral
O livro de Isaac Bernat não resulta apenas da pesquisa realizada na UNIRIO, embora todos os procedimentos que a caracterizam tenham sido seguidos por esse verdadeiro pesquisador. Há no bojo deste livro uma perspectiva e disposição ao encontro com a alteridade, característica da atitude do antropólogo, e que se soma à vontade de enfrentar questões muito amplas sobre a teatralidade, surgidas numa estrada longa de prática em vários tipos de teatro, como ator e diretor. Enfeixando essas duas, o testemunho do talento e da dedicação que caracterizam o educador – talento que remete ao legado de um meio familiar em que a educação é considerada uma ocupação honrosa. Deste modo, a metamorfose da pesquisa em experiência educacional, também relatada neste livro, surge com espontaneidade, criatividade e leveza – uma decorrência que parece "natural" para esse pesquisador.

---

* Professor-adjunto de Teoria da Literatura da Universidade do Estado do Rio de Janeiro (Uerj), bolsista do CNPq, coordenador do Programa LerUerj.

No percurso da investigação de Isaac Bernat sobre as funções tradicionais do *griot* e suas relações com a atualidade do teatro, orientado pelo Prof. Dr. Zeca Ligièro, e cujos resultados tive o prazer de acompanhar institucionalmente nas bancas de qualificação e defesa de sua tese de doutorado, confluíram outras forças que deram lastro e vitalidade às atividades acadêmicas. A principal delas, fulcro originário de outras, foi a relação com o *griot*, ator de cinema e teatro, e ativista cultural Sotigui Kouyaté. Essa relação, que vi nascer e começar a provocar muitas transformações no pensamento e na inserção no mundo de Isaac, pode ser traduzida, numa primeira mirada, como a de um guru ou mestre com seu discípulo.

Tive a oportunidade de constatar, no modo com que Isaac narrava o impacto do encontro com Sotigui numa oficina para atores, que havia ocorrido uma captação simbólica baseada na admiração, na identificação com um conjunto de valores, entre os quais a generosidade, a simplicidade e o respeito à amizade. Nos demais relatos sobre Sotigui, era evidente também o fascínio pela experiência teatral do ator africano, por sua singular e corajosa trajetória de deslocamento espacial, profissional e cultural que o levou de conselheiro da aldeia a trabalhos como ator com destaque e ao reconhecimento e parceria profissional com uma das figuras mais respeitadas do teatro europeu, o diretor Peter Brook.

Outras situações que propiciaram a originalidade da pesquisa de Isaac Bernat estavam estreitamente relacionadas à fidelidade ao caminho apontado concreta ou imaginariamente pelo mestre africano. Foi o caso do estágio de pesquisa e convívio na África, que não se restringiu a capitais ou centros de documentação ou de produção artística consagrada, mas se enriqueceu com uma experiência mais ampla, guiada pela mão de Sotigui: de frequência a festas e rituais comunitários, onde a participação do *griot* remete a antigas tradições, como a de contação de histórias; e também a possibilidade de assistir às performances narrativas acompanhadas pela dança e pela caracterização com indumentária e máscaras. A experiência, na viagem ao continente africano, completou-se com o convívio e a participação na vida cotidiana dos familiares e amigos de Sotigui.

Um ponto interessante, nesse sentido, foram os sólidos laços que se criaram entre essa família muçulmana e Isaac, ligado às tradições judaicas, que ficam claros no modo respeitoso com que sempre se refere à convivência com eles em nossas conversas. Podem ser destacadas, ainda, sua compreensão e participação de perspectivas sobre a natureza e a espiritualidade que se imprimiram na sua concepção de mundo – e que se traduzem na evocação cerimonial que Isaac realiza, em contato com a natureza, da energia do recém-falecido mestre.

Outro ponto a ser relatado, como sinal dessa proximidade respeitosa e fecunda que se manteve após a morte de Sotigui, é o fato de o pesquisador brasileiro e carioca se orgulhar de ter sido reconhecido com o *status* de filho, diante das pessoas mais próximas do africano. Uma prova das possibilidades de quebra de barreiras étnicas e culturais quando certa gama de valores é colocada no centro da convivência humana.

Além dos interessantes relatos dessa trajetória de formação de um pesquisador intercultural e da discussão sobre suas repercussões nas práticas e na perspectiva sobre o teatro, contidos neste livro, merece atenção a parte concernente a questões pedagógicas relacionadas à formação do ator. Este aspecto da experiência do pesquisador revela um talento destacado nessa área – em que também vem atuando há muitos anos.

Após essa imersão em experiências tribais e a dedicação ao estudo sobre a transposição destas para uma vertente do teatro europeu preocupada com a constante renovação estética, Isaac voltou a seu trabalho como professor de teatro. As transformações ocorridas no seu percurso de pesquisa e experiências pessoais na África repercutiram em sua atuação junto a um tipo particular de estudantes que frequentam os cursos de teatro na atualidade: eles vêm de diferentes partes do país para o Rio de Janeiro, buscando formação e oportunidades de fazer carreira nas artes cênicas ou performáticas (como a carreira de atores de televisão).

No livro, a apresentação das práticas pedagógicas que passou a experimentar junto a essas pessoas – chegadas a esse centro urbano com bagagens existenciais, familiares e comunitárias muito diversas – demonstra que o pesquisador introjetou e transpôs para seu cotidiano as lições do mestre. Com a leveza de quem possui uma bússola interior, no relato de Isaac uma porta se revela para novas possibilidades de se articular a formação profissional (o trabalho realizado certamente é aplicável em vários outros contextos educacionais) e a integração dos jovens sob diferentes aspectos: em sua convivência com as diferenças culturais com os colegas de curso; no contato com o espaço físico e a multiplicidade de culturas e situações sociais que convivem na cidade grande e violenta. O leitor terá a oportunidade de avaliar e considerar a viabilidade dos caminhos abertos pelo trabalho de Isaac que ao mesmo tempo evoca as experiências junto a Sotigui e remete às perspectivas pedagógicas de Paulo Freire.

No decorrer da escrita deste prefácio, numa tarde friazinha e de céu limpo do Rio de Janeiro, desfilaram na memória os sentimentos fraternos e a admiração pelo jovem pesquisador que me procurou, há já muitos anos, para que o orientasse em sua dissertação de mestrado. A tarefa que me assustou, então, pelo grau de responsabilidade de orientar um ator experiente e com tanta vontade de entender situações relacionadas à sua prática, transformou-se em oportunidade de uma convivência amiga e rica em descobertas para mim. Revejo, com gratidão, o quanto aprendi nesse contato, muito pela generosidade de Isaac em compartilhar o que vê e aprende de bonito e novo nos seus percursos profissionais e nos contatos humanos.

Agradecido pelo honroso convite para prefaciar este livro, desejo ao leitor que se sinta tão gratificado e enriquecido quanto eu, pelo conhecimento da experiência singular desse ator, diretor, pesquisador e professor.

A divulgação dos resultados dessa experiência, revelando o manancial de contribuições para a atualidade que pode advir de uma vertente da cultura tradicional da África, favorece a quebra de paradigmas para a compreensão dos caminhos da teatralidade e das variedades da performance. Provoca também os pesquisadores brasileiros a deslocar sua atenção para novos horizontes de investigação e a encontrar novas respostas aos desafios colocados pela diversidade de culturas e a convivência das transformações súbitas e descobertas arrojadas com as tradições longínquas e arcaicas, cruzamentos que enriquecem nossa época.

Introdução

Primeira parte: O nascimento da ideia

A peça começa. Entra em cena um ator negro, muito magro e alto, com uma expressão de tranquilidade no rosto. Mesmo falando em francês, assim que começa a apresentar a história a que vamos assistir, um forte contato se dá. Nas frases que diz, há um elo claro e direto com o espectador, algo que não vem exatamente do entendimento. As legendas em português cumprem o papel de traduzir palavras, mas o sentido se cria para além delas; parece vir da maneira como ele se relaciona com o espaço, o tempo e a ação, pela inflexão da voz, pelo uso das pausas e suspensões, e principalmente exercendo a autoridade da sua simples presença cênica. A experiência me trouxe uma sensação rara em teatro: este homem está se dirigindo diretamente a mim, e não a uma plateia imaginária; isto é, rompe a quarta parede, mas não se vale de artifícios estilísticos ou de truques de ator. Coloca-se simplesmente como alguém que está ali para contar uma história importante.

Esta cena se passou em 2001, no Festival Porto Alegre em Cena. A peça era "Le costume", do sul-africano Can Themba, com direção de Peter Brook. O ator africano se chamava Sotigui Kouyaté e era um *griot*.

Essas informações, naquela ocasião, de pouco valeriam, pois eu desconhecia o que significava ser um *griot*. Um ano depois, durante a temporada carioca de "Hamlet", também com direção de Peter Brook, Sotigui Kouyaté ministrou um curso na Fundição Progresso. Foi aí, então, participando desse encontro, que comecei a entender o que significava ser um *griot*. Essa compreensão, porém, não se deu no plano histórico ou intelectual, mas, como da primeira vez que o vira, de um modo quase intuitivo, sensibilizado pelo seu comportamento, tocado pelo seu olhar, magnetizado pelo poder da sua palavra. Aos poucos fui conhecendo algumas características do trabalho de um *griot*. O primeiro fato que chamou minha atenção foi que, em pouco tempo as pessoas ali reunidas já formavam um grupo conectado, que escutava atento e vivenciava em conjunto as proposições dos encontros.

Quando estive na África em dezembro de 2003 já então amigo e acompanhante de Sotigui, numa viagem ao Mali e a Burkina Faso, constatei mais uma vez que o cotidiano de um *griot* é constituído pela realização de encontros. Encontros motivados por razões diversas, desde a solução de problemas individuais, aconselhamentos de família, participação em batismos, em casamentos, funerais ou festas coletivas. Porque na verdade o *griot* não é só ator, cantor, bailarino e músico, mas a principal fonte de armazenamento e transmissão de contos iniciáticos, anedotas e provérbios, através dos quais o africano, de qualquer idade, aprende sobre si mesmo, sobre os outros e sobre o mundo. Esses elementos da tradição oral são a verdadeira escola africana, e o *griot*, o seu mestre principal.

Toda a educação, a história do povo africano, assim como a genealogia de suas famílias se davam através da oralidade, pela voz e presença do *griot*. Quanto mais velho um *griot*, mais histórias conta e mais histórias ouve, de mais encontros participa e mais conhecimento adquire. Segundo o tradicionalista malinês Amadou Hampâté Bâ (1999, p. 1), "na África quando um velho morre, uma biblioteca se incendeia".*
O *griot* é o mestre da palavra, é ele que não permite que a cadeia de transmissão dos conhecimentos fundamentais de uma vida se apague.

---

* Tradução minha. A partir de agora só farei referência a traduções que não forem minhas.

Por outro lado, para que se tenha uma noção mais clara da importância de Sotigui, basta dizer que os Kouyaté são os primeiros *griots* que, desde o século XIII, passam de pai para filho o conhecimento ancestral, segundo a tradição oral da África Ocidental. A região compreende o ancestral Império Mandinga,* que teve seu apogeu também no século XIII, perdurando até o século XVII.

De que maneira, então, aquele africano tão pleno de saberes desconhecidos para nós, ocidentais, moradores do Rio de Janeiro, e bem mais jovens, conseguiu iniciar o grupo no seu universo onde a palavra possui um caráter sagrado? Durante aquela primeira oficina, o foco do trabalho se concentrou basicamente na valorização do indivíduo e na potência que cada um carrega a partir do conhecimento acumulado na sua própria história. Para a tradição malinca, não há nada que alguém possa lhe dar que já não esteja em você. É neste sentido que Sotigui costuma dizer: "Quando você se sentir perdido, lembre-se de onde veio e não estará mais perdido". Ou seja, a valorização das raízes culturais é fator de resistência e de identidade para o africano.

Antes de começar cada encontro, Sotigui sempre procurava nos aproximar da sua própria cultura, através de vídeos sobre ritos e cerimônias. Com isso, sinalizava que, para receber o que ele trazia, era preciso conhecer a tradição que o sustentava. Só percebendo o mistério que carregava poderíamos chegar a uma iniciação sutil, e não a uma mera imitação formal.

Para nos situar no seu contexto fez uso de vários recursos. Um vídeo que mostrava o contato físico entre homens e crocodilos revelou a relação espiritual que há séculos os une na África. Neste vídeo, viam-se homens e crianças sentados sobre crocodilos enquanto falavam com os animais. Segundo ele, o crocodilo é um animal sagrado para o africano,

---

* O Império Mandinga basicamente compreende três povos: os bambaras, os diolas e os malincas. Estes três grupos têm raízes comuns, mas destacarei os malincas, visto que Sotigui Kouyaté pertence a esta etnia. Mandê é a região que compreende o antigo Império Mandinga, que se situa ao longo do rio Níger subindo para Bamako (Mali) e descendo para Kouroussa (Guiné). Englobava o que corresponde atualmente a Guiné, Mali, grande parte do Senegal, Burkina Faso, parte da Nigéria, todo o norte da Costa do Marfim e a Mauritânia.

pois se considera que o crocodilo recebe o espírito de um ancestral humano. Essa é a razão que faz com que os homens dialoguem e se consultem com estes animais. À primeira vista parecia impossível imaginar a possibilidade de me sentar ou mesmo de me aproximar de um crocodilo. Porém, quando estive num parque sagrado, perto de Ouagadougou, em Burkina Faso, experimentei pessoalmente o que era sentar sobre o dorso de um crocodilo. Naquela ocasião, no Rio de Janeiro, jamais pensei que dois anos depois pudesse fazer algo tão exótico aos olhos de um brasileiro e tão comum dentro da cultura africana. A relação estreita com a natureza e com o mundo oculto está na base da constituição de um verdadeiro *griot*.

Uma intensidade diferente que carrega, a autoridade e o domínio com que faz uso da palavra, foram indubitavelmente as razões que fizeram Peter Brook convidar Sotigui para trabalhar com ele no Teatro Bouffes du Nord, em Paris nos idos de 1985. Durante a escolha de um importante papel para a montagem de "Mahabharata", Peter Brook não conseguia encontrar um ator para este papel, até que Marie-Hélène Estienne, sua assistente, viu Sotigui num *take* de poucos segundos, no filme *Le courage des autres*, de Christian Richard (1982). Era uma cena sem texto. Sotigui estava sentado ao lado de uma árvore, levantava-se e saía de quadro. Foi o suficiente para ir buscá-lo em Burkina Faso para realizar um teste. Ele foi da África para Paris, num voo noturno direto para o teatro. À sua espera estavam os atores, o próprio Brook e o escritor Jean-Claude Carrière, que trabalha com Brook na criação de roteiros. Este primeiro encontro entre Brook e Sotigui parece ser uma das chaves para se entender aquilo que no *griot* encantou o diretor. É o que ouvimos no filme *Un griot moderne*, de Mahamat Saleh Haroun.

> Nós nunca tínhamos nos encontrado, nunca tínhamos ouvido falar dele. Eram 9 da manhã, ele entrou, disse bom-dia, não sabia de nada, não sabia que se tratava de "Mahabharata". Nós o sentamos sobre um tapete, em frente a um ator alemão que se chama Matias. Nós lhe demos o texto, num pedaço de papel sem lhe dizer nada, nenhuma circunstância. Peter lhe disse: "Tente ler". Então ele, bem tranquila-

mente, pegou o texto e começou a ler e imediatamente se passou alguma coisa muito surpreendente, que nós tínhamos procurado durante anos. Quer dizer, ele entrou num texto desconhecido, vindo de outro país, num outro tempo e com uma naturalidade absoluta, sem nenhuma reflexão psicológica, sem nenhuma barreira intelectual, tal como as palavras lhe vinham, ele as jogava e jogava a cena. Peter e eu nos olhamos e nos dissemos: aí está a porta que precisávamos para o "Mahabharata" (Un griot moderne, 1997, trad. Ana Achcar).

Mais adiante, Brook no mesmo filme, reforça o que no *griot* cativou um dos principais encenadores europeus da atualidade:

Sotigui é um homem excepcional, de uma imensa cultura, de grande tranquilidade e força real. Com uma imaginação alimentada por uma cultura onde a divisão entre o mundo aparente e o mundo invisível não foi cortada. Verdadeiramente, os dois mundos estão ligados de maneira natural. Então, como alguém que tem a capacidade de viver nesses dois mundos ao mesmo tempo, ele pode ficar fiel a si mesmo e evocar aquilo que tem de mais profundo nele mesmo para exteriorizar, de acordo com as necessidades de um papel (Un griot moderne, 1997).

Após aquele primeiro curso, fiz parte de um grupo de seis artistas (Ana Achcar, Anna Wiltgen, Fernanda Azevedo, Isaac Bernat, Joyce Niskier e Paulo Pontvianne) que idealizou o retorno de Sotigui em agosto de 2003 ao Brasil, para ministrar outro curso no Centro de Letras e Artes da UNIRIO, com duração de dez dias, reunindo quarenta artistas das mais variadas práticas: atores, palhaços, bailarinos, cantores, contadores e professores. Só que, desta vez, pedimos a Sotigui que o foco do trabalho fosse na relação do ator com a palavra. Este desejo estava ligado à consciência que tínhamos da existência de uma lacuna na formação e na prática de uma grande parcela dos atores em atividade nos palcos. Há anos assistimos dia a dia ao esvaziamento da palavra em nossos palcos. Esta constatação é fruto da minha experiência como ator e como professor de interpretação teatral e disciplinas afins.*

A partir dessa experiência pude verificar como grande parte dos alunos e colegas de profissão por vezes não reserva à palavra dita um dos focos da sua atenção. O resultado é que com frequência assistimos a peças nas quais, além de perdermos finais de frase, percebe-se que não há uma apropriação da palavra pelos atores; ou seja, fica evidente que a palavra, ao invés de ser o instrumento de uma revelação, passa a ser um obstáculo. Há uma necessidade de se fomentar e de se desenvolver nos alunos e nos atores autonomia e autoridade em relação à palavra. Na minha dissertação de mestrado, ao comentar sobre o grande oferecimento de montagens de Tchekov na época, esta questão já me inquietava:

> Também me parece que este ávido interesse por Tchekov no Brasil esteja intimamente ligado ao retorno à palavra e ao ator. Durante os anos 1980 estivemos diante da exaltação, pela mídia principalmente, da figura do encenador soberano, que na maioria das vezes fugiu dos grandes autores, pois na verdade procurava ele próprio ser um autor absoluto. Com isso, houve um excesso de espetáculos herméticos, onde a forma e a estética ofuscavam o ator e o texto. Uma geração de atores assim não pôde travar contato com grandes autores (Bernat, 1999, p. 115).

Naquela época eu já observava que havia uma dificuldade presente nos palcos cariocas e nas salas de aula no que se refere ao trato com a palavra. Penso que este problema era decorrente tanto da falta de exercício com dramaturgias que demandassem este apuro, como também pela carência de diretores e professores que se debruçassem sobre esta questão com afinco. No entanto, este problema ainda perdura. Contu-

---

* De 1986 a 1988 fui professor de Interpretação e Prática de Montagem no Curso de Formação de Atores do Calouste Gulbenkian. Durante 16 anos lecionei Interpretação e Prática da Literatura Dramática na Casa das Artes de Laranjeiras (CAL). Fiz parte durante dois anos do corpo docente do Curso de Bacharelado em Artes Cênicas da UNIVERCIDADE e durante dois anos fui professor substituto de Interpretação na UNIRIO. Atualmente sou Professor de Interpretação do Instituto Cal de Artes Cênicas.

do, através da minha prática como professor, observo que este fenômeno está relacionado à falta de exercício com a oralidade tanto na escola quanto no cotidiano das pessoas. A internet, por exemplo, está criando toda uma geração que escreve mais do que fala. E até esta escrita está sendo reduzida a um conjunto de abreviações e gírias que de certa maneira empobrecem a nossa língua.

Acredito que o interesse pela prática com Sotigui está relacionado fundamentalmente ao desejo de escutar uma fala sustentada por uma tradição. Assim nos pareceu alentador a possibilidade de experimentar uma vivência fundada na oralidade. Contos, histórias e ditados estão no centro da tradição africana. Através do exercício com os contos são trabalhados aspectos que necessitam de um engajamento total do contador com a palavra, o sentido, as imagens, a sonoridade, o ritmo e a transmissão do conhecimento. Estes elementos são, a meu ver, também estruturais para que o ator adquira autoridade e soberania na sua fala, portanto, o contato com esse universo representa uma excelente oportunidade de exercício e aprendizado.

No ato de contar, três instâncias se estabelecem: a do narrador, a dos personagens e a do próprio contador. As duas primeiras instâncias são mediadas e conduzidas pela terceira, ou seja, pelo contador, que é a própria pessoa, carregando consigo sua personalidade e história pessoal. O narrador situa a história, descreve todos os elementos, relaciona-se diretamente com a plateia, coloca e tira os personagens. É fundamental que a narração estabeleça os cenários, o enredo e a progressão dos acontecimentos. Quando o contador se coloca no lugar do personagem, o faz com toda a sinceridade, podendo utilizar recursos gestuais e vocais para diferenciá-los. Ao fazer os comentários, o contador estabelece um elo direto com a plateia, tornando-a cúmplice da história que está sendo contada. A participação do contador com a sua própria visão dos acontecimentos o diferencia de outro contador. É exatamente este o aspecto que pode transformar uma história já conhecida pela plateia num acontecimento extraordinário, pois cada contador traz consigo o frescor de um novo olhar. Talvez seja por isso que na África, quando se vai a um espetáculo, não se diz: "Eu vou ao teatro", mas sim "eu vou clarear o meu olhar". Além disso, para o *griot*, a palavra é sagrada. Segundo o artista plástico malinês, Abdou Ouologuem, marido de Soussaba, filha de Sotigui, a palavra é tão sagrada para o africano que Deus colocou a língua dentro da boca e, para não deixá-la escapar, protegeu-a pelos dentes de cima e de baixo e, para reforçar ainda mais essa proteção, criou os lábios inferiores e superiores (Ouologuem, 2003).

No decorrer desse segundo curso, percebi como a tradição oral africana está amalgamada com a prática do ator no teatro. O exercício da oralidade pressupõe um público que participe ativamente do evento onde a história é contada, mesmo que esse público seja constituído apenas por uma pessoa. O teatro faz parte do cotidiano do africano. Ao caminhar pelos mercados em Bamako, vi que a atitude do vendedor de tecidos está impregnada da cultura oral. Desde o início de uma negociação se estabelece um elo entre o ator (vendedor) e o comprador (plateia). Assim que dá o preço o vendedor diz: "Podemos discutir". A partir daí, um verdadeiro espetáculo se inicia e o preço final do produto só depende da improvisação que se desenvolve na relação dialógica entre vendedor e comprador. Neste fato corriqueiro, podemos identificar o valor atribuído à palavra para qualquer africano.

O *griot*, porém, é aquele que detém os mistérios que fazem com que a palavra atue com eficiência tanto no plano real, através dos conselhos a ministros, reis e homens comuns, como no plano invisível, por intermédio dos mitos presentes nos contos iniciáticos. Talvez seja por isso que se diz que a língua do *griot* pode tanto trazer a paz, como causar a guerra, pois ele é aquele que desconhece fronteiras e tem o poder de carregar consigo o mundo e trazê-lo, porta adentro, para a casa das pessoas.

Este livro procura investigar, relatar e compreender de que forma um *griot* pode contribuir com sua tradição e cultura para a obtenção de um olhar renovador no que tange ao ofício do ator, bem como à participação deste como homem na sociedade. Como disse antes, na África não se diz "eu vou ao teatro", mas sim "eu vou clarear o meu olhar". O que venho buscando há algum tempo é tentar clarear o meu como ser humano, homem de teatro e professor. Espero que este livro possa trazer novas possibilidades de trabalho e convivência, principalmente no que se refere a uma ética que permeie tanto a formação quanto a prática do ator em seu ofício.

A partir dos encontros com Sotigui, da tradição do *griot* e das reflexões que este contato despertou na minha prática, cheguei a três questões, que juntas formam a hipótese que motivou e orientou esta pesquisa. Ao trazer para o exercício do seu ofício suas raízes culturais e ancestrais, o ator se habilita a atuar de maneira mais íntegra e pessoal, pois estaria sustentado na sua singularidade como homem e artista? O reconhecimento e a afirmação desta singularidade podem servir de base para que o ator encontre e desenvolva a sua identidade artística? E por fim, se esta apropriação e tomada de consciência não seriam fundadoras da sua autonomia e da sua autoridade como artista criador e portador de uma palavra transformadora.

Sendo assim, trabalho com a hipótese de que o ator que se sustenta nas suas raízes culturais e familiares para exercer seu ofício traz para a prática profissional sua singularidade como homem, conquistando desta forma uma identidade artística que confere uma qualidade autoral ao seu trabalho.

A introdução descreve o que motivou e como nasceu a ideia deste livro. A segunda parte relata a viagem que realizei à África em 2003 em companhia de Sotigui e o que pude absorver em campo, sobre o universo cultural ao qual pertence o *griot*. Como costumava dizer Sotigui, começo pela raiz da árvore.

O primeiro capítulo traça um panorama histórico da origem e do papel do *griot* na sociedade malinca, e da educação de Sotigui como membro da tradicional família de *griots* à qual pertence: os Kouyaté. E ainda: como se deu o aparecimento do teatro na sua vida e a sua trajetória artística até a ida para a Europa.

No segundo capítulo, analiso as influências e consequências dos encontros com o diretor Peter Brook e com o teatro ocidental. Para tanto, recorro a quatro espetáculos pontuais nesta parceria entre ambos.

O terceiro capítulo aborda a participação de Sotigui no cinema através da sua função de *griot*. Através de três filmes emblemáticos da sua atuação no cinema apoiados na sua condição de *griot*, descrevo e analiso as relações socioculturais e artísticas que estes encerram.

No quarto capítulo, a questão da transmissão do conhecimento além dos palcos e das telas. Para tanto, relato e descrevo o que vivi ao participar dos estágios ministrados por Sotigui no Rio de Janeiro e em São Paulo. Através destes encontros, analiso como se constitui a sua pedagogia e de que forma ela repercutiu nos atores e demais participantes dos estágios. Neste mesmo capítulo, relato como, a partir do aprendizado que recebi, desenvolvi na UNIRIO como professor da disciplina Interpretação V, um curso fundamentado na prática de contar histórias. Investigo, assim, a prática desenvolvida com os alunos, a repercussão que neles se deu e exponho as minhas reflexões sobre esta experiência.

> *Sa andi a anda a anda.*
> Se você sabe que não sabe, você saberá.
> *Sa anda a anda a andata.*
> Se você não sabe que não sabe, você não saberá.
> (Hampâté Bâ, 1998, p. 158 e 159)

Segunda parte: A viagem à África

Após ter participado das duas oficinas ministradas por Sotigui no Rio de Janeiro, compreendi que, para realizar essa pesquisa a partir dos encontros com ele, seria imprescindível conhecer o lugar de onde vinham as principais referências presentes nas suas falas, bem como o berço da sua educação, responsável pela construção de uma ética que permeia a sua prática como homem, *griot*, ator, professor e diretor. A viagem ao Mali e a Burkina Faso, dois países vizinhos, que em outros tempos formavam um só, localizados na África Ocidental, foi a minha porta de entrada numa cultura milenar, sobre a qual eu tinha pouca informação.

Pelas mãos de Sotigui, durante 15 dias tive a oportunidade de ver uma África não mostrada por programas de televisão, como os da National Geographic ou ainda por alguns filmes americanos. Na sua companhia tive o privilégio de ver e viver uma África por dentro das casas, pelas pequenas vilas e aldeias sem nenhuma preocupação turística. Aliás, este era o maior intuito do convite feito para esta viagem:

realizar um verdadeiro encontro entre pessoas de culturas, crenças e histórias diferentes.

Já no final da viagem, Sotigui ao tocar neste assunto lembrou que durante a oficina realizada na UNIRIO o levamos para almoçar num restaurante com vista para o Pão de Açúcar, e ao lhe perguntarmos se gostaria de conhecer o famoso ponto turístico carioca, declinou sem mais explicações. Ao comentar este fato em Ouagadougou, capital de Burkina Faso, nos disse que queria que esta viagem fosse antes de tudo uma iniciação. O espaço onde se deu esta iniciação foi a casa, e o seu guia foi a família Kouyaté.

Então, em meados de dezembro de 2003, juntamente com minha ex--mulher Ana Achcar, saí do Rio de Janeiro tendo Bamako, capital do Mali como destino, fazendo uma conexão em Paris. O curioso é que, para chegar a Paris, passa-se por cima do Mali para depois voltar. São raros os países africanos que têm voo direto vindo do Brasil. Isto já assinala uma distância de interesse entre nosso país e o continente africano tão formador de nossa cultura. Ao mesmo tempo, a maioria das pessoas a quem eu dizia que estava indo para África reagia com espanto. Todas pareciam querer me dizer que eu estava em vias de realizar algo exótico, reforçado talvez pelo fato de eu não ter o intuito de realizar uma viagem turística, com safáris ou coisas do gênero. É claro que também fiquei apreensivo com as epidemias, doenças, condições de higiene etc. Antes de viajar, foi necessária uma preparação. Então, fui a um sanitarista especializado em viagens. Tive que tomar vacinas para febre amarela, hepatite, tuberculose, tétano, difteria, meningite, além de antibióticos para amenizar os efeitos de uma possível malária. Outras recomendações: utilização generosa de repelentes, bonés e roupas que nos protegessem de uma picada do mosquito transmissor da malária. Teria também que evitar alimentos crus ou malcozidos e só ingerir água mineral. Nunca parti para uma viagem com tantas restrições, no entanto havia em mim um misto de euforia e temor que instaurava um espírito desafiador em alguém criado na zona sul carioca num tempo onde não havia balas perdidas.

Peço emprestadas as palavras do capitão Marlowe em *O coração das trevas* ao se desculpar antes do relato de uma de suas viagens à

África: "Não quero incomodá-los com o que aconteceu comigo pessoalmente, contudo para compreender o efeito que esta viagem causou sobre mim, os senhores têm de saber como cheguei lá, o que vi..." (Conrad, 2004, p. 12).

A chegada a Bamako, capital do Mali foi inesquecível. Eu e Ana éramos os únicos brancos num aeroporto que me lembrava muito a rodoviária Novo Rio em véspera de feriado. Todos falando e se movimentando ao mesmo tempo, várias filas e nenhuma sinalização. Antes tínhamos que pagar o visto de entrada. Então nos dirigimos a uma pequena sala onde uma funcionária com bolos de dinheiro na mão nos disse que aquele seria apenas um visto provisório e que teríamos que providenciar outro urgentemente em outro órgão. Passamos então para pegar as malas e fomos abordados por vários homens que ofereciam serviços de carregador, hotel, táxi. Não havia ninguém nos esperando, ficamos então num canto segurando as malas com uma apreensão que tentávamos disfarçar. Sentíamo-nos efetivamente deslocados e sem saber que passo tomar.

Ao combinarmos com Sotigui que o acompanharíamos numa viagem pela África, ele apenas nos perguntou o dia e a hora da chegada, mais nada. Não sabíamos onde ficaríamos nem muito menos como sairíamos do aeroporto. Mas, como o mais importante para o *griot* é a sua palavra, a palavra dada, pois ela é sagrada, só nos restava confiar. Depois de certa espera, o tempo na África é elástico, já nos perguntávamos se Sotigui tinha se esquecido de nós e o que faríamos. Surge, então, um jovem bem alto que se aproxima com certa cerimônia e nos pergunta: "Vocês são os amigos de Sotigui?". Assim que confirmamos, Adama nos envolveu num longo e forte abraço, seguido por um sorriso farto e muito próximo, como se já nos conhecêssemos há anos. Acredito que ele já devia estar nos observando há algum tempo e percebeu a nossa ansiedade e preocupação. O curioso é que nós brasileiros temos a fama de sermos um povo bem receptivo (e somos), porém alguém que você nunca viu na vida te abraçar daquele jeito me surpreendeu muito. No entanto, esta é a maneira africana de receber alguém de outra cultura. Para o africano o estrangeiro é uma fonte de conhecimento e de troca, embora esta troca em vários momentos da história tenha sido obstruída. A colonização é o maior exemplo deste impedimento.

Este primeiro episódio é extremamente representativo da sequência de encontros significativos que tivemos ao longo da viagem. A partir daquele abraço de Adama percebemos que para o africano o mais importante é estabelecer contato com o outro e que é nesta troca que se aprende a lidar com as diferenças que são a base para se exercer a complementaridade.

No caminho do aeroporto ao hotel onde ficaríamos me chamou atenção a parca iluminação das ruas. Durante toda a viagem percebi que o interior das casas também tem pouca luz. Nos dois países em que estive constatei a mesma coisa. A explicação é simples, Mali e Burkina estão na lista dos países mais pobres do mundo.

Ao sairmos pela manhã, o sol forte aquecia as ruas de terra cheias de gente, roupas coloridas e vivas. Nas ruas se vende de tudo. A rua é um espaço aberto a qualquer tipo de manifestação, comércio, casamentos, música, ou até mesmo a prática das cinco rezas diárias do islã. A rua é o local das trocas, encontros e principalmente um meio para sobreviver. É incomum a pessoa ficar reclusa, se alguém passa dias em casa sem sair, as pessoas vão procurá-lo para saber se está doente. O convívio social seja nas aldeias, bairros ou vilas é moeda corrente. O ato de se isolar é estranho ao espírito comunitário presente na cultura da África Ocidental. Esta foi sem dúvida uma das constatações mais evidentes desta viagem.

O fato de a palavra ser considerada sagrada está intimamente ligado à importância das trocas efetuadas dentro de uma comunidade nos atos de falar e de escutar. A oralidade é ainda hoje o principal meio de transmissão de valores e conhecimentos. Neste sentido, compreende-se porque o *griot* como mestre da palavra é o agente principal da manutenção da harmonia dentro de uma comunidade. Ao contar histórias, mediar conflitos e dar conselhos, o *griot* é o elo maior desta cadeia.

Em vários momentos da viagem presenciei o grande número de pessoas que buscavam Sotigui para tirar dúvidas, se aconselhar ou apenas sentar e ouvi-lo discorrer sobre qualquer assunto. Inclusive me impressionou bastante o tempo dado pelas pessoas às rodas de conversa. Por várias vezes, ficamos cinco, seis horas sentados ouvindo, e a cada hora chegava mais alguém que se juntava à roda. No entanto, esta função não é delegada apenas ao *griot*. Ao contrário do Ocidente, onde o ancião é visto como alguém que já não tem mais nada a contribuir, na África Ocidental quanto mais velho for o homem, mais sua palavra terá respeito e atenção. Para se entender a força do ancião nesta cultura, o homem só passa a ter direito de emitir sua opinião a partir dos 42 anos, já que a vida é dividida em ciclos de sete anos. Durante todo este tempo está acumulando conhecimento para posteriormente passá-lo adiante. Ao contrário do nosso país, onde há certa obsessão pela juventude, na África Ocidental as pessoas disputam para ver quem é o mais velho.

Antes de encontrarmos Sotigui, que ensaiava com Peter Brook "Tierno Bokar", peça por ele protagonizada, que conta a vida de um dos maiores sábios islâmicos da África Ocidental, tivemos a nossa primeira refeição na casa de Soussaba, filha de Sotigui, e de seu marido Uolo, um dogon*. A refeição é um momento de congraçamento entre as pessoas. Todos se sentam em círculo. Então, uma bacia com água passa de um para o outro para se lavar as mãos. Ao final, o mesmo procedimento será feito. Este hábito reúne dois fatores: o movimento conjunto para começar a refeição aliado à necessidade de se partilhar a pouca água que se tem. A comida é servida numa grande tigela, que fica no centro do círculo. Cada um pega a sua parte e coloca no prato. Come-se com a mão. Porém, não se deve usar a mão esquerda, pois ela é considerada impura já que é usada para se fazer a higiene após a ida ao banheiro. Pela mesma razão, jamais se cumprimenta alguém com a mão esquerda. Aliás, é costume ao se cumprimentar alguém recolher a mão esquerda ao peito em sinal de respeito. As mulheres geralmente recolhem as duas mãos. Ao dirigir

---

* Povo que por volta do século XI fugiu do Império Mandinga, para escapar da islamização. Os dogons se instalaram então na falésia de Bandiagara, numa região perto de Burkina Faso. O cineasta e etnógrafo Jean Rouch realizou em 1951 o filme *Cimetière dans la falaise*, sobre os ritos e costumes deste povo.

"Antígona", de Sófocles, com atores africanos do Mandéka Théâtre*, em Paris, Sotigui utilizou estes cumprimentos como referência. Este tipo de intervenção denota a importância que um *griot* dá a elementos característicos de sua tradição e ao mesmo tempo como os faz dialogar com outras culturas.

No dia seguinte à chegada, recebemos no hotel a visita de Sotigui. Foi um momento de muita emoção, pois não nos víamos há meses. O fato de ele vir nos buscar no hotel pode ser entendido por ser o *griot* aquele que se ocupa dos outros. Assim, ele veio para saber se estávamos bem instalados, se tudo estava a contento. Após os primeiros cumprimentos passamos a dar os presentes que alguns alunos mandaram do Brasil, bem como os que havíamos trazido. Em relação à troca de presentes, é preciso dizer que faz parte da tradição de um *griot* receber presentes.

Como nos diz Sory Camara (1992, p. 130), "todos os acontecimentos da sua própria vida e dos outros são para o *griot* uma ocasião para receber, mas jamais dar". Isto se deve ao fato de historicamente o *griot* servir a determinadas famílias de nobres, que se incumbiam do seu sustento.

No caso dos Kouyaté, esta família é desde sua origem os Keita. O curioso é que Sotigui nunca comentou este aspecto. No entanto durante as duas oficinas no Rio de Janeiro, espontaneamente os alunos sempre traziam presentes para ele. No meu caso específico lhe dei o *kipar*** de meu pai já falecido. A partir deste gesto Sotigui passou a me chamar de "meu filho Isaac", e eu a ele, de "meu pai". Na ocasião em que fui pela primeira vez à sua casa em Paris, ele fez questão de mostrar o *kipar* em destaque numa vitrine ao lado de outros objetos de valor afetivo.

---

* O Mandéka Théâtre foi criado por iniciativa de Sotigui, do ator malinês Habib Dembélé, do produtor e realizador malinês Alioune Ifra Ndiaye e do autor francês Jean- Louis Sagot--Duvaourox. A companhia surgiu em 1989, durante a montagem de "Antígona", de Sófocles, com adaptação de Duvaroux, no festival de Chantiers, em Blaye, na França, indo depois para o Teatro Bouffes du Nord. O Mandéka Théâtre tem sede em Bamako, no Mali, e foi criado com a proposta de proporcionar um intercâmbio entre os artistas africanos e o resto do mundo. Após atuar no papel de Creonte em "Antígona", Sotigui dirigiu em 2003, no Teatro Bouffes du Nord, uma adaptação de "Édipo rei", de Sófocles, interpretando o protagonista, ao lado de sua mulher Esther Marty Kouyaté, no papel de Antígona.
** Solidéu utilizado pelos judeus. É obrigatório o seu uso na sinagoga. Os judeus ortodoxos o utilizam o tempo inteiro.

Porém, na segunda vez em que fui a Paris, em novembro de 2007, o *kipar* passara para a mesa de cabeceira do seu quarto. Mais uma vez ele fez questão de me mostrar. Ao lhe dar o *kipar* quis lhe oferecer algo que tivesse para mim um valor espiritual. A partir daí se estabeleceu entre nós uma relação familiar.

Durante toda viagem da África, Sotigui sempre me apresentou como seu filho, o que muito me honra. É comum na África Ocidental uma criança ou um adulto ter pais adotivos, mesmo com os pais vivos. O tio geralmente ocupa esta função e é responsável pela educação e por determinadas decisões. Estes mecanismos de relações de parentescos tornam o africano flexível diante de situações adversas. Num casamento, geralmente é ao tio que se faz o pedido. Isto possibilita certo distanciamento que o envolvimento padrão pai e filho não permite. Pode-se dizer também que a educação de uma criança é de responsabilidade de todos. Este aspecto reforça ainda mais o peso da comunidade na formação e no desenvolvimento dos seus membros. Sobre isso nos fala a escritora Burkinabê Sobonfu Somé (2003, p. 43):

> Dar à criança um sentido maior da comunidade ajuda-a a não depender de apenas um adulto. Assim a criança pode procurar uma pessoa de sua escolha. Se essa pessoa não resolver seu problema, ela pode procurar outra. Como seres humanos, somos limitados quanto ao que podemos fazer ou dar. Assim, ao educar crianças, precisamos, definitivamente, do apoio de outras pessoas. É como dizemos: é preciso toda uma aldeia para manter os pais sãos.

Aliás, é a partir das relações familiares que se estabelece o cotidiano na África Ocidental, onde há um profundo respeito pela experiência e pelo tempo de vida das pessoas. Isto pode ser observado pelo tratamento dispensado ao se chamar os parentes. Nunca se chama o pai pelo nome, sempre se utiliza a palavra pai em sinal de respeito. Por outro lado, é comum dar o nome do pai ao primeiro filho como uma homenagem. Assim, o mais velho dos dez filhos de Sotigui, o cineasta Dani Kouyaté, recebeu o nome do avô. No entanto, como sinal de respeito e devoção, Sotigui frequentemente se refere a ele como *vieux* (velho). É comum homenagear também os tios, que têm uma função muito importante nas famílias.

Ainda no que se refere ao núcleo familiar, é exatamente aí que a vida transcorre em todas as suas manifestações. A educação, o trabalho, a alimentação e o lazer não possuem paredes. Ou seja, o tempo todo estes aspectos estão ligados sem barreiras, divisões ou exclusões. O espaço onde ocorrem estas ocupações é o mesmo. A cozinha tem como espaço o quintal das casas, onde também trabalham os artesãos, onde brincam as crianças, onde se toca o balafom*, onde cantam e contam histórias os *griots* e *griottes,* e onde as mulheres fazem penteados variados nas meninas. Tudo se vê, tudo se ouve, tudo se troca. Para nós, acostumados às paredes de tijolo que delimitam os espaços, encontramos outra maneira de viver e olhar o outro e o mundo. Neste ponto, reside o aprendizado mais valioso para os africanos desta região, o que eles chamam de a "escola da vida". Durante as oficinas de trabalho, Sotigui sempre ressaltava este aspecto, não dissociar a vida que levamos do ofício que exercemos. A partir deste princípio me assalta a frase da poetiza Cora Coralina: "Todo trabalho é digno de ser bem-feito". Com isso, mesmo que uma pessoa não cozinhe, não seja um *griot*, ou um artesão de *bogolan***, sabe valorizar estas funções através da observação diária destes ofícios. A família é o espaço onde se dá a transmissão de conhecimento, valores, ofícios e principalmente daquilo que podemos reconhecer como uma ética para a vida. O *griot* é um dos principais articuladores e agentes deste processo.

Ainda na casa de Uolo e Soussaba, conhecemos a esposa de Sotigui, Esther, seu filho Mabô e sua filha Yagaré. Esther é suíça e conheceu Sotigui no Festival de Avignon durante a apresentação de "Mahabharata".

---

* Instrumento musical similar ao xilofone ou marimba. Composto de hastes de madeira ligadas entre si por cordas de couro. Para ter uma boa ressonância, é necessário que a madeira utilizada venha de uma árvore morta e bem seca.

** Arte muito antiga, originária do Mali. Composto de tiras de algodão cru, costurados à mão, tingidos ou pintados a partir de três cores mais o branco original do algodão. O nome *bogolan* vem de *bogom*, que quer dizer argila em bambara (um dos povos e também uma língua da África Ocidental). Assim, *bogolan* significa resultado da terra.

É artista plástica, figurinista e junto com Sotigui e os filhos criou a companhia La Voix du Griot, em Paris, grupo familiar dos Kouyaté, dirigido por Sotigui que procura manter viva a tradição do *griot* na Europa. Junto com Esther e as crianças estava também Aleksander, um ator grego que Sotigui também considera como filho. Então fomos apresentados um ao outro como o filho grego e o filho brasileiro. Durante toda viagem, Aleksander e eu tivemos uma relação extremamente fraternal.

Desde o primeiro momento pude constatar o significado da frase de Sotigui: "Os Kouyaté estão a serviço de todo mundo". Tanto em Bamako, como em Ouagadougou, Sotigui passava horas e horas recebendo homens e mulheres de todas as idades que o procuravam para ouvir conselhos e obter auxílio para resolver seus problemas. Este aspecto é tão presente no *griot* como contar histórias, ou conduzir cerimônias. Estes encontros ocorrem durante o convívio social, como uma ação cotidiana inseparável da vida de toda a comunidade. Ninguém interrompe o que está fazendo ou diminui o tom de voz. Esta busca pela palavra do *griot* está ligada ao seu conhecimento e à experiência acumulada desde criança ao observar o pai desempenhando esta função. O *griot* nasce *griot* e seu legado passa de pai para filho, um imenso rio de histórias, ditados e metáforas onde pode pescar aquilo que alimentará a consciência e o espírito de quem o procura.

Ao conversar com Uolo, tive acesso às impressões de alguém que além de não ser *griot* pertence a um povo diverso do seu, já que ele é um dogon, e Sotigui é um malinca*. No início da conversa, Uolo disse que há coisas no *griot* que conservam um mistério, um segredo. Segundo sua visão, o *griot* é um viajante que porta a palavra. Em seguida nos advertiu para a existência dos falsos *griots*, que se aproveitam das pessoas e não têm vínculos com as famílias. O verdadeiro *griot* tem o poder de prender a voz do seu interlocutor, fazê-lo se calar. Uolo demonstra

---

* Etnia do imperador Soundjata Keita, fundador do grande Império Mandinga. Os Kouyaté são tradicionalmente os *griots* dos Keita. Composto de agricultores e caçadores, o povo malinca foi um dos primeiros da África a ser islamizado. Apesar disso, conservou os ritos animistas. Os malincas são grandes caçadores e diz-se que costumam se apropriar do poder dos animais que caçam. A maior parte do *griots* é oriunda deste povo.

ter um misto de admiração e receio em relação a esta figura. Segundo ele, o *griot* tem duas línguas: uma para a paz e outra para a guerra. Saber usar a palavra é uma arte que pode tanto causar o bem como o mal. Assim, ser *griot* é também um comportamento. Para Uolo, Sotigui representa a dignidade africana na Europa.

Porém, para nos falar da sua própria história Sotigui preferiu nos recomendar a sua prima Tagaré, uma *griotte*. Assim fomos à sua casa nos arredores de Bamako, um lugar mais pobre ainda do que o local onde estávamos hospedados. A miséria e a ausência de saneamento básico nas ruelas de terra contrastam com a elegância das roupas e o sorriso de todos que estavam nos aguardando na casa.

Ao entrarmos no quintal, presenciamos a comida sendo preparada, as mulheres pilando cereais, crianças tomando banho e sendo penteadas, além de um homem que passou o dia cuidando do chá, servido em pequenos copos de vidro e misturado com pastilhas Valda. Aliás, o chá está presente em todos os lugares, nas estradas, nas ruas. É um ritual, no qual geralmente a terceira coada é a mais saborosa. Durante um dia inteiro ouvimos Tagaré falar dos antepassados dos Kouyaté. Como se estivesse falando de si mesma, Tagaré nos explicou que Sotigui herdou este nome do seu tataravô, um grande *griot*, que acompanhava os soldados nas guerras e em troca por seu talento em animar os guerreiros com contos e elogios ganhava muitos cavalos. Aliás, Sotigui significa proprietário de cavalos. O pai de Sotigui, Dani, era um *Tdjani*, ou seja, da mesma corrente islâmica de Tierno Bokar, personagem que Sotigui protagonizou em 2005, com direção de Brook. Infelizmente, a mãe de Sotigui, Soussaba (o mesmo nome de uma das filhas), morreu muito cedo, e ele recebeu bastante apoio da esposa de seu tio Mamatou Kouyaté. Ao se mudar do Mali para Burkina Faso, outro tio, que jogava futebol, também participa do seu desenvolvimento. Sendo assim, não é por acaso que Sotigui acabou se tornando jogador da seleção nacional de futebol de Burkina Faso.

Após nos mostrar fotos da família Kouyaté, Tagaré pede a Luntani, uma *griotte* e sobrinha de Sotigui, para cantar o hino dos Kouyaté. Em vários momentos da viagem este hino foi cantado pelos membros da família Kouyaté.

> Kouyaté, o elefante branco
> Kouyaté, puro como o leite fresco
> Nenhum *griot* é igual aos Kouyaté
> O *griot* ao qual isto desagradar
> Não é um Kouyaté.

Há profundo orgulho dos Kouyaté acerca de suas origens e do fato de serem os primeiros *griots*, os fundadores do Império Mandinga, sempre a serviço da dinastia Keita. Todos os *griots* Kouyaté pertencem à mesma linhagem, pois o primeiro ancestral teve três filhos: o primeiro se chamava Moussa, o segundo Massamagan e o terceiro Batroumouri. Assim, toda a dinastia Kouyaté é oriunda destes três homens.

Nesse mesmo dia, pude constatar a forte ligação entre os Kouyaté durante a chegada de Esther, mulher de Sotigui, acompanhada dos filhos. As *griottes* cantaram com uma força impactante para saudar a chegada de outro Kouyaté. Não é um canto banalizado pelo hábito; ao contrário, sua peculiaridade está no fato de reforçar cada vez mais o elo ancestral entre os membros desta família de *griots*. A seguir, Tagaré passou a discorrer sobre as funções e a especificidade do *griot*. Segundo ela, o papel do *griot* é o de trazer a virtude e cessar as disputas. No entanto não é um ofício para ganhar dinheiro, é mais uma missão, um destino:

> Se o *griot* hoje não trabalha não é respeitado. O *griot* trabalha para ganhar o seu pão honestamente. Hoje há mais artistas do que *griots*. O verdadeiro *griot* não faz disso um trabalho. É alguém que tem o poder de trazer o mundo todo por uma porta (Kouyaté, 2003).

Através desta fala de Tagaré, compreende-se porque Sotigui teve sempre outros trabalhos: funcionário público, enfermeiro, jogador de futebol, ator, entre outros. Quando Tagaré nos diz que o *griot* tem a capacidade de trazer consigo o mundo e fazê-lo entrar pelas portas das casas é como se nos lembrasse que, antes de tudo, o *griot* é alguém que desconhece fronteiras geográficas, étnicas ou religiosas. Consequentemente, ele estará sempre buscando o estreitamento entre os povos, transmitindo e ao mesmo tempo recebendo conhecimento. O interesse pelo outro faz parte da cultura africana. Ao viajar para outros países Sotigui procurou ampliar seu olhar e sua escuta através do encontro com artistas de outras culturas:

> Dizemos que o estrangeiro é um homem rico porque ele nos traz aquilo que não sabemos. Tradicionalmente, todas as noites ele conversa com a família, todos à sua volta lhe fazem perguntas sobre o lugar de onde ele vem. Se o lugar é bom ou ruim. Na África acreditamos que o pior mal é a ignorância. Isto é, não saber o que se passa com os outros. Temos provérbios que nos ensinam a não nos perdermos no olhar dos outros. Olhar, olhar bem para nos encontrarmos no olhar do outro. Desta maneira, veremos que há mais coisas que nos aproximam do que coisas que nos afastam. Assim podemos encontrar nas outras pessoas todas as nossas qualidades e caminhar em direção ao melhor de nós mesmos (Kouyaté, 2004, p. 75).

Após o encontro com Tagaré vivemos duas experiências muito representativas da ação de um *griot* no cotidiano. A primeira se deu durante uma visita que fizemos ao mercado central de artesanato em Bamako. Na volta, dois integrantes do grupo de brasileiros que estava acompanhando Sotigui na África começaram a se provocar mutuamente dentro do ônibus, chegando mesmo a se agredir fisicamente. Era uma situação inusitada e perigosa, pois ainda não estávamos com os nossos vistos definitivos. A sorte é que estávamos sendo guiados por Babou, um jovem *griot* que aparentava no máximo 20 anos. Assim que descemos do ônibus, Babou os segurou pela mão e os levou para um canto, onde passou bastante tempo com os dois. Algumas horas depois, os dois se desculparam visivelmente emocionados. O interessante é que nenhum dos dois brasileiros falava francês nem Babou falava qualquer palavra em português. Este episódio nos apresentou um dos traços mais marcantes do *griot*, a arte da conciliação. Babou ainda será um grande *griot*, mas já traz no seu comportamento a habilidade em mediar conflitos, tradição que remonta à função exercida no passado por seus ancestrais como conselheiros de reis.

Outro caso bem interessante ocorreu quando estávamos indo de carro para o Museu da Mulher em Bamako. No meio do trajeto o nosso motorista, Issa, bateu em outro carro. Após a colisão, ambos os motoristas saíram bem furiosos, quando tudo parecia caminhar para uma briga, surge magicamente o primo de Sotigui, Bourama Kouyaté, que puxa carinhosamente o motorista do outro carro, diz algumas palavras em seu ouvido e em questão de segundos tudo fica em paz. Aquilo que Bourama sussurrou ao pé do ouvido daquele motorista será sempre um mistério para nós, porém mais uma vez era um *griot* em ação evitando um conflito.

Durante os nossos trajetos por Bamako, o rio Níger é uma presença constante. Terceiro maior rio da África, o Níger, "o rio dos rios", em touareg, nasce nas montanhas na fronteira entre a Guiné e Serra Leoa, dirige-se para norte e depois para nordeste, passando por Bamako depois por Tombouctou, até desaguar no Golfo da Guiné num enorme delta no sul da Nigéria. O Níger é fundamental na história da África Ocidental, pois foi através de suas águas que caravanas de diversos povos desenvolveram o comércio e estabeleceram intercâmbios culturais. Em alguns documentários sobre a África, o cineasta e etnógrafo Jean Rouch utilizou o Níger como cenário. No filme *Bataille sur le grand fleuve* (1950), Rouch registra a caça aos hipopótamos no rio Níger. Ao passar algumas vezes por este rio pude constatar a relação profunda que os habitantes de Bamako têm com o Níger. O rio traduz o espírito comunitário do africano, pois une povos diversos que sobrevivem por intermédio das trocas operadas através de seu leito. Já a imagem do mar, como mostra, por exemplo, o filme *Little Senegal* (2004), protagonizado por Sotigui, está associada à porta para escravidão. O filme começa com o personagem vivido por Sotigui mostrando aos turistas como os escravos eram mandados pelos colonizadores para a escravidão. O rio é também o lugar de onde nascem contos com ênfase no universo sobrenatural.

Após nossa estadia em Bamako, fomos para Bobo-Dioulasso, em Burkina Faso, para ver o festival de teatro organizado pelo Centro Cultural Djéliya Internationale, idealizado e dirigido por três filhos de Sotigui: Dani, Hassane e Papa. Este centro tem como objetivo principal ser um espaço de intercâmbio cultural entre a África e o resto do mundo, bem como ser um centro de formação, informação e criação artística. O Centro Djéliya visa ainda buscar recursos para projetos sociais. Ao mesmo tempo, Sotigui queria nos mostrar o país onde obteve sua formação. "Eu pertenço a três países: a Guiné das minhas origens, ao Mali, onde eu nasci, e a Burkina, que me deu leite, me educou e me instruiu" (Rio, a Cidade, 2003).

Atravessamos a fronteira entre o Mali e Burkina Faso numa viagem realizada num ônibus lotado, com mais de dez paradas, por razões diversas: várias revistas da polícia, controle de alfândega, compra de frutas e víveres pelos passageiros, entre outras coisas. Uma viagem que deveria durar seis horas, acabou durando o dobro. Nesta viagem entendi mais uma vez porque Sotigui costuma dizer que o tempo para o africano é elástico. No ônibus estava conosco Soussaba e Soundjata, filha e neto de Sotigui. Durante toda a viagem Soussaba, como boa *griotte*, zelou por nossa segurança nas diversas paradas, na alfândega e no ameaçador contato com a polícia.

Chegamos a Bobo-Dioulasso* tarde da noite. Bobo, como é chamada pelos habitantes, é um importante centro cultural e artístico do país. A lenda conta que um ancestral vindo do oeste acompanhado de sua mulher chegou à região e, como lá havia muita caça, resolveram ficar. Durante a noite, os gênios do lugar disseram à mulher que ela devia segurar ali seu marido, pois neste lugar ela daria origem a um grande povo. Assim o ancestral aceitou ficar nesta terra e lá fincou sua espada.

No Centro Djéliya, em Bobo, sente-se a força da tradição oral. Durante alguns dias o festival de contos tomou conta da cidade. Vários grupos e contadores apresentaram histórias ligadas a temas míticos e sobrenaturais. A dança e o artesanato também se fizeram presentes. Na África as artes se fundem. Durante uma sessão de contação não existem limites entre dança, música e teatro. A estrutura das apresentações segue os princípios do *koteba***, uma antiga tradição artística africana que ocorre nos bairros.

---

* Na língua dioula, quer dizer "casa dos bobo e dos dioula". Estes são dois povos de origem mandê. Contudo, coexistem 56 povos diversos no país.
** "Grande caracol".

Bobo também já teve o nome de Sia, que quer dizer "paz e felicidade". Durante o século XVII Sia era dividida em quatro partes: o bairro dos animistas, o bairro dos muçulmanos, o bairro dos *griots* e o bairro dos ferreiros. O nome Sia designa atualmente esta parte antiga da cidade. Ao percorrer as estreitas ruelas de barro e as construções antigas, somos invadidos pela sensação de que o tempo parou. A casa do primeiro ancestral (*concasso*, em dioula) ainda está de pé. As cinco preces diárias dos mulçumanos coexistem pacificamente com os fetiches e rituais animistas, como por exemplo os feitiços colocados para impedir que tijolos sejam furtados. A forma antiga de produzir o *dol*, a cerveja de milho, ainda pode ser observada, e a cerveja, degustada. Porém, se tudo nos remete a séculos passados, ao passarmos pelas vielas do bairro antigo, a poluição do rio que corta o bairro nos coloca no século XXI sem cerimônia. Neste rio dizem que vive o peixe sagrado que em outros tempos teria feito um trato com os homens: para não ser pescado, em troca, asseguraria que não haveria falta d'água. Neste rio poluído, considerado sagrado, as mulheres lavam roupa, as crianças brincam, e o esgoto é despejado. Há um alto índice de malária e outras doenças. A face não poética da África é a miséria e o abandono.

Em Bobo jantávamos sempre na casa de Bakari, irmão de Bourama e primo de Sotigui. A mulher de Bakari é uma *griotte* que canta esplendidamente. No quintal de sua casa fomos convidados para uma apresentação de música, com várias *griottes*. Nesse mesmo dia conhecemos Ismael. A sua história foi retratada num curta-metragem intitulado *Ismael, un exemple de courage*, de Sekou Traoré (1997). Aos 2 anos, Ismael caiu na linha do trem e perdeu partes de todos os membros. Para se locomover utiliza uma cadeira de rodas ou se arrasta pelo chão. O mais surpreendente é que Ismael, apesar de não possuir mãos, mas apenas uma parte de um dos antebraços, tem uma das letras mais belas que já vi. Utilizando a boca e tendo como apoio o antebraço, Ismael escreve e desenha com uma caneta bic. Mais uma vez vemos a importância da família na África Ocidental. Durante toda a sua infância Ismael jamais foi tratado com comiseração ou excesso de proteção. Frequentou a escola onde também foi tratado sem diferenças. Na época estava se preparando para seguir a carreira de jornalista.

Em momentos propícios, Sotigui discorria sobre assuntos que sempre ocultam outro ensinamento além do próprio objeto da exposição. Estas falas não têm uma finalidade específica, mas com o tempo pude perceber que nunca eram gratuitas, mas uma preparação para algo que entraríamos em contato mais tarde. Este foi o caso da conversa que tivemos sobre a importância da figura do caçador na África Ocidental. Durante sua juventude Sotigui aprendeu na mata com um mestre caçador os mistérios da caça. Na prática como caçador, ele desenvolveu uma sensibilidade para identificar os sinais da natureza. O bom caçador percebe quando corre perigo, se vai chover ou não e se deve ou não abater um animal. Ao olhar nos olhos de um animal, o verdadeiro caçador decide se vai ou não atirar. Pelos olhos consegue, por exemplo, perceber se a caça é uma fêmea grávida. Se este for o caso, jamais vai abatê-la. Esta talvez seja a grande diferença entre o caçador africano e o caçador ocidental. A caça não é um esporte ou um desafio, é uma necessidade e um ofício. Além disso, o caçador está na base da fundação do Império Mandinga, berço do aparecimento do *griot*. Durante um encontro, Jean Rouch pergunta ao grande tradicionalista malinês Wa Kamissoko sobre a importância do caçador na cultura mandinga:

> As verdadeiras instituições e a história do Mandê repousam sobre a sociedade dos caçadores. Aliás, o pai de Makan Soundjata era um caçador. Makan Soundjata foi ele próprio caçador antes de ser rei. Nada podemos dizer da história e das instituições do Mandê sem falar da caça e das confrarias dos caçadores (Kamissoko, 2000, p. 359).

Com esse depoimento entendemos porque Sotigui frequentemente se referia à caça e ao caçador, pois o mito do grande guerreiro e imperador Soundjata Keita é inseparável da tradição do *griot*. Durante os séculos o *griot* vem transmitindo as histórias e os contos relacionados ao universo da caça. É possível perceber o orgulho de Sotigui ao relatar episódios relacionados à caça. Os ensinamentos conhecidos como *Paroles très anciennes* (palavras ancestrais) estão intimamente ligados à renovação da aliança entre o homem e os espíritos tutelares dos lugares, da fauna, e da vegetação e, sobretudo, do *Kondoro,* o espírito da caça (Camara, 1982, p. 8). Contudo, estas palavras só são pronunciadas publicamente nos *Kirê,* ou cerimônias cinegéticas anuais que reforçam a ligação entre o homem e as forças da natureza que o cercam.

Após a conversa sobre a figura do caçador, recebemos na casa de Bakari a visita de um *griot*-caçador. Sotigui ainda falava sobre a sua perda de contato com a natureza em consequência dos anos vividos em Paris, quando começamos a escutar os acordes do *doso n'goni,* instrumento de origem mandinga, formado por uma cabaça coberta de pele de cabra estendida e de um cabo de madeira onde são fixadas cordas. É utilizado pelo *griot*-caçador para acompanhar sua cantoria, bem como os elogios destinados a alguém que ele queira estimular ou homenagear. Ao chegarmos ao quintal fomos recebidos pela exótica sonoridade do *doso n'goni,* uma mistura de violão e harpa, e pela voz estridente do *griot*-caçador que lembra a voz cortante de um James Brown. Durante a oficina no Rio de Janeiro, Sotigui já havia mencionado a importância dos *griots*-caçadores para proteger os caçadores durante as investidas na mata, que podem durar vários dias. A figura do *griot*-caçador nos remete também às origens do Império Mandinga, bem como a seus mitos fundadores. Vestido com uma túnica de *bogolan* com amuletos pendurados para sua proteção, juntamente com pequenos espelhos que servem para refletir a luz e espantar os maus espíritos, durante uma hora o *griot*-caçador prestou homenagens a Sotigui, que as recebia com muita reverência e respeito. O *griot*-caçador reúne em si as duas figuras-chave da mitologia mandinga.

No dia seguinte à visita do *griot*-caçador, fomos na direção da cidade de Ouagadougou. Porém, antes fizemos uma parada numa pequena e ancestral aldeia, chamada Ouahabou. Esta aldeia foi para mim um verdadeiro túnel do tempo. Nada parecia estabelecer contato com a época atual. Um lugar onde o mundo moderno parece não ter chegado. Soberano sobre a aridez da terra vermelha reinava um grande baobá, árvore sagrada onde antigamente se enterravam os *griots.* Frequentemente as pessoas se reúnem à sua sombra para ouvir e contar histórias. Uma grande mesquita secular surge imponente no meio da aridez. Em

Ouahabou encontramos L'Hadj Beton Konaté um ancião que, segundo Sotigui, se ocupava dele, ou seja, cuidava dele. Fomos recebidos com um verdadeiro banquete em contraste com a extrema pobreza do lugar, que podia ser percebida principalmente nas crianças. Toda a população da aldeia nos olhava com muito interesse e curiosidade. No almoço: galinha, carneiro e cereais, porém, nos ofereceram coca-cola, com o claro objetivo de nos agradar. A presença daquela coca-cola foi o suficiente para nos remeter ao tempo atual. A globalização não é figura de retórica nem na mais remota das aldeias. O grande desafio para certos povos é como se relacionar com ela, ou melhor, como sobreviver diante dela e com ela. Na pobre casa de L'Hadj Konaté ofereceram coca-cola, mas não havia nem geladeira nem luz.

Durante um bom tempo, sentados no chão, ouvimos sua voz pausada e tranquila falar em maninca. Certos trechos eram traduzidos por Sotigui, outros não, pois, segundo Sotigui, nem tudo pode ser revelado. Aliás, em outras ocasiões, como nos últimos encontros que tive com Sotigui certas perguntas que lhe fiz ficaram sem resposta.

No momento em que escrevo e ao refletir sobre a razão desse procedimento, que também chamou a atenção do professor Ricardo Kosovski, acredito que este fato se deva à questão da iniciação. Ou seja, é preciso tempo e vivência para se ter acesso a certos significados, que provavelmente não seriam compreendidos. Por outro lado, penso que é também uma maneira de proteger os significados que precisam ficar ocultos para que a tradição se mantenha. Assim, após falar para cada um, L'Hadj disse para todos:

> O que temos no coração ninguém conhece, só Deus e nós mesmos. Que Deus exorcize aquilo que preocupa a alma e o coração de cada um. Porque tudo de que pensamos não podemos revelar diante de todo mundo. Que cada um tenha as pessoas queridas no coração e que Deus realize isso. E que Deus afaste tudo de que temos medo na vida. Foi a felicidade que os trouxe aqui, que ela os acompanhe também. Tudo o que quisermos fazer seja honra e glória para nós. Eu não tenho nada para dar, o que eu posso dar é esta bênção. Graças a Deus e aos ancestrais (Konaté, 2003).

A bênção de L'Hadj retrata um aspecto constante na forma de se relacionar com o outro que pude observar durante esta viagem, a necessidade de partilhar sentimentos, sabedoria ou alegria. A referência aos ancestrais é outra constante no cotidiano do africano, os mortos são sempre lembrados, estão sempre presentes. Ao sairmos da casa de L'Hadj fomos visitar o túmulo dos ancestrais da família Kouyaté, sendo que um deles viveu até 132 anos. Esta conexão com os espíritos dos mortos nos faz atentar o tempo inteiro para a efemeridade de nossas vidas e aponta para a necessidade de buscar uma ligação com o universo invisível que nos cerca. E este talvez seja um dos pilares que diferenciam Sotigui de um ator ocidental.

A referência do ancestral é para o africano um combustível que o orienta e norteia sua presença no hoje. Este diálogo entre gerações e tempos amplia a dimensão da vida e nos coloca como parte de uma corrente. Talvez seja por isso que Stanislavski mantivesse na sua biblioteca uma grande estante com gavetas separadas para cada autor com uma foto distinguindo um do outro. Era como se a imagem daquele autor já morto o tornasse presente no cotidiano de trabalho e pesquisa.

Esse universo invisível está sempre presente nas conversas com Sotigui. No primeiro dia em Ouagadougou, na casa da sua mãe adotiva, Sotigui, ao comentar sobre a cachoeira que visitamos ainda em Bamako, ele nos alertou que aquele local era sagrado, mas que após uma reforma, os espíritos se afastaram. Os rios e os lagos sempre foram considerados depositários de forças ocultas, e a terra, um espírito a ser cultuado. Isso explica o tradicional gesto do africano de verter um pouco d'água ou *dolo** à terra antes de beber, o que mostra que o solo é considerado uma entidade a ser prioritariamente servida, pois contém uma força que une o homem a instâncias superiores (Ki-Zerbo, 2004, p. 118). No Brasil talvez tenhamos herdado este costume ao derramarmos um pouco de bebida no chão para o santo.

Segundo Sotigui, existem vários bosques sagrados a que infelizmente não podia nos levar. Para exemplificar este tipo de experiência e os riscos

---

* Cerveja tradicional africana fabricada à base de milho. Era mais consumida antes da chegada do islamismo na África Ocidental. Ainda é consumida pelos animistas e cristãos.

que ela pode trazer, nos contou que certa vez num destes lugares foi ferido por um animal que possuía um único chifre na testa. Porém, ao perceber certa incredulidade em nosso olhar, comentou: "O Ocidente não compreende, Brook sim, Shakespeare sim e Sófocles também!". Em Shakespeare não existe esta divisão entre o universo visível e o invisível. A presença de espectros, bruxas e duendes se funde com os demais personagens em suas peças. Talvez seja exatamente por isso que Brook considera o bardo inglês um dos seus maiores mestres, ao lado de Gurdjieff.*

O mundo espiritual está também intimamente ligado aos animais. Por isso fomos conhecer, a alguns quilômetros de Ouagadougou, o Parque dos Crocodilos Sagrados. O crocodilo é considerado o animal que encarna o espírito de um ancestral. Assim é comum buscar um desses animais para "conversar" ou pedir conselhos. Aliás, vários contos giram em torno de animais.

> Se o conto fala do imaginário, do irreal, de um mundo onde os animais se comportam como os homens, onde as metamorfoses são frequentes, ele fala também da sociedade dos homens e das relações dos homens entre eles e com o meio em que vivem (Meyer, 1988, p. 4).

Através dos animais, os contos passam conceitos éticos para o convívio social. Ao colocar um animal numa situação de aprendizado ou desajuste, o contador possibilita que haja certo distanciamento do público, que não se confunde com a situação, podendo assim absorver o ensinamento através de um olhar mais sutil. Este tipo de educação é muito eficaz para as crianças, já que não apela para um moralismo coercitivo. Esta sabedoria é denominada *mogoya*.

> O conto é também uma narrativa educativa: ele contém toda uma pedagogia, frequentemente plena de humor, que transmite uma maneira de viver, uma certa qualidade na relação com o outro. Ele

---

* George Ivanovitch Gurdjieff (1866-1949), filósofo e mestre espiritual, nascido na fronteira russo-turca, conhecida como Armênia russa. Seu pensamento reúne as tradições espirituais do Oriente e do Ocidente. Peter Brook é bastante influenciado por suas ideias.

ensina, se soubermos escutar, uma sabedoria, uma arte de viver que os mandingas dão o nome de *mogoya*, que vem a ser a própria dignidade humana (id., ib., p. 5).

A estadia em Ouagadougou representou a culminância da experiência na vida familiar africana. Passamos a maior parte do tempo na casa da mãe adotiva de Sotigui. Havia um quintal comum frequentado por pessoas ligadas diretamente ou não à família. Neste espaço, várias atividades ocorriam ao mesmo tempo, sem que uma atrapalhasse a outra.

Na formação do homem na África Ocidental, aprende-se desde pequeno a conviver com ofícios e estímulos variados ao mesmo tempo. Assim, nesse local, as mulheres cozinhavam, lavavam roupa, marceneiros construíam móveis, costureiros criavam modelos para mulheres e homens, vendedores nigerianos vendiam objetos de prata, *griottes* cantavam, músicos tocavam seus instrumentos, crianças brincavam e o tempo todo se contavam histórias.

O tempo passado em Ouagadougou me fez entender na prática um dos papéis do *griot*, aquele especificamente relacionado à gerência de conflitos e organização de tarefas. O ocupar-se do outro é o destino do *griot*. Seja através de conselhos ou breves consultas, o *griot* está sempre aberto a quem lhe procura. Passo agora a tratar da origem e do papel do *griot*, bem como da história pessoal de Sotigui como membro da família Kouyaté.

CAPÍTULO 1

O *griot*, Sotigui Kouyaté e a África

> "A palavra é um fruto cuja pele é a tagarelice,
> a polpa a eloquência, e o caroço, o bom senso."
> (*Hampâté Bâ*, 1998, p. 23)

Definição do termo. Histórico. Função na África Ocidental
Segundo o antropólogo guineano Sory Camara (1992, p. 7), só no final do século XVII, com as relações estabelecidas nas viagens colonizadoras, a França e o Ocidente tomaram conhecimento da figura que hoje chamamos de *griot*. Os homens foram então chamados de *guiriot* ou *griot* e as mulheres de *guiriotte* ou *griotte*. No entanto, os *griots* já eram conhecidos pelos viajantes árabes a partir do século XV. Para os europeus, eles eram apenas músicos, já para os árabes, poetas. Ainda hoje é muito comum se considerar o *griot* unicamente um artista ou contador de histórias. No entanto seus atributos, sua função e sua missão são bem mais amplos e profundos. Em função de não se ter em português uma palavra que sintetize ou traduza corretamente esta figura, também utilizarei o termo *griot* para designá-la.

Na África Ocidental, através da hereditariedade, o *griot* mantém por intermédio da oralidade a tradição da comunidade à qual pertence. Como nos lembra Amadou Hampâté Bâ (2003, p. 14), não há uma África, não há um homem africano, não há uma tradição africana válida para todas as regiões e todas as etnias. Ainda segundo ele, podemos perceber características que se repetem em várias culturas africanas. A presença do sagrado em todas as coisas, a relação entre o mundo visível e o invisível, entre os vivos e os mortos, o sentido comunitário e o respeito religioso pela mãe são bons exemplos. Porém, há inúmeras diferenças tanto de uma região para outra como de um povo para outro. Sendo assim, este estudo está mais relacionado à África Ocidental e, principalmente, à tradição oriunda do antigo Império Mandinga unificado pelo imperador Soundjata Keita, no qual a figura do *griot* foi — e ainda é peça fundamental na manutenção e propagação desta cultura com seus contos, sua ética e sua filosofia. Os Kouyaté, pertencentes ao povo malinca, são desde o início deste império os *griots* dos Keita, o que reforça mais esta aliança e a relevância de se realizar este estudo a partir dos encontros com Sotigui Kouyaté. Conhecido como o mestre da palavra, o *griot* pode ser assim definido:

> Eu sou *griot*. Sou eu, Djeli Mamadou Kouyaté, filho de Bintou Kouyaté e de Djeli Kedian Kouyaté, mestres na arte de falar. Desde tempos imemoriais os Kouyaté estão a serviço dos príncipes Keita do Mandinga: nós somos os sacos de palavras, nós somos os sacos que guardam os segredos muitas vezes seculares. A arte de falar não tem segredo para nós: sem nós os nomes dos reis cairiam no esquecimento, nós somos a memória dos homens, pela palavra damos vida aos fatos e gestos dos reis perante as novas gerações. Eu herdei minha ciência de meu pai Djeli Kedian, que a herdou também de seu pai; a história não tem mistério para nós; ensinamos ao homem comum aquilo que queremos lhe ensinar, porque somos nós que temos as chaves das 12 portas do Mandê*. Eu conheço a lista de todos os soberanos que se sucederam no trono do Mandê. Eu sei como os homens negros se dividiram em tribos, pois meu pai me legou todo o seu saber. Eu sei porque um se chama Kamara, um Keita, um outro Sidibé ou Traoré; todo nome tem um senso, um

---

* O Mandê primitivo era constituído de 12 províncias. Depois das conquistas de Soundjata o número de províncias cresceu consideravelmente. O Mandê primitivo parece ter sido uma confederação das principais tribos malincas.

significado secreto. Eu ensinei aos reis a história dos seus ancestrais, a fim de que a vida dos antigos lhes sirva de exemplo, pois o mundo é velho, mas o futuro vem do passado (Niane, 1960, p. 9).

Além de artista, músico, contador de histórias, genealogista, conselheiro de reis, o *griot* é, sobretudo, o personagem que vai mediar toda espécie de conflitos. A transmissão de conhecimento para a formação e educação da comunidade a que pertence também é outra característica importante no que se refere à sua atuação na sociedade. Isso se dá através das histórias e dos provérbios que conta e que sempre sintetizam uma filosofia de vida que passa de pai para filho. O caráter gregário é fomentado pelo *griot* nos encontros que comanda ou organiza. Estes encontros podem ser casamentos, funerais, circuncisões, apresentação de contos, eventos ligados à dança e à música, ou mesmo o ato de reatar um casal que esteja em litígio.

Talvez, por ser historicamente uma referência dentro da cultura de países como Mali, Guiné e Burkina Faso, a colonização francesa tenha procurado desqualificar o *griot* e sua função na África Ocidental. Uma das estratégias utilizadas para facilitar a dominação de um povo por outro começa no esfacelamento das raízes da cultura dominada através da substituição de valores e rituais. O primeiro passo foi, sem dúvida, a imposição da língua francesa. Para uma cultura fundamentada na oralidade isto poderia ter significado o fim de uma tradição como a do *griot*. Porém, apesar de toda a tradição ter sido transmitida através de línguas como o bambara ou maninca, como no caso da família Kouyaté, os *griots* por possuírem uma grande capacidade de adaptação fizeram do francês um veículo poderoso para transmitir sua cultura para além da África. A França é um país que recebe os ensinamentos contidos nos contos transcritos ou ainda nas palavras proferidas pelos *griots* que lá vivem. Por outro lado, dentro da África, há um movimento conhecido como o renascimento africano no qual os africanos buscam conduzir o leme do seu próprio destino, se interrogando sobre o seu passado cultural, procurando a sua própria autenticidade dentro do momento atual e se relacionando com seus problemas e desafios.

Aqueles que cantavam os feitos épicos dos heróis de outrora recitam a genealogia dos governantes atuais. Os enredos das suas canções se enriqueceram com novos temas: a independência, a unidade africana, o partido, o desarmamento etc. Eles reconquistaram assim seu prestígio e influência dentro da vida pública e política dos malincas (Camara, 1992, p. 8).

Antes de tratar da família e da educação de Sotigui, considero necessário entendermos como se estrutura a sociedade à qual ele pertence e que o formou como homem e *griot*.

A sociedade malinca: Mitos e estrutura
Os malincas são tradicionalmente agricultores e caçadores. Apesar de terem sido um dos primeiros povos africanos a se islamizar, conservaram ao mesmo tempo os rituais animistas e a visão de mundo que os dirige. Em cada aldeia malinca é possível se encontrar pelo menos um feiticeiro. O caçador malinca é uma das figuras mais respeitadas na África, já que se considera que ele se apropria do poder dos animais que abate. O apogeu do Império Mandinga está relacionado ao malinca Soundjata Keita.

Apesar de ter sido fundado no século XI, este império atinge seu apogeu a partir de 1235 com a vitória de Soundjata Keita sobre Soumaoro Kanté na célebre batalha de Kirina. A partir do século XV este império entra em declínio. Só a partir do século XIX, então, é fundado um reino muçulmano por L'Almamy Samoury, que acabou sendo preso pelos colonizadores, vindo a morrer em 1900 no Gabão. A epopeia de Soundjata para conquistar este império é o mito primordial dos malincas, contado pelos *griots* através dos tempos. Aliás, o surgimento e a afirmação do *griot* estão também intimamente ligados às origens de Soundjata. Embora não exista apenas uma versão dessa história, farei um breve resumo desta epopeia.

A história se passa no Mandê, no tempo em que Naré Maghan Konaté, seguidor de Maomé, reinava. O rei estava muito velho e não conseguia ter filhos com sua mulher. Ocorre que nessa época um búfalo legendário assombrava a região. Apesar das inúmeras tentativas de capturá-lo, ele já tinha matado os caçadores mais corajosos. Na verdade se tratava de uma velha mulher que, para se vingar dos maus-tratos e injustiças que havia sofrido na vida, se transformava num búfalo invulnerável a qualquer caçador. Então, dois jovens irmãos caçadores foram à sua procura e a encontraram sob a forma humana. Como ela carregava uma pesada trouxa, os dois jovens lhe ofereceram ajuda. Sensibilizada por este gesto, a velha mulher em troca lhes revelou seu segredo e se deixou matar, após os caçadores terem lhe prometido se casar com Sogolon Koudouma*, que seria seu duplo, esta também desprezada por sua deformidade e deficiência física. Sogolon também possuía os poderes da feitiçaria. Apavorados, os dois irmãos caçadores, Oulamba e Oulani, decidiram conduzir a jovem Sogolon ao rei Naré Maghan. Ao mesmo tempo, para conseguir ter um herdeiro, o rei tinha sido aconselhado por um velho caçador, mestre em adivinhação, a se casar com uma mulher muito feia, assim descrita:

> Sete verrugas, todas diferentes uma das outras, marcavam seu corpo; ela tinha um olho maior do que o outro, um braço mais longo do que o outro e, finalmente, uma nádega maior do que a outra (Kamissoko, 2000, p. 69).

Esta mulher estaria predestinada a gerar o futuro imperador do Mandê, segundo a profecia que anunciava o nascimento de Soundjata:

> Eu vejo chegar à cidade dois caçadores. Eles vêm de longe e uma mulher os acompanha. Oh, esta mulher! Ela é feia, ela é assustadora. Ela tem uma corcunda que a deforma, mas oh, mistério dos mistérios, esta mulher, rei, deve ser sua esposa, pois ela será a mãe daquele que tornará o nome do Mandê imortal para sempre; a criança será o sétimo astro, o sétimo conquistador da terra, e será mais poderoso do que Djoulu Kara Naini. Mas rei, para que o destino conduza esta mulher até você, um sacrifício é necessário: tu imolarás um touro vermelho, pois o touro é poderoso; assim que

---

* Sogolon, a corcunda.

seu sangue embeber a terra, nada poderá impedir a chegada da tua mulher. Pronto, eu disse o que eu tinha a dizer, mas tudo está nas mãos do todo-poderoso (Niane, 1960, p. 20).

Assim que os caçadores chegaram à corte com Sogolon, os adivinhos não tiveram dificuldade para reconhecer em Sogolon aquela que seria a futura mãe do homem que salvaria o Mandê nas batalhas que viriam pela frente. Assim foi feito. Em 1202, o rei fecunda suas duas mulheres ao mesmo tempo. Da primeira nasceu Dankaran Toumam e de Sogolon nasceu Soundjata. Infelizmente, Soundjata nasceu paraplégico. Os feiticeiros alegaram que seria preciso um tempo maior para que ele andasse, pois seu organismo precisava assimilar as forças dos animais que abrigava dentro de si: o búfalo, o leão e a pantera. Após a morte do pai, o irmão de Soundjata assume o trono.

Certo dia, Sogolon pede a primeira esposa do rei folhas de baobá para preparar o tô*, porém a esposa rival não as cede e debocha de Soundjata lhe dizendo que por ele ser paralítico não poderia subir na árvore. Então, nesse dia Soundjata levantou e andou pela primeira vez aos 17 anos e, em vez de colher as folhas, arrancou a enorme árvore e a levou até a mãe. Esse dia marca o início da sua ascensão e é cantado até hoje com muito orgulho pelos *griots* malincas. Após um período de exílio e quatro grandes batalhas, Soundjata unifica o Império Mandê. Por considerar o hipopótamo um animal poderoso já que este consegue manter a mesma força na água e na terra, Soundjata resolve dar o nome do novo império, de Mali, que significa hipopótamo em maninca. Após proporcionar ao seu povo um período de tolerância religiosa e de paz, Soundjata morre em 1257. No mesmo ano o cometa Halley cruza o céu da Terra. Dizem que Soundjata mergulhou no rio, reencarnando depois num hipopótamo.

Na história de Soundjata a figura do *griot* está presente sempre nas relações que se estabelecem entre os personagens que fazem parte desta epopeia. Uma das histórias que explicaria a origem da figura do *griot*

---

* Prato tradicional feito de farinha de milho. Durante a viagem ao Mali tive a oportunidade de saboreá-lo.

está relacionada ao momento no qual a mulher-búfalo foi abatida por um dos dois irmãos caçadores. Enquanto o mais novo desferia o golpe mortal contra a mulher-búfalo, o mais velho ficou escondido na *brousse** com medo de ser atacado.

A partir desse episódio, os dois irmãos, ambos do clã dos Traorê, se diferenciaram. O mais velho, ao compor uma canção valorizando os feitos e a coragem do irmão, passa a se nomear Dioubatê e se transforma no *griot* dos Traoré. Esta ligação entre este os dois clãs perdura até hoje.

O curioso é que este episódio apresenta um aspecto negativo para o irmão que se torna *griot*, pois fica evidente sua falta de coragem. Todavia, isto é transformado numa qualidade pela função que passa a ser exercida por ele, tornando-se o responsável pela preservação desta história e, a partir daí, estará para sempre a serviço do outro. Aliás, como revela Paola Beltrame em sua tese (1995-1996), uma das explicações para o nome *griot* vem da palavra portuguesa criado**, ou seja, aquele que está à disposição***:

> Podemos nos perguntar se esta expressão designando os músicos, cantores, saltimbancos, trovadores dos aposentos dos príncipes e grandes do Senegal, não vem ela também do negro-português. Ela viria neste caso do verbo "criar", ensinar, educar, instruir, de onde viria também o título de "criador", provedor, patrão. O "criado" seria aquele que foi alimentado, ensinado, educado e que vive na casa do patrão, no sentido doméstico, como dependente, protegido e favorito (Labouret, 1959, p. 56-57).

Contudo, Sory Camara (1992, p. 103) considera que a falta de referências precisas reduz consideravelmente esta hipótese. Segundo ele, seriam necessários documentos mais sólidos para comprová-la. Na ver-

---

* Savana tipicamente africana, coberta de arbustos, bem distante dos centros urbanos. Utilizarei sempre o nome em francês, pois não encontrei nenhuma palavra apropriada para reapresentá-la em português.
** Griot, griotte: guiriot; p-ê. port. criado, de criar "nourir, eduquer". In: *Dictionaire de la langue française*, Paris: Le Robert, p. 1.220.
*** As palavras criar, criador e criado estão entre aspas, pois no original estão em francês.

dade, não há uma única versão para a definição deste termo. Como costumava dizer Sotigui ao longo dos encontros, "existem três verdades: a minha verdade, a sua verdade e a Verdade".

Outro acontecimento que traduz a importância da figura do *griot* na história de Soundjata se dá no momento em que seu pai, perto da morte, nomeia o filho do seu *griot* como aquele que será o *griot* do seu herdeiro e que, portanto, irá conduzi-lo e aconselhá-lo durante toda a vida.

> Mari-Djata, eu estou velho, logo não estarei mais aqui entre vocês; mas antes que a morte me leve, eu vou te dar o presente que cada rei dá a seu sucessor. No Mandê cada príncipe tem seu *griot*: o pai de Doua foi o *griot* do meu pai; Doua é meu *griot*; o filho de Doua, Balla Fasséké que está aqui será seu *griot*. Sejam a partir deste dia amigos inseparáveis: Através da sua boca você aprenderá a história dos teus ancestrais, você aprenderá a arte de governar o Mandê, segundo os princípios que os nossos ancestrais nos legaram. Eu cumpri meu tempo, eu cumpri meu dever; eu fiz tudo o que um rei do Mandê deve fazer; eu te entrego um reino expandido, eu te deixo aliados seguros. Que o teu destino se realize, mas não esqueça jamais que Nianni é a capital e que o Mandê é o berço dos teus ancestrais (Niane, 1960, p. 39-40).

Balla Fasseké é um *griot* Kouyaté e estará fielmente presente em toda trajetória de Soundjata, que é um Keita. Para estabelecer a conciliação com o poderoso feiticeiro Soumaoro Kantê, rei de Sosso, Soundjata envia seu *griot* até ele. Num determinado momento, Balla Fassekê consegue entrar no quarto do rei feiticeiro, toca seu balafom mágico e descobre seus segredos. Ao ser surpreendido, ele, através do seu talento musical, seduz o feiticeiro, que o convida para ser seu *griot*. Porém, Balla Fassekê consegue fugir e revela a Soundjata o segredo para derrotar o temido Soumaoro Kantê, que por isso consegue vencê-lo na batalha final de Krina. Aliás, esta é uma das explicações para que o nome Kouyaté signifique "há um segredo entre nós", ou seja, como alusão ao segredo revelado por Balla Fassakê a Soundjata.

Após a divisão em trinta clãs, sendo quatro de *griots*, os Kouyaté passam a ter o primeiro papel na corte, tendo o direito e o privilégio, por exemplo, de fazer *plaisanteries** a todas as tribos do império, e em particular aos Keita. Por isso a tradição afirma que nenhum *griot* se iguala aos Kouyaté.

Como diz o ditado: "A guerra e o nobre fazem o escravo, mas é Deus quem faz o artesão (*ñàmàkálá*)".

Antes de falar sobre o significado da palavra *griot* (*jàlí* ou *jèlí*) em maninca, é fundamental entender como se estruturava a antiga sociedade malinca. Esta divisão se dava através de três castas. A primeira casta era formada pelos nobres, ou *hóró*, que possuíam a autoridade política, no outro extremo estava a casta servil dos escravos ou cativos. Entre estas duas se situavam os *ñàmàkálá*. Esta última é a casta dos *griots* (*jèlí*), ferreiros (*mùmú*), tecelões (*maabo*) trabalhadores de couro (*káráté*) e os artesãos de madeira (*kùlé*). Pertencer à casta dos *ñàmàkálá* é um direito e um dever hereditário. A pessoa nasce e morre ñàmàkálá. Além disso, o casamento só deve ser realizado entre as pessoas desta mesma casta com o objetivo de se perpetuar a transmissão destes conhecimentos e ofícios. É importante observar que esta divisão de castas não está relacionada, como no caso da Índia, a um caráter religioso, mas sim ao ofício exercido ou à posição na sociedade. A palavra *ñàmàkálá*, "antídoto *do nyama*", significa força oculta contida em todas as coisas.

> Considerados como possuidores de poderes especiais, antigamente eram mais temidos e respeitados do que desprezados. Não podem em nenhum caso ser[em] submetidos à escravidão e os nobres lhe devem presentes, consideração e sustento. Outrora, cada função artesanal correspondia a um caminho iniciático específico (Hampâté Bâ, 2003, p. 110).

---

* "Parentesco jocoso", vínculo sagrado de aliança que permite brincar e zombar, isto é, insultar-se reciprocamente, sem que isso traga consequências. Na realidade é algo muito diferente de uma brincadeira; esta relação representa um vínculo muito sério e profundo, que no passado implicava dever absoluto de assistência e ajuda mútua originária de uma aliança muito antiga entre os membros ou ancestrais de duas aldeias, duas etnias ou dois clãs (Hampâté Bâ, 2003, p. 252).

Os ferreiros, tecelões, trabalhadores de madeira e de couro estão hierarquicamente numa posição superior à do *griot*, sendo que o ferreiro é o primeiro da escala, seguido pelo tecelão. Isto se deve ao fato de esses ofícios artesanais demandarem iniciação e conhecimentos especiais. Por outro lado, dentro destas classes também há subdivisões. No que se refere aos ferreiros, por exemplo, há o ferreiro de mina ou alto-forno, o ferreiro do ferro negro e o ferreiro de metais preciosos. Cada um desses ofícios está relacionado a um tipo de poder oculto. O tecelão está vinculado à palavra criadora que se distribui no tempo e no espaço. A tira do tecido em volta do bastão sobre o ventre do tecelão representa o passado e o rolo do fio a ser tecido representa o mistério do amanhã. Ao trabalhar os gestos no tear, o tecelão representa a criação, e as palavras que emite ao acompanhar os gestos passam a ser o próprio canto da vida. O movimento do vaivém dos pés do tecelão está ligado ao movimento e ao ritmo, à vida e à ação. Assim, o ofício do tecelão baseia-se na fala criativa em ação. O ferreiro, por sua vez, é o mestre do fogo, da transmutação, e é chamado de primeiro filho da terra:

> Suas habilidades remontam a *Maa*, o primeiro homem, a quem o criador *Maa Ngala* ensinou, entre outros, os segredos da "forjadura". Por isso, a forja é chamada de *Fan*, o mesmo nome do ovo primordial, de onde surgiu todo o universo e que foi a primeira forja sagrada. Os elementos da forja estão ligados a um simbolismo sexual, sendo esta a expressão, ou o reflexo, de um processo cósmico de criação. Desse modo, os dois foles redondos, acionados pelo assistente do ferreiro, são comparados aos testículos masculinos. O ar com que são enchidos é a substância da vida enviada, através de uma espécie de tubo, que representa o falo, para a fornalha da forja, que representa a matriz onde age o fogo transformador (Hampâté Bâ, 1980, p. 197).

Estes exemplos têm por objetivo mostrar que os artesãos pertencentes à casta dos *ñàmàkálá* passam por um aprendizado que está intimamente ligado a uma filosofia na qual não existe uma divisão entre o ofício e a vida, o trabalho e o universo invisível, ou seja, entre a prática diária e o sagrado. A grande diferença destas tradições em relação às ocupações do mundo moderno e globalizado é que, antes do caráter utilitário, elas visam uma participação integral com a vida. Nesse sentido, tudo está ligado, tudo se relaciona.

Pode-se dizer que o ofício, ou atividade tradicional, esculpe o ser do homem. Toda a diferença entre a educação moderna e a tradição oral encontra-se aí. Aquilo que se aprende na escola ocidental, por mais útil que seja, nem sempre é *vivido*, enquanto o conhecimento herdado da tradição oral encarna-se na totalidade do ser. Os instrumentos ou as ferramentas de um ofício materializam as Palavras Sagradas; o contato do aprendiz com o ofício o obriga a viver a palavra a cada gesto (Hampâté Bâ, 1980, p. 199).

Com isso, há a formação de um homem particular ligado a uma tradição e a uma ética permeadas pela prática, que não está dissociada do conhecimento oculto que a compõe. Esta unidade é que vai determinar que estes ofícios sejam exercidos de forma íntegra e elevada.

Apesar de o *griot* pertencer à casta dos *ñàmàkálá*, as ciências ocultas e esotéricas não estão na base da sua formação, mas sim a arte da palavra, o canto, a música, a poesia lírica e os contos que animam e educam. Os *griots* são também depositários da história dos reis e da comunidade a que pertencem. Podem ser divididos em três categorias: os *griots* músicos, os *griots* embaixadores e cortesãos, e os *griots* genealogistas, historiadores ou poetas. Os primeiros tocam instrumentos como *kora* e *tantã**, cantam, compõem e preservam as músicas antigas. Os embaixadores e cortesãos são mediadores entre as grandes famílias, principalmente a dos nobres. Os genealogistas, historiadores ou poetas geralmente fazem as três coisas ao mesmo tempo. Além disso, são contadores de história e grandes viajantes. O grande diferencial dos *griots* em relação aos outros *ñàmàkálá* está no fato de possuírem uma posição independente no que se refere à fala, com uma liberdade que os próprios nobres não têm, podendo até mesmo falar coisas sem prudência.

---

* *Kora* é um tipo de harpa ou guitarra de cordas. *Tantã* é um instrumento de percussão, feito de madeira e pele de cabra.

Por isto costuma-se dizer que o *griot* tem duas línguas. Eles também são considerados literalmente a língua dos nobres. São os *griots* que fazem o pedido de casamento no lugar do noivo. Por conhecerem profundamente a história das famílias às quais estão ligados, suas falas podem tanto trazer elogios como críticas, por isso são temidos. Nesse sentido, podem ainda ser porta-voz de notícias importantes ou fomentar a discórdia com infâmias. Por isso, diz-se que o *griot* pode tanto construir a paz como causar a guerra. Nas circuncisões encorajam a criança ou o jovem durante a vigília que precede o rito, ao lhes contar os feitos dos antepassados para que fiquem serenos.

Os *griots* são chamados de *djeli*, que significa sangue em maninca. Uma das explicações para esta atribuição é que da mesma forma como o sangue circula pelo corpo humano, os *griots* circulam pelo corpo da sociedade podendo curá-la ou deixá-la doente, conforme atenuem ou aumentem os conflitos através da sua palavra. Existem várias lendas que procuram explicar a origem da palavra *djeli* ser utilizada para designar o *griot*. Certa lenda fula* conta o seguinte:

> Dois irmãos fulas viajavam juntos, mas a estação estava bem inóspita ocasionando a falta de alimentos. Era o período das secas e ainda faltava bastante tempo para que estas acabassem. A fome começava a torturar as entranhas do irmão mais jovem, que não parava de gritar para seu irmão: "Estou com fome, ache alguma coisa para eu comer!". O irmão mais velho então lhe disse: "Espere-me na beira do caminho". E dizendo isso, se embrenhou dentro da *brousse* onde nada encontrou, nem frutas nem caça de pelos ou de penas. Para que seu jovem irmão não o pressionasse mais, tomou coragem e cortou um pedaço da sua panturrilha com seu facão, acendeu o fogo para cozinhá-lo e em seguida o levou embrulhado em grandes folhas de árvore ao mais jovem, que o comeu. Então, o mais velho enfaixou a panturrilha com um pedaço de

---

* Conhecida também como *peul*, no francês. Esse povo é, depois dos bambara, a segunda etnia do Mali. Teve grande influência na propagação do islã na África Ocidental. O grande tradicionalista Hampâté Bâ, por exemplo, é um fula.

pano, a fim de que o mais jovem nada percebesse. Mas o cansaço da caminhada e a dor o obrigaram a mancar. O mais jovem então perguntou: "O que você tem na perna que te faz mancar?". Então o mais velho respondeu: "Não encontrando nada para apaziguar tua fome, eu cortei um pedaço da minha panturrilha para te dar. É por isto que eu estou mancando". A partir daí, o irmão mais jovem não parou de exaltar a coragem e a devoção do seu irmão mais velho por todos os lugares onde os dois passavam. Diz-se que o mais jovem é socialmente inferior ao mais velho. Seus descendentes são os *mabo**, que adulam os outros fulas para ganharem presentes. Por causa desta amputação, os fulas passaram a ter a panturrilha pouco carnuda (Zemp, 1966, p. 632).

Numa outra versão mandinga o irmão mais velho, ao invés de dar ao mais jovem um pedaço de sua carne, lhe dá o seu próprio sangue. Nestas duas lendas a origem do *griot* está ligada a um sacrifício, que envolve sangue e dor. Fica evidente também a presença do costume do *griot* tanto de receber presentes como de ser provido pelo outro. Todavia, o que apresenta um aspecto negativo é dissolvido pelo reconhecimento de um ato nobre e pelo compromisso de contar esta história para outras gerações valorizando conceitos como coragem, solidariedade e generosidade. Há lendas similares a esta com alguns detalhes diferentes. Entre elas, há uma de origem malinca para o surgimento do primeiro *griot*, da tribo dos Kouyaté, ligada ao profeta Maomé, na qual o sangue também está presente.

> O profeta estava com um abscesso na perna. A pele inchava. Mas a terra recusava o sangue. O céu, as folhas, os tocos das árvores fizeram o mesmo. Eles não queriam que o sangue de Maomé fosse perdido. Então Sourakata bebeu o sangue. As pessoas então disseram: "Sourakata tem uma parte do sangue de Maomé, por isso chamaremos todos os seus descendentes de *jély*" (sangue) (id., ib., p. 630).

---

* Palavra fula homóloga a *djêlí* (*griot*), em maninca.

Esta outra lenda, além reforçar a ideia de serem os Kouyaté os primeiros *griots*, também caracteriza a ligação estreita entre os *griots* e o islã. Aliás, uma das mais interessantes características do *griot* é o sincretismo que há na sua tradição, reunindo o animismo e o islamismo. Há ainda outra hipótese, que considera que os ferreiros e *griots* seriam oriundos de negros que tinham recebido influência judaica entre os séculos XI e XVI. Contudo, A. Humblot, antigo administrador de colônia, encontrou em 1918 um manuscrito em árabe de um *griot* malinca, no qual o clã dos *ñàmàkálá*, a que pertencem *os griots*, é apontado como um clã composto por descendentes de judeus, e o clã dos *hóró* (nobres) como sendo constituído por descendentes de árabes (Camara, 1992, p. 81-84). Se pensarmos na tradição judaica de contar histórias e parábolas como forma de educar e propagar a sua filosofia, talvez haja realmente uma ligação. No entanto, são várias hipóteses, e não é o meu objetivo esgotar os temas relacionados com a origem do *griot* malinca.*

Para chegarmos a uma definição geral do termo *griot*, temos que levar em conta o fato de esta figura pertencer a uma casta dita inferior, os *ñàmàkálá*. Dentro desta casta, ele é o único que não desempenha um ofício manual ou mecânico. Seu domínio é o da palavra e sua atuação está ligada ao tipo de relações que ele estabelece com a sociedade através da sua arte. Por intermédio da palavra, o *griot* será sempre um depositário da história e das antigas tradições. Apesar de ser sempre o mais fraco e o covarde nas lendas, ou seja, de suscitar desconfiança de outros grupos por não ser um homem da ação e dos ofícios práticos, o *griot* compensa esta incapacidade no plano material através da habilidade com a palavra, a música e a memória.

O próprio fato, de por causa das suas condutas desviantes, encarnar um grupo de referência negativa, constitui paradoxalmente um aspecto positivo quanto à regulação da conduta dos nobres.

---

* Para mais referências, ver Sory Camara (1992) ou ainda a tese de doutorado de Paola Beltrame (1995-1996).

Quando vem exprimir publicamente as coisas que ferem as normas da boa convivência, parece que uma comunicação silenciosa e inconsciente se estabelece entre o interior reprimido ou inibido da personalidade dos espectadores e o personagem desempenhado pelo *griot* (Camara,1992, p. 166).

Passo agora a abordar a história pessoal de Sotigui, sua infância, educação e a relação com a família Kouyaté, antes da sua ida para a Europa, atendendo ao chamado do diretor Peter Brook.

A família Kouyaté e a educação de um *griot*

A origem dos Kouyaté está na Guiné, na cidade de Farna. Porém, seu pai, Dani Kouyaté, nasceu numa aldeia do Mali, chamada Kita. Dani, então, vai instalar-se em Burkina Faso (Alto-Volta na época) antes do nascimento de Sotigui. Quando casou pela segunda vez, a mãe de Sotigui, Soussaba Sako, já tinha dois filhos: Mabô e Bakari. Do novo casamento com Dani Kouyaté, um *griot* especialista no balafom, nasceu Sotigui. Sua mãe era uma famosa *griotte,* uma das maiores cantoras do Mali, bem mais velha que Dani. Ninguém acreditava que ainda pudesse ter filhos. Inclusive a família de Sotigui era contra o casamento, que só pôde ser realizado quando Dani aceitou se casar ao mesmo tempo com outra mulher mais jovem. Esta exigência se devia à necessidade de perpetuar a prole, para a continuidade da família. Os pais de Sotigui se apresentavam juntos em casamentos, batizados e demais eventos em que o *griot* é mestre de cerimônias.

No entanto, negando as expectativas, Soussaba engravidou. Durante a sua gravidez as pessoas diziam que ela não estava grávida, que o crescimento do ventre era causado por uma doença. Assim, para poder ter o filho com tranquilidade, Soussaba foi para Bamako, no Mali, junto da sua família. Quando Soussaba voltou a Burkina com Sotigui nos braços, ele passou a ser chamado de "pequena grande doença". Sotigui se tornou o primeiro filho do seu pai e o último de sua mãe. Seu nascimento é considerado um milagre até para ele mesmo, pois devido à idade avançada de sua mãe a gravidez era praticamente improvável. Soussaba então compôs uma música para o filho. Sempre antes de começar a cantar dizia "eu lhes apresento a minha pequena grande doença". Sotigui era também chamado pelos amigos dos pais de o filho da nossa velhinha.

Sotigui herdou o nome do avô, que possui dois significados: chefe da casa e proprietário de cavalos. Os dois significados estão ligados na medida em que um verdadeiro chefe de família tinha que ter sempre um cavalo. Prima de Sotigui, Tagaré nos disse que a origem do nome Sotigui na família Kouyaté está ligada a um dos seus ancestrais, um hábil *griot* chamado Soumaila:

> Ele recebeu o nome de Sotigui porque nas guerras acompanhava os homens nos campos de batalha, encorajando-os. Ele era tão bravo que, em troca, o seu chefe lhe dava os cavalos que capturava dos inimigos. Ele então passou a comercializar cavalos. Com isso, passou a ser proprietário de cavalos (Kouyaté, 2003).

A educação tradicional de um homem na África Ocidental é dividida em ciclos de sete anos. Até os 42 anos a pessoa ainda é considerada uma criança. A família é a primeira escola. Até os 21 anos se dá a criação do indivíduo. Nos primeiros sete anos de vida a criança fica totalmente sob os cuidados da mãe. A partir da idade de 7 anos, ela fica sob os cuidados do pai, que a introduz na escola dos adultos. A partir dos 14, é a vez da "escola da rua", onde o jovem começa a se desenvolver fora de casa, nas brincadeiras e nas aventuras com os amigos. Porém, a mãe será sempre uma forte referência no que se refere à conduta e às atitudes tomadas diante das dificuldades da vida. Dos 21 anos aos 42 anos se completa o ciclo de aprendizado do homem. No entanto, só a partir dos 42 anos ele passa a ter o direito à palavra diante dos mais velhos. Então, durante 21 anos, ou seja, até os 63 anos o homem deve passar adiante aquilo que aprendeu. Finalmente, aos 63 anos cessa sua obrigação de ensinar, mas ele pode fazê-lo, e geralmente o faz. Juntamente a esta educação tradicional exercida pela família e pela vida, há ainda a escola corânica e a escola ocidental de influência francesa.

Assim, nos primeiros sete anos, como é o costume, Sotigui ficou sob os cuidados da mãe. Como ela era uma cantora de renome, ele teve a oportunidade de viajar muito ao seu lado. Além de conhecer outras cidades e países, pôde observá-la cantando e isso contribuiu para aguçar a sua musicalidade. O fato de a mãe cantar em *kassonké** lhe possibilitou entrar em contato com mais uma língua além do maninca e do francês. Como cada língua traz em si a força da cultura que representa, com suas lendas, ritos e contos, Sotigui cresceu ouvindo estímulos sonoros diferentes, além de ter contato com características particulares de cada uma dessas tradições.

Aos 10 anos sua mãe morre. Por ocasião do seu batizado, já havia sido escolhida a sua mãe adotiva, Jonkunda, a esposa de um tio. Apesar do apoio e dos fortes laços com a mãe adotiva, o pai de Sotigui acabou se incumbindo da educação do filho, o que fez com que mantivessem uma ligação que durou toda a vida. Até a sua ida para França nos anos 1980, Sotigui ainda morava com o pai, apesar de já ter vários filhos e dois casamentos.

O convívio estreito com o pai desde a infância foi responsável por grande parte do aprendizado necessário para que, como *griot*, ele desenvolvesse a habilidade para mediar conflitos. A transmissão está no cotidiano da família e pode ser exercida tanto através da palavra como da simples observação.

> Há coisas que não podem ser ditas e há coisas que devem ser observadas, para que você mesmo tire sua própria lição. Mas meu pai me dizia as coisas. E quando meu pai encontrava as pessoas que vinham trazer seus problemas ou debater assuntos, me convidava para sentar ao seu lado. Assim, eu via as situações e os conflitos, como também a sua intervenção e a dos outros. Alguém que tem a responsabilidade de transmitir precisa aprender, pois do contrário não haverá nada a transmitir (Les Chemins de Sotigui Kouyaté, 2002).

A educação a partir do convívio com o pai e o avô foi fundamentada na maneira tradicional utilizada por um *griot* para passar os ensinamentos aos seus descendentes:

---

* No Mali além do fula, bambara e maninca, também se fala o *kassonkê*. Esta língua pertence à etnia do mesmo nome. Os *kassonkê* são oriundos da mestiçagem dos fulas com os malincas.

Perdi minha mãe aos 10 anos. Ao mesmo tempo que foi um choque, me aproximou muito de meu pai, que preferiu me mandar para uma escola corânica. Meu pai e meu avô eram sábios, tinham experiência de vida. Além de *griots* e chefes de *griots*, eram também mediadores de conflitos na mesquita. Eu tive este privilégio. Eles diziam que há três tipos de educação: pela palavra, pelo olhar e pelo silêncio. Quando meu pai falava com os olhos, eu sabia; quando ele queria que eu aprendesse alguma coisa pelo silêncio, eu também sabia (id., ib.).

A educação africana tradicional apresenta muitas regras de comportamento e de respeito aos mais velhos. Antes da escola corânica e da escola laica, a escola dos brancos, é no seio da família que a criança vai começar a sua iniciação sobre a história, a vida, a natureza e a convivência em sociedade, como nos diz Sotigui:

> Eu cresci com muitas regras, muito rigor. A sociedade africana tem uma complexidade e uma riqueza enormes. Nós dizemos que na vida só se pode colher aquilo que semeamos. Aquilo que você não semeia não colherá jamais. A criança não pode ser aquilo para o qual não foi formada. Eu aprendi a estudar o corão. Eu passei por dois grandes mestres do corão. Mas há ensinamentos que nem a escola francesa nem a escola corânica me deram. Partiram de valores da minha família, da minha casa (id., ib.).

Aos 9 anos Sotigui passa por uma experiência que marcará sua vida, "o campo de iniciação", nos arredores de Bobo, em Burkina Faso. Trata-se de um local na *brousse*, considerado sagrado, onde os jovens ficam sob a orientação de iniciadores. Sem a família eles ficam um longo tempo vivendo de uma forma completamente diferente do convívio em família. Aliás, este é um dos objetivos do "campo de iniciação" — sair do seu referencial familiar e cotidiano. Exercitar no jovem a necessidade de se adaptar a outras realidades. O número de jovens pode chegar a cem, mas, no campo que Sotigui ficou, o grupo era formado por 33 jovens com idades entre 7 e 21 anos. No começo, o jovem deve observar os iniciadores, sábios bem idosos que conhecem os segredos da natureza, da *brousse* e dos homens. Em seguida, jovens instrutores passam as regras e sanções, enfim a disciplina. No décimo dia cada um deve abandonar a sua "pele" de origem e se vestir com a "pele" comum. Nesse momento, o aprendiz deve esquecer o que é, e ser o que vai viver ali. É como se fosse uma nova vida. Este momento é precedido pela circuncisão, quando o jovem deve demonstrar coragem. Há então uma sequência de provas, como, por exemplo, saltar por uma grande fogueira. No entanto, o momento mais duro para um malinca é ter que obedecer aos mais jovens:

> Nós aprendemos a submissão total aos mais velhos. No "campo de iniciação" há momentos nos quais o mais jovem passa a ser o chefe. É preciso respeitá-lo. E isto é duro. Ele é o *massa* (chefe). É ele quem decide o que vamos fazer. Por exemplo, ele pode decidir que temos que andar 15 quilômetros e na volta 30. Tinha um companheiro de 18, que estava junto com o irmão de 7, e teve que obedecer por um tempo às vontades do menor. Foi duro para ele. O "campo de iniciação" está ligado à cura. Na primeira semana tive que comer os restos dos velhos. Você só pode sair depois que todos estiverem aptos a sair. Você divide tudo: a dor, a felicidade e o sofrimento (id., ib.).

Este aprendizado no "campo de iniciação" está profundamente relacionado a um aspecto pouco conhecido sobre a educação africana — a necessidade de se adaptar, de experimentar outras possibilidades. Ou seja, aprender a viver dentro de uma estrutura a que você não está acostumado, onde não é protegido. E ao mesmo tempo ele busca conscientizar o jovem da necessidade de adquirir uma força interior. Sotigui costuma dizer que "ninguém pode dar aquilo que já não está em você". Há uma ênfase no desapego, na redução do domínio do ego sobre o espírito. E acima de tudo, estimula o exercício da tolerância e da paciência. Ao comentar a intenção de seu pai de mandá-lo ao "campo de iniciação", Sotigui revela o que está por trás desta experiência:

No início eu não conseguia compreender o que meu pai queria, mas depois compreendi. É tudo informação. É para compreender que as coisas não se passam sempre como se passa com você. É preciso poder se adaptar (id., ib.).

Este período de provas e privações tem por objetivo propiciar um crescimento do jovem nos planos físico, emocional e espiritual. A saída do "campo de iniciação" é celebrada numa grande festa com música e cantorias onde sobre os cavalos os jovens se tornam homens e passam a ter orgulho de si mesmos. Segundo Sotigui, a lembrança dos "camaradas de casa", como são chamados os jovens que passam este tempo juntos, esteve sempre presente na sua memória.

Outros ofícios e o encontro com o teatro
Após o período de formação na escola corânica, no "campo de iniciação", na escola francesa dos brancos e no seio da família, Sotigui entra para o Liceu Técnico. Aprende datilografia (muito importante na época para funções públicas), além de se tornar técnico em enfermagem. Sotigui desde jovem teve que desempenhar outras funções para auxiliar a família. Os tempos dos *griots* mantidos pelos nobres passaram. Após a colonização, a África passa por mudanças irreversíveis. O *griot* não pode ser exclusivamente *griot*. É preciso retirar o sustento diário de outros ofícios. Assim, Sotigui passa por várias profissões, num ecletismo que também contribuirá para a ampliação do seu olhar: datilógrafo, enfermeiro, funcionário de banco, funcionário do Ministério da Saúde, funcionário da Companhia Francesa do Comércio e da Indústria (CFCI), cantor, compositor, coreógrafo, bailarino, boxeador (11 vitórias e uma derrota) e jogador de futebol, chegando a se tornar capitão da seleção de Burkina Faso.

O teatro entra na sua vida de forma inesperada. Não era sua intenção se tornar um ator:

Da mesma forma que aprendi a tocar violão sozinho, não passei por nenhuma escola de teatro. Passei a frequentar a grande escola da vida. Foi um amigo meu, Dicko Boubakar (diretor da trupe da Casa da Cultura), que me convidou para fazer teatro. O teatro não me interessava. Ao montar uma peça histórica sobre Burkina Faso (antes da colonização), ele precisou de ajuda para coreografar uma dança guerreira. Nós *griots* estamos sempre à disposição, porque o *griot* está a serviço de todo mundo. Ainda mais quando é um pedido de um amigo. Então eu montei esta dança. Acabei ficando no espetáculo, porque as pessoas que levei saíram. Então, eu não podia abandonar Dicko. A peça foi premiada e acabou viajando durante um ano por todo o país. Depois o mesmo Dicko fez outro espetáculo e eu acabei fazendo um papel, pois o texto era de um tio meu (Sotigui Kouyaté-Portrait Sensible, 2001).

Em 1967, Sotigui acaba criando seu próprio grupo de teatro, a Companhia do Alto Volta. O grupo monta espetáculos relacionados a temas da tradição africana e também textos do teatro clássico ocidental. De Molière o grupo encenou "O avarento" e "O médico à força", entre outros. Uma das bases do trabalho do grupo, o *koteba*, está vinculada à disposição espacial com vários círculos tanto no que diz respeito aos artistas como ao público. Em volta dos percussionistas, os bailarinos, homens e mulheres giram em sentido contrário evocando a figura do caracol, a partir deste movimento em espiral. Por outro lado, a plateia é dividida também em círculos: o primeiro composto pelas crianças, o segundo pelas mulheres e o terceiro pelos homens. O *koteba* é bem representativo do espírito comunitário na África Ocidental. As crianças jamais ficam isoladas de qualquer manifestação artística ou cotidiana. Da mesma forma, o pai de Sotigui desde pequeno o estimulou a participar das rodas de conversa dos adultos, como ouvinte. Nas apresentações de contos, danças ou teatro, também não há divisão de gênero ou de faixa etária. Não existe um teatro infantil, por exemplo, mas um teatro para todos. O *koteba* é sempre apresentado ao cair da noite pelos próprios habitantes da aldeia. E é composto de duas partes. A primeira parte é consagrada à dança e se estende até o esgotamento dos participantes; então, começa a parte propriamente teatral, que é composta por improvisações. Os temas são relacionados à aldeia e aos seus problemas. Os entreatos satíricos servem para distrair o público e aliviar as tensões. Atitudes negativas como a preguiça, ambição desenfreada, avareza e charlatanismo são criticadas através dos personagens e das peças. As apresentações costumam ser ao ar livre nas aldeias e nos bairros das grandes cidades. Atualmente o *koteba* é utilizado para campanhas de prevenção da Aids, bem como para recomendações de higiene alimentar e até mesmo para debater um grave problema como a excisão nas mulheres. Há também o *koteba* terapêutico, que auxilia no tratamento de doentes mentais.

Sem dúvida, o espírito comunitário, a direta comunicação com o público, o humor e principalmente o aspecto dialógico do *koteba* estão presentes no trabalho de diretor e na atuação de Sotigui. Porém, também faz parte dos ideais do *griot* transcender fronteiras, entrar em contato com o desconhecido e daí se fortalecer para novos desafios e descobertas. Assim, pode-se dizer que já nessa época Sotigui buscava estabelecer um encontro e um diálogo entre a tradição e a modernidade, pois se o mundo se transforma o tempo inteiro, a recepção do público também sofre alterações, e é preciso sempre buscar comunicação e diálogo para que a transmissão seja possível. Segundo Maomé: "Fale as pessoas na medida do seu entendimento". Enfim, mesmo antes de ser convidado para trabalhar com Peter Brook, Sotigui já trazia o desejo de conhecer outras tradições e partilhar conhecimentos:

> O *koteba* sempre me deu força. A minha força é de poder ficar muito ligado às minhas raízes, sem no entanto recusar a abertura diante do desconhecido, porque o conhecimento vem do desconhecido para o conhecido, e não do conhecido para o desconhecido. A riqueza é esta. O *koteba* está sempre comigo, eu nunca o rejeitei. Mas sempre mantive a curiosidade com o que vem de fora, aquilo que eu posso encontrar no que vem de fora que seja complementar ao que há em mim, minha base, minha fundação. Porque quando você corta as raízes de uma árvore, ela não viverá mais. É preciso contar com suas fontes, mas também podemos nos enriquecer

com novas fontes. Não podemos nos contentar apenas com o que somos, do contrário seremos rapidamente ultrapassados (Les Chemins de Sotigui Kouyaté, 2002).

Porém, não há nenhuma ingenuidade nesse pensamento. Nem tudo o que vem de fora merece ser incorporado. Um bom exemplo me foi relatado por Sotigui durante a oficina por ele ministrada na UNIRIO. Segundo ele, era comum a França mandar para as colônias instrutores de teatro para "ensinar" a técnica europeia. Ou seja, regras de posicionamento no palco, relação entre o gesto e a palavra ou até mesmo exercícios que visavam despertar a imaginação dos atores. Uma das regras proibia o ator de falar diretamente para o público. Uma espécie de recomendação completamente impregnada pela noção de "quarta parede", que obviamente não serve a qualquer espetáculo, muito menos ao tipo de relação que um *griot* sempre procura estabelecer com o público. Aliás, quando um *griot* se apresenta num espaço fechado pede que as luzes da plateia fiquem acesas, pois precisa ver e sentir o público, perceber sua temperatura, para, de acordo com a recepção da plateia, alterar a forma e o ritmo de contar a história. Outra regra pregada pelos instrutores franceses dizia respeito a conceitos de abertura e fechamento. O instrutor "ensinava" que não se deve virar para o lado contrário onde estiver o público, ou, ainda, que o gesto deve ser precedido da palavra, ao apontar para alguma coisa ao longe por exemplo. Para Sotigui tudo soava estranho, pois a relação com o corpo e os gestos para ele devem ser absolutamente naturais. Não há uma estilização ou um formalismo nestas decisões. Em determinado momento o instrutor passou a "ensinar" como se deve andar no palco. Para um *griot* isto é completamente absurdo, pois não existe esta divisão entre teatro e vida. O ator e o homem. Assim o andar está condicionado às necessidades da ação ou da situação vivida, ou dos personagens, os quais, porventura, o contador venha a assumir durante uma contação de histórias.

Talvez o exemplo mais elucidativo desta dissonância seja um exercício proposto para estimular a imaginação, como relata Sotigui:

Quando estes instrutores me mandavam olhar o barquinho que se movia sobre as ondas, olhando para uma parede sem nenhuma outra explicação, eu olhava bem fixo para a parede e dizia: "Eu não vejo nenhum barquinho". Então o instrutor repetia: "Olhe bem!". Eu olhava e dizia: "Eu não vejo nada!". Então, chamavam outro: "Você vê o barquinho?". Aí o outro dizia: "Sim, eu vejo". E o instrutor prosseguia: "Ele avança, você vê?" "Sim, eu vejo!". Então chamavam outro que dizia a mesma coisa. Depois me chamavam de volta e perguntavam: "Agora você vê o barquinho?". E eu respondia: "Não, eu não vejo nada!". Ora, há várias formas de se despertar a imaginação, ao invés de procurar visualizar um barquinho na parede.*

Este tipo de procedimento dos instrutores franceses jamais levava em conta o saber e a realidade das antigas colônias. Era como se o ator africano estivesse começando do zero. Assim, toda a tradição do *koteba*, dos *griots*, da dança e da música africana era considerada apenas exótica. Aliás, Paulo Freire tem uma frase muito apropriada para este tipo de comportamento: "A arte do colonizado é folclore, a arte do colonizador é cultura" (Freire e Guimarães, 2003, p. 44). A abertura para o outro está na base do aprendizado do *griot*, sem contudo esquecer as suas raízes. Assim, quando Sotigui recebe o telefonema de Peter Brook no seu escritório de funcionário público o convidando para ir a Paris fazer um teste para "Mahabharata", não havia como negar, era o desconhecido batendo à porta e, como veremos, abrindo outras.

---

* Anotações pessoais realizadas durante a oficina A Palavra em Cena, ministrada por Sotigui Kouyaté, em agosto de 2003 na UNIRIO.

CAPÍTULO 2

O encontro de Sotigui Kouyaté com Peter Brook

Na extensa parceria de mais de vinte anos, Brook e Sotigui realizaram juntos várias peças. Apesar dos dois pertencerem a culturas e tradições tão diversas, o que a princípio poderia ter sido um obstáculo para uma comunicação efetiva entre ambos foi na verdade o que propiciou uma parceria profícua e renovadora que pode ser comprovada na excelência dos trabalhos que realizaram juntos. No entanto, a meu ver, entre as várias peças que apresentaram ao longo de vinte anos, quatro merecem destaque: "Mahabharata" (1985) "A tempestade" (1990), "Le costume" (1999), e "Tierno Bokar" (2004).

Se em "Mahabharata", uma saga indiana, deu-se início esta parceria, em "Tierno Bokar" a história real de um grande líder espiritual africano, veremos a celebração deste encontro quase vinte anos depois. Entre estes dois polos aparece "A tempestade", de Shakespeare, onde Sotigui quebra um tabu e apresenta o primeiro Próspero negro e *griot* para o Ocidente. A quarta peça escolhida, "Le costume", marca a sua primeira vinda ao Brasil em 2000, e foi quando o vi se apresentar na cidade de Porto Alegre. A repercussão da sua atuação em mim foi um dos provocadores deste livro e de todos os encontros posteriores com ele.

Um dos fatores que permearam os anos de convivência pessoal e artística entre Brook e Sotigui é pautado no respeito pelas diferenças e na busca da complementaridade como elemento propulsor da criação artística. Assim como está sempre presente na conduta de um *griot* como Sotigui o interesse pelo que lhe é estrangeiro, ou seja, de conhecimentos que não possui, também está presente no espírito de Brook o interesse por outras culturas, como as de origens asiáticas e africanas. Aliás, uma das peculiaridades de Brook é a de ser um "buscador", termo e conceito oriundos do envolvimento com o pensamento e a prática de Gurdjieff.

O filme *Meetings with remarkable men* (1979), dirigido por Brook, que trata da juventude deste grande mestre espiritual, é a tradução perfeita dessa filosofia que acompanha Brook até hoje, ou seja, ir atrás de outros mestres, outras culturas, outros povos como ferramenta para poder olhar a vida e os homens de vários ângulos. E através desta prática se aproximar daquilo que ele próprio nomeia "ponto de mudança", onde, como diz Georges Banu, a verdade não será jamais fruto de um olhar frontal, direto sobre ele mesmo, mas um olhar móvel que muda de perspectiva. Ao olhar estático se opõe assim o dinamismo de um olhar preparado para seguir tanto a ambiguidade contraditória do mundo, como a da arte (Banu, 2001, p. 13).

Esse conceito tão caro a Brook é um dos responsáveis pelas viagens feitas através do mundo em busca das grandes tradições. A África tem sido um dos lugares onde Brook mais tem pescado seus peixes dourados. A aproximação com a tradição de um *griot* como Sotigui é parte fundamental dessa busca pela pluralidade artística e cultural. Ainda sobre a importância deste conceito afirma Banu (2001, p. 13-14):

> O *ponto de mudança* é de alguma maneira a lição de uma vida, onde desaprendemos a intransigência do olhar único, autoritário, em prol de outro olhar, que se mexe, se desloca e interroga. Ele está a serviço das verdades, que, somadas, formulam uma verdade, que apesar de tudo permanecerá sempre plural. Verdade "estereoscópica", como diz Brook, pois verdade de terrenos, de níveis e que, graças a estes, consegue produzir um efeito de profundidade.

A partir dos vários encontros com Sotigui, pude verificar que há uma correspondência muito estreita entre a sua prática como homem e como artista e a de Brook. Para um *griot* não existe uma única possibilidade de se encontrar uma verdade, uma estética. Durante as intervenções diárias de um *griot* para resolver problemas, atritos ou embates, a verdade precisa estar em movimento, não pode ser um atributo pré-fixado. É por isso que o ditado mais repetido por Sotigui se refere à questão da posse da razão: "Existe a sua verdade, a minha verdade e a Verdade".

Ao mesmo tempo, o *griot* é aquele que busca no estrangeiro saber aquilo que desconhece para então estabelecer um contato onde possa haver efetivamente uma troca na qual possa oferecer, em contrapartida, ensinamentos oriundos da sua corrente ancestral. O espaço desta troca reside exatamente nos encontros. Aliás, estes são a base da conduta de um *griot* na vida e na arte. A sua função mais nobre é — e sempre será — a de estimular, promover e gerenciar encontros. Como Brook também se caracteriza por ser um espírito inquieto, sempre na busca de novos conhecimentos, a parceria entre ambos foi natural. Em entrevista concedida a mim e aos outros organizadores da oficina ministrada por Sotigui na UNIRIO em 2003, fica clara a qualidade da parceria entre ambos:

> O nome Kouyaté simboliza a fidelidade e a verdade e é em nome desta fidelidade que fui passar um ano em Paris e acabei ficando vinte. Um irmão a gente não escolhe, mas um amigo, sim. Assim, nossa amizade se baseia no respeito e na confiança. Ele diz que eu dei muita coisa pra ele. É verdade. Mas ninguém dá nada sem receber. O que possibilitou nossa aliança foi que ele soube apreciar e respeitar o que tenho em mim e vice-versa. Nas nossas diferenças, nós nos completamos. Ele é um pesquisador, alguém que está à procura; esta é uma qualidade que ele sempre teve. Nós temos a mesma iniciativa em relação aos encontros. Eles fazem parte da minha tradição e foram a preocupação de Brook mesmo antes de criar o Centro Internacional de Pesquisas Teatrais. Primeiro ele foi ao encontro de outros povos para se enriquecer, depois criou o

Centro. Brook compreendeu que nas diferenças encontramos os caminhos da complementação, o que também define o espírito da civilização africana (Kouyaté, 2004, p. 76).

Esta civilização africana tem sido um dos pilares das pesquisas e da prática de Brook. Desde o início das viagens do Centro Internacional de Pesquisas Teatrais, a África tem tido uma influência fundamental nas suas descobertas, como por exemplo na utilização do tapete como facilitador e simplificador no ato de apresentar uma peça ou de contar uma história. Esta descoberta está intimamente ligada à vontade de Brook de focalizar toda a atenção sobre a qualidade do jogo, sobre sua energia. O jogo do ator que Brook tem procurado ao longo da sua trajetória tem uma correspondência profunda com as características que compõem a atuação do *griot* ao contar uma história, tais como simplicidade e despojamento. Um *griot* quando se dirige à plateia não precisa de nada além da sua presença física e da sua palavra. Há uma independência profunda na atuação do *griot* em relação a tudo que não seja absolutamente necessário. Tudo parte do íntimo do seu ser em direção à audiência em busca de contato. Ainda sobre esta correspondência entre a opção de Brook pela simplicidade que há no que ele mais tarde chamou de *carpet show* e a filosofia africana, afirma Banu (2001, p. 49):

> No lugar de imagens de uma beleza construída, são os seres livres que vêm confirmar o trabalho teatral. Trata-se então de buscar este limite último, limite que consiste em experimentar os poderes comunicativos do jogo nos contextos onde o ator só pode se apoiar em si mesmo. Na África, ponto de linguagem comum, ponto de referências culturais compartilhadas: o ator tem apenas os seus próprios recursos de jogo para utilizar e experimentar num espaço.

Pude vivenciar a valorização dos encontros entre culturas e tradições nas oficinas ministradas por Sotigui das quais participei no Brasil. Nelas, o foco principal foi sempre baseado na troca que se estabelece quando há um encontro de fato, e não apenas uma passagem de ensinamentos de alguém, que supostamente possui este conhecimento, para aqueles que apenas receberiam passivamente um saber proveniente de outra cultura.

Nesse sentido, a prática de um *griot* jamais utilizará a técnica do *fois gras*, expressão que ouvi o diretor de teatro Amir Hadad utilizar criticamente numa palestra durante aula do Prof. Zeca Ligiéro, na UNIRIO*. Ou seja, entupir um jovem artista com informações, conceitos, técnicas e verdades absolutas, que, ao invés de formá-lo, acabam por deixá-lo deformado como o fígado de um ganso para produzir patê. Neste excesso o artista não consegue construir suas referências, pois já nem se reconhece mais. Este tem sido, ao meu ver, um dos grandes equívocos na formação dos artistas — a não relevância das origens familiares, históricas e culturais do aprendiz. O foco passa a ser a aquisição de técnicas antes do desenvolvimento pleno das potencialidades de cada indivíduo. Sobre isso comenta Sotigui:

> Assim, a técnica, no meu ponto de vista, é feita para nos ajudar a canalizar, a veicular aquilo que já trazemos conosco e que ela não pode substituir. Se amanhã você precisar dirigir pessoas, eu aconselharia a fazer seus atores trabalharem na sensibilidade e sobre o tema da sensibilidade. E se você tiver que formar alunos, fale da técnica, fale de tudo, mas fale da sensibilidade. Dê exercícios que os obriguem a prestar atenção no outro. Isto é sensibilidade. Ser sensível é não se esquecer de si mesmo na procura de escutar o que se passa fora (Kouyaté, 2004, p. 73).

Nesse ponto encontramos mais uma aproximação entre os dois, pois Brook em seu teatro prioriza sempre a relação entre os atores calcada num contato onde o plano sensitivo é o guia para a criação dos seus espetáculos. Desta forma, para Brook e para Sotigui, a partida e a chegada para qualquer manifestação artística estarão irremediavelmente vinculadas ao ser humano. As relações que se estabelecem dentro do grupo serão sempre o ponto de interseção para que se trate da

---

* Teatro e comunidade. Disciplina realizada em 2004 no PPGT/UNIRIO.

vida, uma vida condensada, que precisa de mais vitalidade ainda ao ser apresentada no palco. E tanto para um quanto para outro a função principal será sempre tocar a plateia. A fronteira entre atores e plateia é apenas de situação, e não de qualidade. Os atores preparam algo para oferecer ao público, mas sem que haja o estabelecimento de qualquer fronteira. São todos seres humanos compartilhando um momento único e efêmero, que por isso mesmo encerra em si algo que pode ser tão precioso. A busca pelo outro é tão importante para um *griot* que nas contações públicas a luz da plateia jamais é apagada, pois é para aquelas pessoas que aquela história é contada, por isto é preciso vê-las, senti-las. Esta comunicação possibilita inclusive que o contador possa fazer tanto pequenas alterações como mudanças mais radicais, que podem chegar até a troca do repertório durante a contação.

A percepção da plateia é cultivada na África como algo imprescindível. Quando um contador, que não precisa ser necessariamente um *griot*, narra um feito épico ou algum conto geralmente conhecido da comunidade, a participação de todos é estimulada. Há a figura do *námúnamulá* (respondedor em maninca), ou seja, aquele que diz: *naamu*, (é verdade, eu escuto). Assim o contador tem sempre alguém cuidando para ver se a recepção está justa. A plateia também pode intervir cantando os refrãos, a participação de todos que ouvem a história é fundamental para que ela permaneça viva como um elo entre o passado e o presente.

Esta capacidade do *griot* de permanecer conectado o tempo inteiro com os que o ouvem, talvez tenha sido o que chamou a atenção de Brook durante o teste de leitura que realizou com Sotigui para o papel de Bishma no "Mahabharata". Portanto, será com esta peça que inicio a reflexão sobre esta parceria.

Para analisar a participação de Sotigui no "Mahabharata", além do material impresso jornais, programa, livros utilizarei o filme também dirigido por Brook. A peça estreou no Festival de Avignon em 1985, em francês. Posteriormente foi criada uma versão em inglês, em 1987, e o filme foi lançado em 1988*.

---

* Sotigui participou do filme e de todas as 2.308 apresentações da peça pelo mundo.

O "Mahabharata": A entrada de Sotigui na Europa

A forma como Sotigui é chamado por Brook para fazer o papel de Bishma no "Mahabharata" talvez seja a principal chave da parceria que vai se estabelecer entre os dois. Este chamado está completamente plantado na intuição. A simples e fugaz presença de Sotigui na tela numa sequência do filme *Le courage des autres* (1982), de Christian Richard, impressiona Brook a tal ponto que o convoca de Burkina Faso, na África, para realizar um teste no Bouffes du Nord.

Após escutar a sua leitura à primeira vista, o que mais chamou atenção de Brook foi a não interpretação do texto por parte de Sotigui, ou seja, o fato de ele não dramatizá-lo. A maneira como Sotigui entrou no universo do texto sem esculpi-lo com uma gama de intenções preconcebidas foi o que permitiu que o texto alcançasse uma autonomia que aos ouvidos de Brook e Carrière revelaram um frescor no trato com as palavras. Porém o que parece ter marcado os dois foi a atitude de Sotigui durante a leitura, pois ser *griot* é antes de tudo um comportamento. Quando entra num lugar, ou começa a falar, já pela sua conduta percebe-se que estamos diante de um *griot*. Este comportamento enraizado na tradição é o que lhe permite transitar com calma e propriedade em outras culturas. As principais características deste comportamento são a simplicidade e a delicadeza no trato com as palavras. Isso é decorrência da arte de contar histórias, prática constante no cotidiano de um *griot*.

Segundo Michael Kustow (2006, p. 372), o *griot* nos remete à humanidade à época em que não havia escrita, em que a memória e o conto eram os guardiões da história e das crenças. Assim, Sotigui através dos seus ancestrais está ligado ao mundo dos deuses e dos espíritos, o que lhe possibilita outra qualidade de aproximação com o público.

É interessante que esse aspecto em relação à proximidade de Sotigui com o universo mítico e espiritual encontra uma clara referência na sua primeira aparição no filme, quando Vyasa, o narrador e criador do grande poema, anuncia: "Numa época em que os homens viviam próximos dos deuses, havia um príncipe chamado Bishma, o príncipe perfeito, sua mente era clara, seu coração nobre, mas ele não podia se casar..." (Le Mahabharata, 1989).

Para permitir que seu pai casasse de novo, Bishma abdicou do casamento e em troca recebeu dos deuses o poder de escolher o dia da sua morte. Esta facilidade em dialogar com as esferas além do cotidiano parece ter definido a escolha de Sotigui para este papel. Brook procura estabelecer diálogo com a identidade, com a tradição e fundamentalmente com a singularidade de cada ator. Neste sentido, compreende-se a utilização de um elenco composto de atores pertencentes a povos e culturas diferentes como meio para se empreender uma universalização deste grande poema épico indiano, que é o "Mahabharata". É exemplar a colocação do crítico Michael Ratclife (1988) sobre o trabalho dos atores na peça: "O que você vê é algo raro, um conjunto no qual nenhum dos atores sacrificou a sua individualidade para compor o todo".

Esta opinião também está presente na crítica de Joyce Mcmillan (1988):

> Brook permitiu que os atores da companhia procurassem os seus próprios caminhos na direção da força dramática do texto, então esta multiplicidade do texto produz um mundo inteiro de estilos de atuação.

A participação de Sotigui no grupo de Brook tem sido apoiada principalmente na sua tradição que está enraizada na sua experiência cotidiana de *griot* com pequenas e grandes plateias. Isto se dá, desde um aconselhamento individual, como na participação em grandes cerimônias, como um matrimônio, um batizado ou até mesmo um funeral. Nesse sentido, a prática do seu ofício lhe confere uma singularidade incomum:

> O grande e esquelético Sotigui é único na sua forma de trabalhar o público. Ele adquiriu esta surpreendente habilidade se apresentando diante de multidões um número incalculável de vezes (Kustow, 2006, p. 372).

Para Brook, há uma particularidade nos atores africanos decorrente de uma tradição que lhes confere uma presença sem intervenção do racional, que traz uma qualidade especifica ao seu desempenho:

Os atores africanos experientes, disse Brook, possuem uma qualidade que os distingue dos atores brancos, no sentido de que eles possuem uma espécie de transparência que alcançam, sem esforço, uma presença física que ultrapassa o eu, o espírito e o corpo, como aquela que alcançam os grandes músicos, quando ultrapassam o estado de virtuosismo (Kustow, 2006, p. 372).

O que Brook pretendeu ao comparar a tradição artística branca, europeia ocidental com a tradição artística africana, negra? A primeira coisa que me ocorre passa pelo plano da sensibilidade no que se refere a uma conexão imediata com o mundo espiritual. Na minha primeira viagem a Mali e a Burkina Faso, pude constatar nas casas e nas ruas uma ligação permanente das pessoas com o que podemos nomear de mundo invisível. Os mortos e seus espíritos estão presentes no dia a dia das famílias. Nada termina com a morte. Como diz Luar do Chão, personagem criado pelo escritor moçambicano Mia Couto (2005, p. 86): "Não é enterrar. É plantar o defunto. Porque o morto é coisa viva". Cada história contada pertence a uma cadeia ancestral. Ainda recorrendo a Mia Couto (2005, p. 56), destaco este trecho de uma carta enviada ao filho pelo pai morto: "Cada homem é todos os outros. Esses outros não são apenas os viventes. São também os já transferidos, os nossos mortos. Os vivos são vozes, os outros são ecos".

Para o africano, a morte é realmente um começo de outro começo. No entanto, é importante salientar que este ocidental a qual Brook se refere e esta comparação, a meu ver, pertencem ao universo europeu. No Brasil, a forte presença da cultura negra que está na base da formação da nossa sociedade nos confere uma sensibilidade próxima da africana. As manifestações religiosas de origem africana, a dança, a música, o teatro e todas as outras influências que daí advêm são bons exemplos desta similaridade. Inclusive, durante as aulas ministradas no Brasil, tanto no Rio como em São Paulo, ouvi mais de uma vez Sotigui se referir a esta proximidade durante os exercícios com os alunos. Durante as danças, exercícios de ritmo e de escuta, Sotigui costuma assinalar que, na Europa, percebe uma dificuldade constante dos alunos em seguirem o caminho da sensibilidade, da intuição, em detrimento do racional. Na frente do corpo e da intuição parece vir sempre o pensamento lógico. Sobre isso é interessante o comentário de Brook (1999 B) acerca desta liberdade do ator africano com o corpo:

> Eu não gostaria de praticar um racismo ao inverso, mas os atores africanos trazem para o jogo uma extraordinária energia, uma fascinante variedade de registros. Porque neles é o corpo inteiro que atua, e não somente o rosto como os ocidentais: veja os planos fechados no cinema: os atores daqui são mestres na arte de acionar os menores músculos do rosto. Mas seus membros estão quase mortos. Eu me lembro de ter tido um choque, aos dezessete anos, no metrô de Londres: na minha frente dois negros hilários. Até os seus pés riam! Eu sempre procuro resgatar esta animação natural do corpo que as crianças da Europa começam a perder a partir dos 3 anos. Talvez porque nesta idade já os colocamos sentados imóveis na escola, ou porque já começam a ver muita televisão. Na África, a vida cotidiana, mesmo hoje, continua próxima da natureza, das tradições e dos rituais. Ela não está separada dessa realidade como aqui. Aí está porque eu rapidamente compreendi como o teatro pode se enriquecer com a mistura das culturas.

Uma das coisas que mais me impressionou na África foi como desde cedo a criança dança encaixada nas costas da mãe, da irmã mais velha ou de uma tia. Assim, ela vai sentindo desde pequena o ritmo e a pulsação da música. Quando vai para o chão é natural que ela já comece a dançar sem pensar no ato em si. A mesma situação se dá também no trabalho, quando durante as ações de lavar, pilar, varrer ou cozinhar frequentemente as mulheres carregam a criança nas costas ou a mantêm por perto, observando tudo. A mesma coisa ocorre quando elas ouvem as histórias contadas nos terrenos das casas. Outro momento que me chamou atenção foi ver Soussaba, filha de Sotigui, passar manteiga de *karité* no corpo do filho Soundjata. Na sala, no meio de todos os convidados o menino nu relaxava e sorria, com a massagem feita pela mãe. Em outro momento foram os pés de Sotigui que Soussaba massageou. A busca do contato físico é constante no cotidiano do africano. Esta característica fez com que Sotigui se surpreendesse com a maneira que os atores franceses utilizam para se concentrar. Ao começar a trabalhar em Paris, Sotigui estranhou o fato de, uma hora antes da peça começar, cada ator ir para o seu canto e se isolar para se concentrar. Na África, quanto mais próximo fisicamente do outro antes de uma apresentação, mais energia será levada para o palco. Antes de começar uma apresentação, os atores dançam, se tocam, enfim, se alimentam do outro. Na verdade, antes do começo já começou, porque nunca acaba. Atualmente isto faz muito sentido para mim como ator, na medida em que não há uma ruptura de energia entre os atores. Penso que o ator que se fecha no camarim e só encontra os colegas em cena, já começa jogando sozinho.

Outro aspecto colocado por Brook e exemplificado no comportamento de Sotigui está relacionado à não separação entre o homem e a natureza por parte do africano. No caso de Sotigui, a *brousse* é parte da sua formação, da sua iniciação como homem e como caçador. O respeito e a reverência pela *brousse* e pelos animais estão no seio da formação do homem da África Ocidental, seja ele um *griot* ou não. Sobre isso fala Sotigui:

> Eu conheço vários lugares nos quais você não pode sentar numa pedra antes de pedir permissão, ou sentar na sombra de uma árvore e ir embora sem dizer obrigado. Eu nunca deixo o quarto de um hotel sem dizer obrigado (Kouyaté, 1988).

Essa crença e respeito pelo mundo invisível são decorrência do aprendizado adquirido nas incursões pela *brousse*:

> A *brousse* fica às portas da minha aldeia, situada na segunda cidade de Burkina. Desde que eu pude, eu ia o mais longe possível, até os cães que me acompanhavam se recusarem a continuar, pois eu precisava deles para reencontrar meu caminho. Foi lá que eu encontrei os sábios aos quais chamamos na África de "nossos pais", por-

que eles podem nos adotar. Na *brousse*, eu ganhei muitos pais e mães, que me transmitiram seus segredos. Os outros conhecimentos me foram introduzidos por revelação, o que é muito difícil de compreender para um ocidental (Kouyaté, abr. 2001).

Quando se assiste a Sotigui no filme *Mahabharata*, estes elementos são facilmente reconhecidos no seu desempenho nos dois personagens: Bishmah e Parashurama. Se em Bishmah é significativa a relação com o sobrenatural, na medida em que o personagem recebe dos deuses a opção de escolher o dia da sua morte, em Parashurama o milenar personagem é detentor de palavras mágicas que possuem o forte poder de destruição. Quando Parashurama diz: "Eu sou homem de palavra, quando disser estas palavras, uma criatura do céu aparecerá e lhe dará a arma que você quer" (Le Mahabharata, 1989*)*, há uma ligação profunda com o ofício do *griot*.

Como a sua fala tanto pode trazer a paz como a guerra, o entendimento ou o desentendimento, é uma grande responsabilidade ser um *griot*. O respeito pela palavra, considerada sagrada, faz com que um *griot* só fale o que pode ser dito, o que precisa ser dito.

> A palavra arranha e corta.
> Ela molda, deforma e modula.
> Ela irrita, amplifica, apazigua.
> Aumenta e reduz
> Ela perturba, cura, traz doenças
> e de acordo com sua carga, às vezes, mata
> imediatamente.
> Uma vez proferida, não podemos mais segurá-la. Ela
> liberta ou
> acaba com tudo.
>
> (Hampâté Bâ, 1998, p. 125)

A cena em que Parashurama surge em contato visceral com a natureza, se misturando a ela como se não houvesse uma barreira entre ambos, é marcada por uma total entrega de Sotigui. Seminu, curvado, emitindo um urro ancestral, há algo em seu desempenho que nos remete a um tempo longínquo no qual os homens e os animais eram muito mais próximos. O *griot* em seu aprendizado no campo de iniciação aprende a se misturar com a natureza e a respeitá-la. Esta sintonia pode ser percebida num fato real acontecido durante uma excursão do "Mahabharata" à Austrália*:

> Estávamos na Austrália nos apresentando ao ar livre. Escolheram uma estação onde se organizava um concurso de veleiros. No primeiro dia de ensaio o vento derrubava tudo, então não era possível fazer o espetáculo. Brook veio a mim e disse: "Meu caro Sotigui, que situação difícil". E eu lhe disse: "Peter não podemos fazer nada contra a natureza. O que podemos fazer é rezar". Ele me pegou pela mão e falou: "Então reza". Entre nós no grupo havia um músico balinês. Como Austrália e Bali não são muito longe, os pais dele tinham ido nos visitar. Então eu falei pra ele: "Esta noite eu vou rezar pela nossa situação. Peça a sua mãe para se ligar comigo mentalmente". No dia seguinte voltamos lá e não tinha mais vento. As pessoas do concurso náutico não devem ter gostado. Mas para nós foi bom. Cada um protege sua própria pele. O vento parou e nós começamos a trabalhar. Só que o lugar foi invadido por formigas. E como no local não havia casas, ergueram-se tendas e as formigas invadiram tudo. Peter Brook e Marie-Hélène Estienne bastante irritados queriam chamar os bombeiros para matar as formigas. Mas eu cheguei na hora exata: "Não, Marie Hélène, não vamos fazer isso não". Ela ficou com raiva. Peter veio e perguntou o que estava acontecendo e ela disse: "Sotigui não quer deixar matar as formigas!". Peter me pegou pela mão e disse: "Sotigui, nestas condições não dá para trabalhar". Então eu falei: "Se tivesse vento hoje daria para trabalhar?". Ele disse: "Não, então o que podemos fazer?". Eu disse que achava que conhecia bem as formigas. No meu país há

---

* *Práticas para a escuta, a comunicação e a sensibilidade.* Gravação pessoal de palestra realizada no Sesc Vila Mariana, São Paulo, 11 dez. 2006.

muitas e falei para ele espalhar um grande saco de trigo por tudo e então poderíamos trabalhar. No dia seguinte não havia mais formigas. Num dos seus livros Brook disse que eu ia até ele pra resolver os problemas. Mas não são poderes, às vezes, a pureza da alma pode ajudar.

A partir do "Mahabharata" estabeleceu-se entre Brook e Sotigui um elo extremamente poderoso, que passa pelo reconhecimento mútuo do que há entre eles, ou seja, uma complementaridade. Não é por acaso que Brook confiou em Sotigui quando este disse que poderia fazer a segunda versão da peça em inglês, mesmo desconhecendo esta língua. E apesar da sua difícil pronúncia, Brook não abriu mão da sua participação. Isto se deve ao fato da sua presença ser essencial por estar no seio da criação deste espetáculo. Através de uma memória treinada pela tradição corânica, na qual para educá-la a criança desde pequena repete as rezas e ensinamentos do Corão até guardá-los, Sotigui em pouquíssimo tempo se habilitou para fazer o "Mahabharata" em inglês. Porém, segundo Paulo Freire (2003, p. 176) há outra característica presente na formação dos africanos que possibilita esta pronta adaptação a novos idiomas:

> Aliás, costuma-se dizer que o africano tem tendência a aprender outras línguas. Por quê? Porque normalmente aprende uma, que é a materna, e depois aprende outra, que é a língua oficial. Desde a mais tenra idade, fica, portanto, preparado para absorver outras línguas, porque já teve base e começa a parecer logo de início um poliglota.

Com "Mahabharata", Brook solidifica a crença num teatro fundamentado num elenco acima de tudo multicultural e multirracial. Atores como Yoshi Oida (Japão), Bruce Myers (Inglaterra), Ryszard Cieslak (Polônia), Mallika Sarabhai (India), Miriam Goldschmidt (Alemanha), Vittorio Mezzogiorno (Itália) e Sotigui Kouyaté (Mali), trouxeram para esta montagem e também para o filme as particularidades das suas tradições fazendo com que "Mahabharata" possa ser considerado um marco no desenvolvimento de um teatro sem fronteiras, onde até mesmo a língua deixa de ser um impedimento, pois o teatro passa a ser o espaço comunitário no qual a cultura global possa se manifestar:

> Este conceito de uma cultura global é exatamente oposto à ideia de um mundo unificado em que todas as diferenças são eliminadas em sua pior manifestação, o monopólio cultural, como a Coca-Cola, a televisão e o McDonalds. O conceito algo utópico da cultura global, para qual o teatro parece estar caminhando em seu encontro produtivo com elementos de culturas estrangeiras, é mais visto pela vanguarda teatral como uma ação compartilhada com as diferentes culturas (Fischer-Lichte, 1996, p. 38).

Este caminho é hoje cada vez mais aprofundado nos trabalhos do próprio Brook, de Ariane Mnouchkine, entre outros. Reunir artistas de culturas e tradições diversas sem que estes percam suas identidades, mas que efetivamente estabeleçam trocas nas quais mantenham suas autoridades é um fator de resistência à crescente uniformização imposta pelos meios de comunicação de massa. O teatro é um espaço que tem vocação e capacidade para subverter esta ordem.

Um Próspero africano
Se em "Mahabharata", segundo o roteirista Jean-Claude Carrière, Sotigui abriu uma porta para criação do espetáculo, em "A tempestade", sua presença é o fio condutor de uma leitura mais intuitiva da obra de Shakespeare. "A tempestade" por ser a última peça de Shakespeare se apresenta como uma espécie de testamento do bardo inglês, sendo Próspero talvez uma de suas vozes mais amargas. No entanto, este sentimento é vivido por alguém que isolado do mundo dito civilizado se dedica a uma compreensão mais sutil da vida e de seus mistérios através do contato com o sobrenatural. Próspero tem os canais abertos para se relacionar com o mundo invisível presente intensamente na ilha.

A não separação entre o mundo visível e o mundo invisível é uma constante na conduta e no olhar de um *griot* e esta é uma das qualidades mais exaltadas por Brook no desempenho de Sotigui. Também é sem dúvida a principal característica que o diferencia da maioria dos atores ocidentais com os quais Brook já havia trabalhado. Este aspecto é assinalado pela crítica de Pierre Marcabru (1990) sobre a montagem de "A tempestade":

> Como mostrar o imaterial sem ceder às bobagens amáveis de um parque de diversões? Brook responde colocando este espelho na África, nas terras onde os espíritos sempre estiveram, e dando a Próspero a dignidade de um velho feiticeiro, pra quem o céu, a água e o fogo não são um segredo. Sotigui Kouyaté lhe confere uma grande elegância tranquila, uma sabedoria que um ator branco não poderia lhe conferir.

Numa reportagem sobre a peça, outra característica é apontada, desta vez revelando a simplicidade na atuação de Sotigui e a reação da plateia:

> As primeiras falas, ditas numa língua africana fazem rir os espectadores: "Shakespeare escreveu isso?". A surpresa dá lugar rapidamente ao encantamento por descobrir uma encenação perfeita. Tudo é justo. Em perfeito equilíbrio. Shakespeare é simples, interpretado por Sotigui Kouyaté, o primeiro *griot* a encarnar Próspero. Ao mesmo tempo doce e enigmático, este ator de Burkina Faso dá ao espetáculo seu dinamismo. Shakespeare é talvez de Burkina Faso ou de Peney-le-Jorat. Certamente, podemos dizer que Brook revela a universalidade do autor. Mas este se trata provavelmente de um fenômeno mais profundo ainda, a dizer pelas expressões dos espectadores que lá estavam (L'Hebdo, 1991).

A contribuição de Sotigui ao espetáculo de Brook se estabelece a partir de um diálogo entre tradições. No universo do teatro elisabetano a palavra estava no centro de tudo, mais do quer ver uma peça, a plateia ia ao Globe Theater para ouvir aquelas palavras impregnadas de poesia e ensinamentos. O culto à palavra e ao seu poder era tanto que Shakespeare não economizava nos monólogos. Da mesma forma, para um *griot* a palavra é o começo de tudo, ela é sagrada e poderosa. Ao colocar as primeiras falas de Próspero numa língua africana, Brook parece nos propor um mergulho numa outra época, numa outra sonoridade antes de iniciar a peça propriamente dita. É como se fosse um "começo do começo"*, pegando emprestado um conceito presente na forma africana de se contar histórias. Esta introdução nos conduz, assim, a um caminho guiado por uma tradição na qual a palavra encerra poderes mágicos e sobrenaturais que devem ser respeitados pelo homem.

> Nas tradições africanas — pelo menos nas que conheço e que dizem respeito a toda a região da savana do sul do Saara — a palavra falada se empossava, além de um valor moral fundamental, de um caráter sagrado vinculado à sua origem divina e às forças ocultas nela depositadas. Agente mágico por excelência, grande vetor das "forças etéreas", não era utilizada sem prudência (Hampâté Bâ, 1980, p. 182).

Como um dos maiores propagadores e porta-vozes da tradição oral africana, o *griot* tem o dom de colocar em prática o que esta tradição tem de mais significativo na sua estrutura, ou seja, estabelecer o contato entre o visível e o invisível, tendo o homem como centro e objetivo maior desta ligação:

> Dentro da tradição oral, na verdade, o espiritual e o material não estão dissociados. Ao passar do esotérico para o exotérico, a tradição oral consegue colocar-se ao alcance dos homens, falar-lhes de

---

* Maneira pessoal de cada contador estabelecer contato com o público antes de começar a contar uma história.

acordo com o entendimento humano, revelar-se de acordo com as aptidões humanas. Ela é ao mesmo tempo religião, conhecimento, ciência natural, iniciação a arte, história, divertimento e recreação. Uma vez que todo pormenor sempre nos permite remontar à unidade primordial (Hampâté Bâ, 1980, p. 183).

Quando o jornalista do *L'Hebdo* assinala o impacto causado nos espectadores pelo desempenho de Sotigui, isso provavelmente ocorreu porque outra qualidade de compreensão lhe foi proposta. As palavras africanas proferidas por Sotigui trouxeram a plateia para um espaço ritualístico do qual o teatro ocidental costuma fugir. Assim, podemos nos perguntar: como a universalidade e a espiritualidade presentes na obra escrita por Shakespeare receberam uma dimensão desconhecida e inesperada através do contato com a prática oral e as tradições de um *griot*? No começo da matéria é mencionado o fato de a plateia rir ao ouvir uma língua africana estranha à sua (francês) numa peça de Shakespeare apresentada por uma companhia sediada na França. Mas o que no início se apresenta como um afastamento, como algo bizarro, é exatamente o que os envolve. Talvez não seja possível explicar onde este encantamento se produziu, mas certamente não foi no plano intelectual. Esta presença que o diferencia e que escapa do julgamento racional ou de valor possivelmente é decorrente da sua conduta como homem.

Nesses anos de convivência com Sotigui tenho tido a oportunidade de vê-lo atuando no palco, conduzindo oficinas para atores brasileiros e também observá-lo nas relações familiares, principalmente na África. O que pude constatar é que nenhuma destas instâncias está separada da outra. Não é possível distinguir o *griot* do ator, do professor ou mesmo do pai ou irmão. A meu ver, este é um dos segredos de sua força no palco. Uma integridade sustentada pela não separação entre vida e teatro. Como nos diz Jan Kott, para Shakespeare também se processava algo parecido: "A ilha de Próspero é tanto o mundo quanto o palco. Para os elisabetanos, aliás, era a mesma coisa: o palco era o mundo e o mundo era um palco" (Kott, 2003, p. 272).

O caráter universal de "A tempestade" com sotaque africano dirigida por Brook também pode ser visto como um fator de resistência e afirmação cultural de uma imensa população de imigrantes africanos, da qual Sotigui faz parte e que, já em 1991, habitava os subúrbios parisienses buscando melhores condições de vida e igualdades de direitos. Sobre isso disse a crítica Joyce Mcmillan (1990) ao comentar o espetáculo de Brook:

> A sua magnífica "A tempestade", a mais poderosa, clara e transformadora produção que Brook trouxe para Glasgow — não me parece estar enraizada em alguma vaga zona de harmonia internacional, mas na específica experiência da África Francofônica e na sua sutil confrontação com a cultura francesa metropolitana; esta sim, enraizada na atual vida urbana da França, onde nos distritos que ficam a 9 milhas do Bouffes-do-Nord — homens e mulheres do Maghreb lutam para manter a sua identidade cultural e ao mesmo tempo conviver com a poderosa e sofisticada *way of life* da moderna Europa Ocidental. "A tempestade" está longe de ser uma peça que pode ser confinada tanto dentro de uma única tradição linguística como na camisa de força da interpretação ocidental moderna; como admite Brook numa nota do programa. Atores como Sotigui Kouyaté interpretando Próspero e Bakary Sangaré, um inesquecível Ariel, trazem uma naturalidade e uma autoridade para as invocações dos espíritos mágicos e seus poderes que estariam além das possibilidades da maior parte dos atores ocidentais.

Mais uma vez encontramos assinaladas a especificidade e a diferenciação dos atores africanos, no que tange à facilidade de dialogar com o universo dos espíritos. Isto não é difícil de compreender para quem já esteve em Mali ou Burkina Faso.

Ao visitar o Parque dos Crocodilos Sagrados em Bazoulé a poucos quilômetros de Ougadougou, pude sentir a profunda ligação dos africanos com estes animais, que são considerados sagrados porque abrigam o espírito de um ancestral. É por isso que são consultados e reverenciados. Quando visitei este parque pude ver animais com mais de cem anos. Apesar do medo, sentei por um bom tempo no dorso de um deles. O local é imenso e silencioso e todo ele dedicado à preservação dos crocodilos sagrados para que estes possam conviver com o homem. Conta a lenda que certa vez em Sabou*, um crocodilo matou a sede de um caçador exausto molhando seus lábios com a água de um lago próximo. A partir daí, o crocodilo passou a ser venerado pelos habitantes da região. Cada família tem o seu totem, que na maioria das vezes é um animal. O totem de Sotigui e dos Kouyaté, por exemplo, é a águia. Sotigui dizia que, ao encontrar uma águia presa, fazia tudo para libertá-la. No filme *Keita L'heritage du griot* (1995), no qual Sotigui vive um velho *griot*, dirigido pelo seu filho Dani Kouyaté, a referência à ligação dos Kouyaté com a águia é significativa, inclusive o filme termina com a imagem de uma águia voando.

Enfim, se em "Mahabharata" a presença física de Sotigui num primeiro momento e a limpidez da sua fala baseada numa oralidade ancestral serviram de inspiração para Brook na criação dessa encenação, em "A tempestade", a participação de Sotigui é legitimada por uma sensibilidade exercitada dentro de uma tradição que é permeada e fundamentada no reconhecimento do mundo espiritual presente em todos os elementos da natureza e na relação do homem com as forças que a compõem. Segundo a tradição mandinga, o universo é regido por 11 forças, cinco são materiais e cinco imateriais, sendo o homem a força intermediária entre estas duas categorias. As forças materiais são a pedra, o ferro, o fogo, a água e o vento. As forças imateriais são a embriaguez, o sono, a preocupação, a morte e a ressurreição. Estas forças fazem parte de uma cadeia de ações e reações. Assim, a origem do ferro está na pedra, o fogo pode derreter o ferro, a água pode apagar o fogo, o vento pode secar a água, o homem pode vencer o vento, a embriaguez esmorece o homem, o sono enfraquece a embriaguez, a preocupação mata o sono, a morte termina com as preocupações, e a ressurreição encerra a morte. Porém o homem é o único que pode vencer o vento, já que os outros animais não têm este po-

---

* Cidade situada a 80 quilômetros de Ougadougou, em Burkina Faso.

der. O homem, por exemplo, corre contra o vento, os outros animais não o fazem. Este aspecto já o diferencia deles. Esta cosmogonia africana coloca o homem no centro, mas totalmente conectado às demais forças.

Se Próspero se comunica com as forças da natureza através de Ariel, que a serviço do seu mestre realiza missões impossíveis para qualquer mortal, ao final da peça o duque de Milão reconhece a própria fragilidade humana: "Somos feitos do mesmo material que os sonhos e nossa curta vida acaba com um sono"* (Shakespeare, 1988). No entanto é pela palavra escrita e transformada em matéria pelos atores, no caso de Shakespeare, e pela palavra transmitida oralmente de geração em geração, no caso do *griot*, que o homem e a sua obra nessa curta passagem podem permanecer vivos. Ao colocar Sotigui no papel de Próspero, Brook traz para este personagem duas qualidades inseparáveis do ator: a crença no mundo espiritual e nos elementos da natureza e a habilidade hereditária do contador de histórias. Além disso, a opção por um Próspero negro, improvável como diz o próprio Sotigui, por se tratar do duque de Milão, cria um espaço importante de resistência e afirmação da cultura africana numa peça de Shakespeare, o maior cânone do teatro ocidental de todos os tempos.

"Le costume" e a descoberta do *griot*

A semente deste livro foi plantada na primeira vez que vi Sotigui ao vivo, ao ouvir as primeiras palavras ditas por ele na peça "Le costume", do sul-africano Can Themba. Assim que foi dado o terceiro sinal, a qualidade da sua narração me impressionou de tal maneira que, mesmo sem saber, ali começava o embrião deste livro. Na verdade, surgiu em mim uma vontade de entender o que havia me fascinado naquele homem alto, magro que com muita simplicidade e segurança começava a situar a plateia no espaço e no tempo sobre o que iríamos ver nas próximas horas. A naturalidade da sua fala e a transparência do seu olhar não me permitiam pensar em qualquer outra coisa que não fosse

---

* "A tempestade", ato IV, cena 1.

acerca do que era dito, me transportando para dentro da história da peça. No entanto, a qualidade da narração não impunha a visão do narrador, mas sim permitia que eu mesmo fosse construindo o meu próprio olhar sobre o que era dito.

"Le costume" é uma peça totalmente estruturada a partir da figura do contador. Todos os quatro atores, entre eles Sotigui, cumprem esta função ao mesmo tempo que atuam no plano dramático. A peça conta a história de um casal que vive num subúrbio pobre de uma Johanesburgo oprimida pelo *apartheid*. O casal aparenta uma grande felicidade, porém a mulher trai, toda tarde, seu marido com outro homem. É o personagem de Sotigui, Maphikela, quem revela o fato ao marido traído. Ao retornar para casa antes da hora, o marido surpreende sua mulher com outro, mas o amante consegue fugir pela janela, porém esquece seu paletó na cadeira. Desde então, o marido obriga a mulher a tratar o paletó como um ilustre visitante, diariamente alimentando-o e dançando com ele. O paletó é colocado também na cama entre o casal na hora de dormir. Esta tortura psicológica acaba por fazer com que a mulher se consuma até a morte. A peça termina com o marido desesperado e ferido pelo seu próprio ciúme desmedido.

"Le costume" também é uma metáfora da opressão e da divisão que havia entre os próprios negros durante o *apartheid* na África do Sul. De um lado, os defensores da ordem, representados pelo marido. Do outro, os que pretendiam subverter esta ordem, representados pela esposa. Opressores e oprimidos, que na verdade viviam num universo sem horizontes possíveis. É interessante observar que se, em "A tempestade", Sotigui nos apresenta o primeiro Próspero negro, contribuindo com um olhar africano dentro do universo shakespeariano, em "Le costume", Brook o coloca junto com mais três atores africanos para discutirem as contradições existentes entre os próprios negros dos guetos de Johanesburgo.

Ao iniciar a peça Sotigui, com a calma e a serenidade dos *griots*, começa a contar uma história. Situa o tempo, estabelece o espaço e descreve a situação como um experiente contador que apresenta o começo do começo, ou seja, prepara o terreno do que veremos na próxima hora:

> Há muito tempo, a oeste de Johanesburgo, existia uma cidade, uma cidade maravilhosa que se chamava Sophiatown. Ela não era bonita, não era um paraíso, não tinha mil flores nas sacadas, suas vidraças não refletiam o sol forte, as janelas de Sophiatown não tinham vidro, elas eram fechadas com pedaços de papelão ou de metal... Mas o que fazia de Sophiatown uma maravilha eram seus habitantes, as pessoas que viviam lá, seus rostos — pessoas gentis, cruéis, pagãs, cristãs, muçulmanas, budistas, hinduístas, havia de tudo em Sophiatown, até mesmo alguns brancos —, o que fazia desta cidade uma maravilha, era a vida que lá se vivia, a música que lá se tocava e as histórias que lá se contavam (Themba, 1999, p. 89).

Uma das principais características desse espetáculo é a passagem constante do épico ao dramático. O ato de contar histórias perpassa o espetáculo do início ao fim. Todos os quatro atores em algum momento narram suas histórias ou informam a plateia sobre o que não é mostrado. No entanto, coube a Sotigui a função mais específica de narrador principal.

No primeiro movimento descrito acima, a fala direta pra plateia me trouxe uma sensação completamente original em relação a esse tipo de contato. Mais tarde ao sair do teatro fiquei me perguntando exatamente o que tinha me impressionado tanto, mas fiquei sem resposta. Hoje, acredito que o que me impressionou foi o compromisso com a palavra e o público. A tradição do *griot* considera o ato de falar sagrado. Quando algo é dito é porque foi preciso dizê-lo. Este compromisso com o poder das palavras confere ao *griot* uma propriedade no trato com as palavras e as imagens evocadas por elas que se manifesta tanto num teatro como numa pequena sala, na rua ou numa conversa.

Esse mesmo texto que ouvi no teatro me foi dito em Bamako, na casa de Soussaba, filha de Sotigui. Ao comentar sobre como esta fala tinha me impressionado na primeira vez que o vi, Sotigui imediatamente começou a dizê-la para mim. A mesma densidade que percebi na primeira vez continuava intocada. No entanto, a maneira, o tom e o caminho utilizado para contar eram outros. Havia um frescor, não era uma repetição de um texto que ele sabia de cor. Embora fosse um texto escrito, a prática forjada pela tradição oral confere ao *griot* uma apropriação da história que respira junto com o momento e o local onde está sendo contada. Talvez esta comunicação com o presente, ou seja, com o aqui e o agora sem se desconectar do tempo e do espaço onde tudo se passa seja um dos principais ensinamentos que um *griot* pode trazer para o ofício do ator.

Antes, com o teatro lotado e depois numa pequena sala da África, para apenas um espectador, o compromisso com o ouvinte era o mesmo. O *griot* se alimenta de quem o escuta, por isso a plateia, os alunos ou as pessoas que vão procurá-lo para receber algum conselho, criam um elo imediato com a sua palavra. A desenvoltura da palavra proferida por um *griot* como Sotigui ocorre tanto num palco durante uma apresentação, como no cotidiano dos encontros dos quais participa. A tradição oral é o diferencial maior que distingue um *griot* de outro artista que esteja mais ligado à tradição escrita, como afirma Calvet (1997, p. 114):

> *A força da palavra* é um atributo da tradição oral da mesma maneira que as sociedades de tradição escrita conhecem muito mais a *força do texto*. Num caso somos governados pelas leis, os decretos, os tratados, no outro por uma tradição ancestral, a qual não está inscrita nos livros, mas na memória social.

Nesse sentido, uma das particularidades mais presentes na atuação de Sotigui está ligada ao sistema auditivo, da mesma maneira que na maior parte das tradições ocidentais, por causa da preponderância da escrita, está baseada no sistema visual. Numa cidade como o Rio de Janeiro, por exemplo, o império da imagem é priorizado até nos bares e restaurantes, locais onde as pessoas poderiam exercitar mais a troca de informações através de uma conversa que acaba sendo o tempo todo intermediada pela televisão. Este caminho começa na infância tanto num caso como no outro. De certa forma, somos educados pela televisão à qual assistimos desde pequenos, passivamente. Frequentemente nos bares, por exemplo, o som nem está ligado, mas as pessoas não conseguem parar de olhar a televisão, mesmo se estão conversando. Há uma certa prisão ao imagético que nos molda desde pequenos. Na África isto é inconcebível, na medida em que as crianças participam de todas as atividades, escutam a conversa dos adultos, ouvem os contos e os ditados nas rodas e nos encontros. A palavra dita é a base da educação e da formação. O *griot* é o principal condutor deste processo.

O poder delegado à força da palavra em "Le costume" é fruto do despojamento cênico. Como a maior parte dos espetáculos de Brook, esta encenação utiliza poucos elementos: um cabide, cadeiras e outros poucos objetos. Este despojamento cênico confere ainda mais à palavra do ator a responsabilidade de contar a história. Sobre este aspecto argumenta o crítico Jean-Pierre Han (1999):

> A arte de Peter Brook repousa inteiramente sobre os atores. Ele exige deles rigor e simplicidade com virtuosismo. Ele exige também, sobretudo, um carisma que incontestavelmente Sotigui Kouyaté, Bankary Sangaré, Marianne Jean-Baptiste e Marco Prince possuem no mais alto nível; assim, é maravilhoso ver a aliança entre o dom e a técnica; um único gesto, um único olhar nos leva ao encontro dos seus imaginários. Em suas mãos, um cabide se metamorfoseia num telefone, a simples colocação de um chapéu é suficiente para definir este ou aquele personagem. A grande arte para dizer o essencial, sem tambor nem trompete.

Segundo Banu (2001, p. 266), "Le costume" é um reflexo daquilo que ele nomeia como "a arte do pouco". Este movimento de decantação ao essencial ao que é suficiente e necessário coloca o foco na força da palavra e no homem que a diz:

> Saindo de cena, no *foyer*, eu encontrava Sotigui Kouyaté, ator genial que iria encarnar este texto sul-africano com a ajuda de alguns

objetos reunidos num pequeno cesto. "A arte do pouco" vive da presença do ser, teorema caro a Brook. Seu teatro será sempre o teatro de um ator chamado para tornar vivo aquilo que se mantém quando tirarmos tudo.

Essa sensação descrita por Banu ocorreu na primeira vez que assisti a "Le costume". A maneira como a peça é conduzida pelos atores-contadores criou em mim um impacto que jamais se extingue. Nesta peça africana, a parceria de Brook e Sotigui alcança uma síntese entre o espaço vazio — tão caro a Brook — e a palavra atemporal de um *griot* como Sotigui.

Tierno Bokar revive na pele de um *griot*

> A água é a imagem de Deus sobre a terra.
> Ela pode tomar todas as formas sem ter nenhuma.
> Ela não tem forma, ela não tem cor, ela não tem sabor.
> É a própria matéria de Deus.
>
> *Tierno Bokar*

Em 2003, durante a primeira viagem que fiz à África acompanhando Sotigui, tive um rápido encontro com Peter Brook, em Bamako, no Mali, na porta do centro cultural onde ele começava a ensaiar a peça "Tierno Bokar", inspirada na vida e nos ensinamentos de um dos maiores mestres *sufis* de todos os tempos. A viagem de Brook à África buscava elementos para a montagem, desde os materiais como tecidos e objetos, como também os imateriais, ou seja, ensinamentos, sensações e demais princípios que pertencessem ao legado deixado por este grande líder espiritual.

Apesar de se tratar da história de um líder espiritual malinês, do mesmo país de Sotigui, foi Brook quem teve a ideia de montar o espetáculo a partir do livro *Vie et enseignement de Tierno Bokar*, escrito pelo tradicionalista africano Amadou Hampâté Bâ, discípulo de Tierno.

Há muitos anos Brook tencionava montar este espetáculo. A primeira leitura foi realizada em Londres em 1991. Entre 2001 e 2003 Brook e Sotigui viajaram a Mali e Burkina Faso para recolher material vivo para o trabalho. Este percurso culminou com a estreia em julho de 2004 numa usina abandonada na cidade de Duisburg, na Alemanha, depois passando por Barcelona, São Paulo e Belo Horizonte antes de chegar a Paris em outubro. A montagem de "Tierno Bokar" com adaptação de Marie-Hélène Estienne é a celebração e a síntese do encontro de mais de vinte anos entre Sotigui e Brook, no qual a troca de ideias e olhares entre ambos atingiu um ponto de excelência.

Devido à importância desta montagem e também por esta história ser ainda desconhecida no Ocidente, irei me deter mais profundamente na sua descrição e análise, pois a considero uma das melhores traduções do intercâmbio entre as filosofias de vida tanto de Brook como de Sotigui.

A história de Tierno Bokar tem lugar numa África devastada pelo colonialismo e tumultuada por inúmeras lutas internas. Tierno dedicou toda sua vida à elevação espiritual, à caridade e à solidariedade. Mestre dos ensinamentos corânicos, ele passava a maior parte do seu tempo conduzindo os jovens no caminho da tolerância a partir das palavras do corão. Através da simplicidade e da limpidez de seu pensamento, podemos perceber a dimensão da contribuição que suas palavras podem trazer aos dias de hoje. Ao ser perguntado pelo discípulo Hampâté Bâ sobre o que significava Deus, Tierno lhe respondeu: "Deus é o embaraço das inteligências humanas". Ou seja, por mais que tentemos nos aproximar desta ideia, devemos reconhecer que haverá sempre algo que não pode ser explicado. Além disso, demonstra a tolerância presente na base do seu pensamento. Esta tolerância foi passada para seu fiel discípulo, Hampâté Bâ, que ao participar de um encontro ecumênico no monte Sion, juntamente com um rabino e um padre, declarou:

> Considero o judaísmo, o islamismo e o cristianismo como os três irmãos de uma família poligâmica onde há só um pai, mas cada mãe educou seu filho segundo os seus costumes. Cada uma das

esposas falou de seu marido para seus filhos segundo a sua própria concepção (Hampâté Bâ, 1998, p. 143).

Este pensamento desemboca indubitavelmente na relação com as diferenças e com o outro. Nestes tempos em que matam em nome de Deus, sem a menor cerimônia, estas palavras semeadas na convivência com um líder religioso islâmico são absolutamente inspiradoras e necessárias. Vivemos um dos momentos mais absurdos da história da humanidade, como ironicamente nos lembra Jean-Claude Carrière (2007, p. 24), ao tentar decifrar a lógica do fanatismo:

> Se eu tivesse certeza da existência de um deus, por exemplo, e de seu poder ilimitado sobre o conjunto do universo, que necessidade teria de lhe submeter os infiéis e, em caso de recusa, de exterminá--los? Ele poderia se encarregar disso sozinho: para que precisaria de mim?

Durante a temporada de "Tierno Bokar", em São Paulo, durante entrevista com Sotigui, observei a similaridade entre as palavras de Tierno na peça e as suas, ao se comunicar no cotidiano com os alunos, amigos e parentes. Esta identificação entre personagem e ator vai muito além de uma afinidade ideológica ou intelectual, está plantada na formação da sua pessoa desde a infância. Este aspecto faz com que a participação de Sotigui na peça adquira uma propriedade muito particular, pois ao se misturar com sua própria história e tradição, os limites entre o que é atuação ou não se tornam extremamente tênues. Há assim, uma autoridade excepcional naquilo que é dito por Sotigui ao assumir o papel do sábio islâmico:

> Tudo o que Tierno Bokar diz são os ensinamentos que eu recebi da minha família desde pequeno. A perfeição não existe, mas há pessoas que por causa das influências exteriores abandonam o que aprenderam. As pessoas da minha geração, e mesmo as depois da minha, passaram por um campo de iniciação onde essas palavras

eram ditas. Elas são a base e o centro da civilização africana. Além disso, o meu próprio pai, eu tenho muitos pais que me adotaram, mas eu falo do meu pai biológico, era um moquadem*. Ele era partidário dos 12 grãos como Tierno, mas não tinha nenhuma violência e acreditava no mesmo que Tierno diz para Amkoullel (Hampâté Bâ) na peça, "há que se respeitar todas as crenças". Meu pai me dizia isso desde que eu tinha 6 anos. Os muçulmanos fanáticos não apertam as mãos dos católicos, por estes serem considerados infiéis. Meu pai dizia que todo homem que crê em algo que viesse e comesse junto com ele no mesmo prato. Por isso o espírito do teatro para os africanos é o "nós". O "nós" é muito mais forte e bonito do que o "eu" (Kouyaté, 2004).

Com este depoimento percebe-se a importância delegada à educação dentro da família. As palavras ditas pelo pai de Sotigui, *griot* como ele, estarão sempre inscritas numa espécie de livro da memória. Por outro lado, a identificação com o pensamento e a prática de Tierno é decorrente de toda uma vida. Ao interpretar Tierno, Sotigui traz junto à sua própria formação como homem, a relação com o pai, a sua visão do que é religiosidade e a crença na tolerância entre as pessoas como forma de convivência. Apesar de estar há muitos anos vivendo na Europa, o sentimento de pertencer a uma comunidade africana é aquilo que vai sempre guiar a sua conduta diante do outro. Por sua vez, o teatro será sempre para ele uma extensão natural desse espírito comunitário que o formou como homem.

Durante sua vida, Tierno esteve no centro de uma grande disputa provocada pela divergência em relação ao número de vezes que a oração corânica, conhecida como "A pérola da perfeição", deveria ser repetida, ou seja, havia os partidários das 11 repetições e havia os que consideravam correto repetir a prece 12 vezes. Em determinado momento da história do islamismo na África, o Cheikh Ahmed Tidjani,

---

* Nas confrarias muçulmanas, trata-se do título dos encarregados de receber os iniciantes e lhes transmitir a iniciação de base.

que sempre recitava a oração 11 vezes, passou a incorporar mais uma repetição, chegando assim a 12 vezes. Esta mudança se deveu ao fato que passo a narrar.

Cada manhã na *zaouïla**, após a reza da aurora, os adeptos se reuniam diante do seu mestre para recitar as preces especiais, que sempre terminavam com a recitação da prece "A pérola da perfeição" 11 vezes. Ao final o Cheikh tinha o costume de benzê-los dizendo a *Fatiha***. Um dia, porém, seus discípulos começaram a recitar sem a sua presença. Quando estavam prestes a terminar a 11ª repetição, o Cheikh chegou. Espontaneamente para não o constrangerem, os discípulos repetiram mais uma vez, completando assim 12 vezes. Logo em seguida o Cheikh os benzeu com a *Fatiha*. No dia seguinte, ao chegar à 11ª repetição os discípulos olharam para o mestre. Como ele nada disse, repetiram mais uma vez. E assim se criou um novo costume que passou a ser seguido em vários lugares.

Apesar das diferenças, os partidários dos "11 grãos"*** e dos "12 grãos" como eram chamados, continuaram a conviver amigavelmente. Porém, ocorreu um incidente banal causado pela disputa por uma chaleira entre uma mulher seguidora dos "12 grãos" e o Cheikh Amadou Sidi, defensor dos "11 grãos" que ganhou o objeto do marido desta mulher como prova de estima. Quando o marido morreu, sua esposa alegou que este havia entregue ao Cheikh a chaleira que tinha dado a ela de presente, mas precisou vendê-la, pois passava por muitas dificuldades financeiras. Esta pequena desavença envolveu, além das duas facções, o governo francês, que apoiava os "12 grãos", pois considerava que a volta às 11 repetições seria um retorno às tradições mais puras. Para o colonizador era interessante manter esta divisão.

Por outro lado, um novo líder partidário que pregava o retorno à reza dos "11 grãos" estava surgindo com muita força, Cheikh Hamallah. Para o governo francês, Hamallah representava um grande pe-

---

* Lugar no qual se reúnem e rezam os seguidores de uma confraria sufi.
** Saudação que expressa um forte sentimento em momentos como casamentos, batizados e enterros.
*** Os grãos são componentes do terço que auxilia na contagem das repetições.

rigo, pois seu carisma e poder de convicção se propagavam rapidamente. Então, Hamallah foi duramente perseguido pelo governo colonial. Tierno Bokar, que era partidário dos "12 grãos", sem contudo desmerecer ou condenar a prática dos "11 grãos", decidiu se encontrar com Hamallah para ouvir seus argumentos, apesar de todos os riscos que este ato pudesse lhe trazer. Após duas semanas de encontros noturnos com Hamallah, Tierno decidiu passar a seguir os "11 grãos". O gesto de Tierno foi recebido como uma traição, já que ele era descendente do Grande El Hadj Omar, seguidor dos "12 grãos". Ao decidir seguir Hamallah, Tierno deu ao mundo provas de tolerância e aceitação, pois contra tudo e contra todos seguiu seu coração apoiando uma liderança que podia, entre outras coisas, resistir ao colonialismo.

Da mesma forma que Hamallah, Tierno também passou por privações e perseguições. Hamallah foi torturado e deportado, seu corpo está enterrado na França. Tierno ficou isolado, mal tendo o que comer, apenas recebendo ajuda de alguns poucos amigos dogons. Muito fraco morreu em Bandiagara. Logo após a sua morte as pessoas passaram a visitar seu túmulo para lhe pedir perdão. Na peça de Peter Brook, nesse momento, o narrador diz: "A partir dali Tierno Bokar recomeça a viver".

O exemplo de tolerância recebido na infância por Sotigui faz parte de uma corrente ancestral que passa de pai para filho há séculos. Portanto, as ideias pregadas por Tierno Bokar vão de encontro à própria natureza do *griot*, que, mais do que um artista, é de fato um conciliador. O Ocidente costuma ver o *griot* como um animador, e isto é o menos importante. Além das funções educacionais, artísticas e de ser um guardião da memória africana, o *griot* é respeitado como um grande conselheiro. No passado cada rei tinha o seu *griot*, que o ajudava a tomar decisões. Atualmente os *griots* continuam a exercer este papel nas famílias ajudando as pessoas a se entenderem e a se perdoarem. Quando um casal briga, não é o chefe local que se ocupa da questão, mas sim o *griot*. Esta função também está presente no dia a dia do *griot*, independentemente de ele estar ou não na sua comunidade.

Ao lado dessa função de conciliador e reconciliador, por ser o mestre da palavra, o *griot* tem o dever de se expressar, de ser portador de uma mensagem que propicie um esclarecimento sobre os homens e o mundo à sua volta.

Nesse sentido, quando Sotigui entra no palco nos apresentando a história de Tierno Bokar, um fenômeno bem diferente do modo convencional de se interpretar um papel nos assalta. Mais do que uma identificação, o que une Tierno Bokar a Sotigui Kouyaté passa por uma espécie de iniciação. Ao entrar em cena sem alarde, todo de branco, com o terço dos 12 grãos na mão, sentar-se num tapete, Sotigui, sem nada falar, sem nenhum maneirismo, ou composição, nos convida a escutar algo muito importante que se esconde atrás de uma simplicidade total. Todos os atores se sentam em círculo, Sotigui no centro. Compondo o cenário, há almofadas, tapetes, um tronco de árvore ao centro e dois músicos com instrumentos artesanais. Em certo momento na peça, Tierno diz para seu discípulo Hampâté Bâ: "Quem é sério demais não é sério". É muito natural ouvir estas palavras ditas por Tierno através de Sotigui, pois nos seus estágios e viagens pelo mundo, a busca do conhecimento pela leveza e pelo humor é constantemente trabalhada através dos contos iniciáticos e das pequenas anedotas. A atuação de Sotigui parece se espelhar na própria simplicidade com que Tierno Bokar expunha seu pensamento:

> Eu desejo do fundo do meu coração que venha a era de reconciliação entre todas as religiões da terra, a era onde estas religiões unidas se apoiarão umas nas outras para formar um pilar moral e espiritual, a era onde elas repousarão em Deus através de três pontos de apoio: amor, caridade e fraternidade (Hampâté Bâ, 1980 B, p. 122).

Não há a mínima eloquência ou qualquer gravidade na atuação de Sotigui, muito pelo contrário, tudo se passa como se a plateia fizesse parte de uma *zaouïla* e partilhasse dos ensinamentos, naturalmente, sem a interposição de um ator que estivesse interpretando um personagem. Tal característica também faz parte do trabalho que Brook propõe aos atores, um movimento que os conduz de modo que não ultrapassem nem fiquem ofuscados pelo personagem durante a sua atuação.

Ou seja, o ator não se anula diante do personagem, mas tampouco se esconde atrás dele, estabelecendo desta maneira um diálogo constante com ele e com a plateia. Para que isso possa ocorrer, está sempre presente nos trabalhos de Brook a figura do contador de histórias que apresenta o personagem e revela seu plano mais sutil. Assim, na atuação de Sotigui é possível perceber uma alternância orgânica e fluida entre a identificação e a distância. O movimento entre a apresentação das ideias de Tierno Bokar através de um distanciamento próprio do contador e a identificação com o pensamento e a missão à qual este líder sufi dedicou a vida fazem com que Sotigui nem se feche totalmente no papel nem o trate de uma forma fria e técnica.

Amalgamada às ideias de Brook sobre a função do ator no palco e na sociedade está a tradição africana do *griot*, que jamais separa o humano do artístico. Através de uma autoridade extraída da experiência, Sotigui Kouyaté nos proporciona em "Tierno Bokar" alguma coisa além do evento teatral, como se presenciássemos um encontro localizado em outro tempo e espaço, mas com uma contundência absolutamente atual.

Esta distância que busca uma aproximação através da não banalização parece ter sido também um dos objetivos de Brook para tratar de temas tão presentes hoje, como a intolerância e os conflitos religiosos. A escolha pela história de Tierno Bokar para provocar uma reflexão acerca do fundamentalismo é assim explicada por Brook (2004, p. 67):

> Se começarmos uma peça com um terrorista encapuzado que entra na sala, não nos sentiremos deslocados. Estaremos imediatamente diante das referências que temos toda noite. A maneira direta é esgotada e vulgarizada, de uma maneira justa, pela TV, dia após dia. Agora se colocarmos a questão num acontecimento, numa pequena aldeia africana há cinquenta anos, cem anos, estamos diante do desconhecido. O efeito também não seria o mesmo se fizéssemos uma peça sobre o islã no Oriente Médio. Nesse caso, as pessoas também teriam mais referências. Mas quem conhece o que quer que seja sobre a religião dos africanos negros? No sentido brechtiano, nos distanciamos.

Uma das maiores qualidades desta montagem é a simplicidade com que Brook conta a história de Tierno Bokar, não há uma glorificação do sábio de Bandiagara nem tampouco uma lamentação acerca dos infortúnios de sua trajetória. A opressão colonialista é tratada de forma não panfletária e com humor. Em determinado momento, um comandante francês, vivido por Bruce Myers, obriga um grupo de rapazes africanos a pavimentar uma estrada toda enlameada e acaba se afogando no barro. O caráter patético desta situação revela muito mais sobre as injustiças e a arbitrariedade do que qualquer discurso político. Seguindo a linha do humor como denunciador sutil das contradições, a cena em que grupo de meninos negros descobre que as fezes dos colonizadores brancos também são escuras e cheiram mal mostra como é absurda a desigualdade entre os homens a partir da simplicidade presente na percepção infantil.

Um dos principais intuitos dessa montagem é revelar para a plateia o absurdo da intolerância, seja ela religiosa, étnica, ou social. Através da figura de Tierno Bokar, a aliança entre Brook e Sotigui busca, de uma maneira simples e despojada, trazer para o palco uma reflexão sobre os descaminhos que o mundo globalizado vem seguindo. Tanto para Brook como para Sotigui, o teatro não é um evento que pode mudar o mundo, mas sim um lugar onde um grupo de pessoas se reúne num breve espaço de tempo para procurar entender as contradições da vida num esforço comunitário. Os atores são os facilitadores deste encontro:

> É aí que o teatro encontra seu espaço, um número pequeno de pessoas se junta num período curto de tempo e tenta por um momento ver com mais clareza o que não consegue entender assistindo à televisão, falando, discutindo e lendo. O teatro está aí para dar apenas às pessoas que vão assistir — o que não é para os milhões que assistem à TV — uma possibilidade de ter sua própria e profunda integridade por um curto espaço de tempo. E isso é o que o teatro pode fazer, nem mais e, talvez, nem menos (Brook, 2004 B).

Dessa forma, o teatro passa a ter uma função social e comunitária e, portanto, tem que estar conectado com a atualidade e com as necessidades decorrentes do conturbado mundo em que vivemos. O que ambos parecem buscar com o teatro é a criação de círculos espirais da mesma forma que o formato em caracol do *koteba* africano e que, a partir de um pequeno ponto central, possa ampliar o seu raio de ação. Se o teatro puder, então, proporcionar novos ângulos de visão terá cumprindo sua função. Esta imagem está presente na filosofia de Tierno Bokar. Para os sufis (Burckhardt, 1990, p. 142), os diferentes caminhos tradicionais são como os raios de um círculo que se unem num único ponto. Na medida em que os raios se aproximam do centro, também se aproximam entre si; nunca coincidem, a não ser no centro onde cessam de ser raios. A crença nestes caminhos tradicionais como veículo para uma experiência essencial no teatro une as práticas de Brook e Sotigui. A montagem de "Tierno Bokar" sintetiza o caminho percorrido por ambos até aqui. As viagens de Brook pelo mundo em busca das raízes tradicionais de culturas diversas e a transmissão dos ensinamentos africanos por Sotigui, enriquecidos pelo contato com a cultura ocidental, fazem de "Tierno Bokar" mais do que um espetáculo teatral. As palavras de Tierno, saídas da boca de um *griot,* têm a qualidade de um encontro iniciático, quase uma cerimônia, em que se busca compreender e estimular a necessidade do reconhecimento das diferenças através do respeito e da tolerância. Este aspecto espiritual da montagem pode ser reconhecido através do envolvimento dos atores com o espetáculo. Quando estão fora de cena, os atores estão sempre sentados num grande círculo, como raios que partilham juntos de uma energia central. Há sem dúvida uma intenção ritualística que visa atingir uma qualidade fina e sutil de conhecimento. Segundo o mestre espiritual Gurdjieff (1999, p. 92), muito presente na formação de Brook:

Uma cerimônia é um livro onde muitas coisas foram registradas. Aquele que compreende pode ler esse livro. Uma cerimônia muitas vezes tem mais conteúdo do que cem livros. Na vida tudo muda, mas os costumes e as cerimônias permanecem.

O teatro tem na sua tradição uma forte influência da cerimônia e do ritual. O teatro grego é um exemplo disso. Toda a força da tragédia na Grécia antiga residia no ritual dos espectadores se sentarem juntos no grande círculo do anfiteatro onde viam cenas cruéis, violentas, apaixonantes, nas quais mães matavam filhos, pessoas arrancavam os olhos das outras, para ao final atingirem a catarse. Para Brook, a catarse hoje está ligada à reflexão e ao silêncio, cada vez mais difíceis de serem experimentados.

Brook reverencia o silêncio como um campo fértil e necessário ao movimento individual do homem que quer compreender coisas que ficam nebulosas através das informações jornalísticas. Nesse sentido, "Tierno Bokar" é extremamente importante para abrir corações e mentes no que se refere à visão que se formou no Ocidente em relação ao islamismo, por exemplo, hoje frequentemente associado ao terrorismo e à intolerância. Comete-se o erro de identificar uma religião, sua tradição e ensinamentos pacíficos com o fundamentalismo que a deturpa com fins políticos. É o triunfo da ignorância.

Para o africano, a função principal do teatro é exatamente a de expandir o olhar como forma de combater a ignorância. Na tradição da África Ocidental, o teatro pode acontecer a qualquer momento, basta um *griot* começar a contar uma história no meio da rua, num quintal ou numa feira para que algo que não poderia ser compreendido através de uma simples falação se torne claro através da sua palavra.

O encontro de Peter Brook e Sotigui Kouyaté em "Tierno Bokar" coloca em cena o problema mais difícil de lidar no mundo atual: a intolerância instaurada pela ausência de diálogo.

Por sua característica artesanal e sua necessidade de estabelecer uma proximidade física com a plateia, o teatro pode ser um importante deflagrador de uma reflexão sem mediação de interesses econômicos e políticos. Talvez seja isso que tenhamos perdido com o excesso de informações, ações, fatos e mídias, ou seja, a capacidade de participar. Perdemos a capacidade de olhar sem tomar partido imediatamente.

Ao final da peça, a história de um líder espiritual islâmico que sofreu na carne toda a sorte de injustiças e privações apenas por ser tolerante, mais do que ensinamentos ou lições, nos faz mergulhar num profundo silêncio — talvez este seja um começo. Juntos, o teatro de

Brook e a voz do *griot* contribuem para que o teatro seja um veículo que estimule os homens a olharem para si mesmos.

Em "Tierno Bokar", Sotigui confirma ser um colaborador fundamental na trajetória de Brook na busca de um ator que tenha um compromisso com a reflexão sobre o futuro da humanidade. A figura de Sotigui preenchida pelo universo mítico ao qual pertence um *griot* possui uma autoridade capaz de atrair uma atenção inesperada por parte do público. Uma atenção que não passa pelo espetacular, mas pela troca que só um encontro franco pode despertar. E neste sentido é mais uma vez a maestria com a palavra que possibilita este momento:

> Sotigui Kouyaté, um dos pilares da trupe de Brook, esculpe, digamos, Tierno Bokar com a leveza elegante de seus dedos, seu corpo comprido e certeza da sua voz, que escorre como um riacho, conferindo ao papel de Tierno um bom humor radiante, uma delicadeza jamais preenchida de solenidade, e uma palavra forte e direta (Kustow, 2006, p. 414).

A participação do Sotigui em "Tierno Bokar" atinge um plano específico de atuação que se aproxima bastante de algo que poderíamos nomear como um ritual de transmissão. Não se percebe na atuação de Sotigui o mínimo apelo para um nível mais psicológico, ou espetacular. Ao contrário, há da sua parte uma transparente busca para se colocar como um canal de transmissão desta tradição sufi, a qual pertencia Tierno Bokar. Este caminho poderia levar a algo como uma pregação através de um didatismo enfadonho. No entanto, a propriedade com que Sotigui se relaciona com o universo e o pensamento de Tierno Bokar possibilita que haja uma abertura para que a plateia ouça a palavra límpida e tranquila do mestre sufi, de uma maneira que só o teatro pode proporcionar:

> A jornada de Brook tem sido uma busca constante por caminhos que descubram "qual é a essência do teatro" e "o que só o teatro pode fazer". A resposta está no desempenho de Sotigui Kouyaté

como Tierno. Comprido e magro como uma escultura de Giacometti, com uma presença encantadoramente gentil, este ator possui a habilidade de revelar uma rara e convincente combinação de simplicidade e profundidade. A sabedoria tolerante do sábio mestre sufi — no momento em que diz que "existem três verdades, a minha verdade, a sua verdade e a Verdade" — poderia soar afetada vinda de qualquer outro, mas estas palavras parecem estar respaldadas na experiência de uma vida plena de acontecimentos e numa rigorosa contemplação quando proferidas por Kouyaté (Taylor, 2004).

As palavras ditas por Sotigui assumem esta densidade por estarem apoiadas numa vida inteira, o que nos remete a Benjamim (1994, p. 201), quando este diz que o narrador retira da experiência o que ele conta: sua própria experiência ou a relatada pelos outros. E incorpora a coisa narrada à experiência dos seus ouvintes. Esta propriedade que a vivência possibilita ao se contar uma história é o que também busca Brook, com suas viagens e intercâmbios com outras culturas e povos. A questão da experiência é um diferencial importante no trabalho dos dois. Sempre que falava sobre sua formação, Sotigui dizia que tinha se formado na grande escola da vida.

O estado em que Sotigui se coloca, além da identificação com o pensamento de Tierno, está apoiado na experiência como contador de histórias, pois um dos princípios que regem esta arte reside no compromisso do contador de não se colocar acima da história. A preocupação com a clareza e a pluralidade na transmissão de conhecimento é primordial para um *griot*. Nestas peças analisadas, está presente o sentido da palavra malinca, *gnôgôlon*, ou seja, "nos conhecermos", termo usado para designar teatro para os africanos. A ideia do "ir ao teatro" está ligada antes de tudo à busca de esclarecimento e à ampliação do olhar. Acredito que esta parceria no teatro entre dois homens, um negro, o outro branco, um malinês, o outro inglês, um africano, o outro europeu, um muçulmano, o outro descendente de judeus, nos revela o quanto pode a arte quando esta se constrói através da complementaridade das aparentes diferenças.

O encontro entre esses artistas e a troca que se estabeleceu a partir daí só foram possíveis, a meu ver, graças à visão humanista que está no seio da formação dos dois. Brook possui um percurso bem eclético no teatro. Os anos passados na Royal Shakespeare Company (RSC) sedimentaram a influência do bardo inglês no seu teatro, pois há uma grande afinidade entre a sua visão de mundo e a de Shakespeare, cuja obra é povoada por elementos presentes tanto no mundo visível como no mundo invisível, colocando assim, ao lado de reis, rainhas e artesãos, bruxas, duendes e espectros. O teatro de Shakespeare por aliar o não realismo à força da palavra poética é uma referência que alimenta Brook até hoje. Por outro lado, a estreiteza da RSC o levou a partir em busca de outras referências teatrais e culturais.

Ao contato com o teatro de Artaud através da criação de um laboratório de pesquisa, somam-se as influências recebidas do Living Theatre e de Joseph Chaikin. Outra referência importante no seu percurso pode ser localizada no teatro de Grotowski, a ponto de Brook fazer com que seus atores participassem de um estágio com o diretor polonês. Porém, o contato com o pensamento humanista e místico de Gurdjieff vai fazer com que, a exemplo do protagonista do seu filme *Encontros com homens notáveis*, a busca de Brook se estendesse a outras tradições e a outros mestres. Esta motivação o fez viajar para Irã, Afeganistão, América, Ásia e África.

Através da experiência adquirida nas viagens, Brook iniciou um processo de questionamento a respeito das fronteiras entre tradição e modernidade que perdura até hoje. Espetáculos como "Mahabharata", "A tempestade", "Le costume" e "Tierno Bokar" são resultado desta investigação que busca estreitar os laços entre os homens e suas culturas.

Nesse sentido, o encontro com Sotigui é uma decorrência desta busca. O *griot* é também um buscador, um viajante que está sempre à disposição de novos encontros com outras tradições, que alimentem o seu "saco de palavras", pois é através delas que sua ação no mundo dos homens é exercida.

Nas quatro peças, a presença de Sotigui, amparada numa tradição religiosa humanista como o sufismo e na crença do caráter sagrado da palavra do *griot*, ajudou Brook a construir uma ponte entre o saber secular presente numa pequena aldeia de Burkina Faso e o caráter universal de um teatro que não se conforma em ser o representante de uma única cultura ou de um único país.

No próximo capítulo, a atuação de Sotigui no cinema, de que maneiras um mestre da palavra como o *griot* se insere num meio no qual, ao contrário do teatro, a imagem está quase sempre em primeiro plano.

CAPÍTULO 3

Um *griot* no cinema

> Cansado, eu ia cair para sempre.
> Para não cair, me encostei num muro.
> Mas o muro desmoronou.
> Então, para não cair, me agarrei a uma grande árvore.
> Mas a árvore se quebrou.
> Neste mesmo instante, um homem muito forte
> apareceu e me deu a mão.
> Mas ele caiu também.
> Quando achei que ia cair para sempre, para nunca
> mais me levantar,
> A esperança me deu a mão e me segurou.
> Podemos perder tudo na vida, menos a esperança.
> (*História africana contada por Sotigui*)

Quando o dramaturgo russo Anton Tchekov era convidado a escolher entre a medicina e o teatro, respondia que era casado com a medicina, mas o teatro era sua amante. Quando questionado se preferia fazer cinema ou teatro, Sotigui costumava responder: "Gosto de cinema, mas o teatro é a minha vida". A paixão pelo teatro aproxima os dois artistas. Contudo, Tchekov morre praticamente ao mesmo tempo que o cinema estava nascendo. Se estivesse vivo hoje, provavelmente o autor russo estaria escrevendo para o cinema. Pois na tela muito do que não pode ser dito é mostrado através da imagem, e uma das características da dramaturgia de Tchekov está exatamente na presença dos significados escondidos nas entrelinhas do texto. No caso de Sotigui, porém, me aventuro a declarar que o cinema possui o mesmo peso em sua vida que o teatro. São

58 filmes com diretores de várias partes do mundo*, como: Rachid Bouchareb (França), Margaret Von Trotta (Alemanha), Randa Chahal (Líbano), Amos Gitai (Israel), Bernardo Bertolucci (Itália), Peter Brook (Inglaterra), Cheik Omar Sissoko (Mali), Marco Ferreri (Itália) e Dani Kouyaté (Burkina Faso). Para um ator africano que passou a ter um contato maior com o cinema europeu a partir do encontro com Brook em 1985, a quantidade e a diversidade de filmes impressiona. O Urso de Prata em Berlim, em 2008, com *London River*, de Rachid Bouchareb, foi o coroamento de sua trajetória.

O fato é que o mestre da palavra rapidamente chamou a atenção de diretores com linguagens e estéticas bem diferentes. Aliás, é sintomático, que no filme no qual foi descoberto por Brook**, filme que gerou o convite para fazer o "Mahabharata", Sotigui não diz uma palavra sequer. A presença física e espiritual de Sotigui confere aos seus papéis no cinema uma densidade singular, pois é sempre o *griot* que o conduz, na medida em que jamais há uma cisão entre o ator e a função hereditária à qual está sempre submetido.

A participação de Sotigui nas telas se confunde também com a própria história do cinema africano. Seis anos após a independência de Burkina Faso, ele atuou num dos primeiros filmes destinados a campanhas de prevenção de doenças como a tuberculose, no filme *B.C.G.*, de Hilaire Tiendrébéogo (1966), e a campanhas educativas para melhorar a produção agrícola, como *Protection des Semences*, de Jean David (1969). Estes primeiros documentários feitos pelo órgão estatal de cinema do recém-criado governo de Burkina Faso possuíam um teor comunitário expressivo e, portanto, a participação de Sotigui lhes trazia uma autoridade conferida pela sua função desempenhada na sociedade *burkinabê*.

Assim, o cinema surge na sua vida como uma poderosa ferramenta para transmitir a palavra e a imagem do *griot* e da cultura mandinga que o suporta. Se o cineasta francês Jean Rouch recebeu o carinhoso apelido de *griot gaulois* graças a uma vida inteira dedicada a documentar

---

* Todos os títulos dos filmes feitos por Sotigui estão citados na trajetória artística, ao final do livro.
** *Le courage des autres*, de Christian Richard, Burkina Faso, CINAFRIC, 1982.

aspectos de rituais e mitos de várias etnias e tribos africanas, Sotigui, por sua vez, por conta do documentário sobre sua vida, *Un griot moderne**, recebe este título por ser exatamente um artista que transita entre a tradição e a modernidade.

Por ser um veículo de massa mas que ao mesmo tempo mantém certo artesanato na sua feitura, o cinema é um meio no qual o *griot* pode exercer plenamente arte e sabedoria.

Apesar das dificuldades financeiras e da tutela de países ex-colonizadores como a França, o cinema africano tem se desenvolvido e aproveitado esse veículo para retratar tanto os mitos fundamentais do seu passado quanto a opressão sofrida através da colonização e a busca para reconquistar sua identidade após a descolonização. A possibilidade que o cinema tem de, através da imagem, contar aquilo que, com palavras, talvez não chegasse aos ouvidos de outras culturas amplia muito o alcance de temáticas fundamentais para a conscientização de problemas sociais e históricos, tanto por parte dos africanos como de outras sociedades. O fato de filmes como *Keita L'heritage du griot* e *Sia ou le rêve du Python*, ambos de Dani Kouyaté, serem falados em bambara funciona como um fator de resistência cultural e de resgate da identidade africana. Possibilita também que o filme seja compreendido por aqueles que não falam francês. É importante lembrar que o índice de analfabetismo em certas regiões da África restringe bastante a leitura de legendas. Por outro lado, a legenda nas línguas locais permite que estes filmes sejam vistos em outros países.

O cinema é um veículo fundamental para o conhecimento do outro, principalmente quando é o outro que tem a possibilidade de expressar a sua própria cultura. A presença de Sotigui em produções africanas como *Keita l'heritage du griot*** confere a estas a legitimidade da palavra do *griot* para resgatar uma herança negligenciada pelo próprio africano. Já em filmes europeus, como *Little Senegal* ou *London River*, Sotigui aparece como o africano que busca na diáspora o elo perdido com aquilo que lhe é mais caro, os laços de parentesco. No entanto, é

---

* *Un griot moderne*, de Mahamat Saleh Haroun, França, Les Production de La Lanterne, 1997.
** *Keita L'heritage du griot*, de Dani Kouyaté, França/Burkina Faso, 1995.

em *Les Courage des Autres*, filme produzido em Burkina Faso, no qual praticamente não há diálogos, que Sotigui participa de uma investigação crua do tráfico de escravos negros exercido pelos próprios africanos que os vendiam para os europeus.

Os três filmes denotam um percurso e uma escolha. Ao participar desses, sem nunca abdicar da sua identidade de *griot*, Sotigui afirma, além do seu indiscutível talento como ator, a verdadeira missão que está presente no seu dia a dia em qualquer parte do mundo na qual esteja passando, perpetuar a memória da sua cultura através da palavra transmitida pelo *griot* e agora com o reforço da imagem cinematográfica, um recurso contemporâneo que amplia o alcance da transmissão de saberes. Se o africano quando vai ao teatro diz "eu vou clarear o meu olhar", talvez o cinema nos faça ver o que este olhar vê.

É pertinente lembrar-se de Jean Rouch ao citar o episódio ocorrido ao projetar o filme *Sigui 66: Anné Zeró** para os dogons na falésia de Bandiangara. Após a projeção, a tribo pediu que novos filmes fossem realizados. Isto revelava que os próprios sujeitos pesquisados estavam interessados no registro da sua cultura e é, portanto, um exemplo de antropologia partilhada. Mas o próprio Rouch tinha consciência de que isto só poderia atingir uma dimensão mais ampla quando aqueles que sempre estiveram no foco da câmera passassem a também estar atrás dela.

O cinema africano é hoje um forte instrumento de comunicação da África consigo mesma e com o mundo. Sem dúvida, Sotigui foi um dos seus mais importantes embaixadores.

Segundo o pensador nigeriano Ngugi Wa Thiong'o, o cinema africano tem a tarefa de ampliar o processo que ele denomina descolonização da mente, na qual além das relações de poder e riqueza o africano deve procurar resgatar a própria autoimagem, bem como a imagem da comunidade, pois a descolonização do espaço mental deve ser simultânea à do espaço econômico e político (Wa Thiong, 2007, p. 27). Sobre a

---

* Série de oito documentários (1966-1973) que tratam das cerimônias do Sigui dos dogons da falésia de Bandiangara no Mali. O Sigui é a festa mais famosa dos dogons e só acontece de sessenta em sessenta anos. É uma cerimônia na qual os jovens pedem perdão aos ancestrais pelas faltas cometidas.

capacidade que o cinema possui de propiciar uma resistência cultural aliada à recuperação da sua língua por parte dos africanos, comenta:

> Foi no cinema africano, pouco importa o que pensemos do conteúdo, que o personagem africano recuperou sua linguagem. É na tela que encontramos o povo africano falando sua própria língua, lidando com os problemas em sua própria língua e tomando decisões por intermédio de diálogos na língua materna. Nesse sentido, as tradições da literatura africana eurocêntrica e seu estudo de forma geral estão bem atrasados em comparação com a breve tradição do cinema africano. Na sua breve aparição no palco estético, o cinema africano já deu um passo gigante ao rejeitar a noção neocolonial de que as pessoas na África não têm línguas, que os africanos devem se expressar exclusivamente em línguas estrangeiras (Wa Thiong, 2007, p. 31).

Por outro lado, através da singularidade da sua atuação, Sotigui em seus trabalhos no cinema traz para a tela uma espécie de enigma, de mistério ao fugir da obviedade, que por vezes as atuações absolutamente naturalistas carregam. Ao comentar a performance de Sotigui em *Little Senegal*, o crítico Jean Michel Frodon (2001) revela o impacto produzido pela sua presença graças a sua maneira particular de lidar com o tempo e o espaço:

> O personagem poderia parecer artificial em decorrência de estar imbuído de ser um símbolo e de ter uma missão se não fosse encarnado por Sotigui Kouyaté. Ele é um poema andante, esta silhueta longilínea se movimentando nos caminhos arenosos do sudeste americano, com o seu sobretudo e a sua pasta. Impossível de descrever esta lentidão e esta rapidez, é preciso sentir esta solidez de estátua, de totem, e esta leveza de atleta, de guerreiro. É preciso se deixar afetar pela forma absolutamente paradoxal de existir que na tela o ator possui, ao mesmo tempo real e fantasmagórico, se movimentando num outro espaço-tempo, submetido a outra gravidade. Imóvel, ele

fala com todo o seu corpo; em movimento, ele parece o mais estável dos postes de sinalização. Pensamos numa árvore e no vento.

Tomando como guia os filmes *Le courage des autres*, *Keita L'heritage du griot* e *Little Senegal*, identifico os elementos que compõem a atuação e a presença de Sotigui no cinema e que contribuem, por exemplo, para que o crítico do jornal *Le Monde* se surpreenda de maneira tão absoluta. No entanto, é fundamental relacionar as obras em questão com contextos históricos e sociais aos quais estas se remetem. Os três filmes seguem uma intenção comum dos cineastas que os produziram, pois buscam, através do mergulho na memória e na herança do continente africano, oferecer uma real possibilidade de reflexão sobre um passado que pode auxiliar uma tomada de consciência para transformar o presente. Esta conexão entre passado e presente, tradição e modernidade e as questões que advêm destas relações são uma presença constante no pensamento e na prática de Sotigui no teatro, no cinema e nos estágios que coordenou em várias partes do mundo.

Por ser um ator profissional, Sotigui também participou de filmes de outros gêneros, como *Highlander* (1996), de Adrien Paul, ou *Gate to heaven* (2002), de Veit Helmer, para citar alguns, mas escolho tratar aqui de uma espécie de trilogia não reconhecida, mas que arrisco a eleger como uma trilogia de fato, estabelecida a partir destes três filmes. Por outro lado, não caberia aqui uma análise pormenorizada e extensa de toda a sua obra no cinema.

Le courage des autres: A palavra e o silêncio

Talvez este seja um dos filmes menos conhecidos de Sotigui. No entanto, há nele um aspecto fundamental para sua trajetória artística. Foi a partir de alguns fotogramas deste filme que Peter Brook o viu pela primeira vez. Com um manto negro, sentado em frente a uma tumba, ao lado de uma árvore ressecada, isolado na imensidão de uma *brousse* africana, sem dizer uma palavra, Sotigui se levanta e sai de quadro. Foi o suficiente par abrir o olhar de Brook e convidá-lo para fazer o "Mahabharata". Podemos dizer que este filme ainda desconhecido hoje foi o passaporte de entrada do *griot* no teatro ocidental.

Le courage des autres é um filme precursor no que tange à questão do tráfico negreiro no interior da África, quando em muitos casos os próprios africanos capturavam seus compatriotas para vendê-los aos europeus que os carregavam nos navios negreiros em direção a outros continentes. Só em 2002, outro cineasta Roger Gnoam M'Bala, da Costa do Marfim, no filme *Adaanggaman*, também vai se debruçar sobre este tema, tratando da participação dos chefes tribais no trafico negreiro.

A história de *Le Courage des Autres* se passa no início do século XX em algum lugar da África. Uma aldeia de mercadores no centro de uma *brousse* é atacada por um bando de traficantes de escravos. Entre os homens e mulheres capturados, está um jovem chefe estimado por todos. Surge, então, um personagem misterioso, vivido por Sotigui, que se deixa capturar pelo bando. A partir daí, sem dizer uma palavra ele começa um processo silencioso de iniciação do jovem chefe. Este aprendizado tem como meta principal cultivar a força no coração do jovem, para que este inicie a revolta pela libertação.

Apesar de ser uma obra de ficção, o filme é permeado pela linguagem do documentário. Para isso contribuem dois fatores: a maneira de filmar e os conteúdos das imagens capturadas pela câmera, de um lado, e a narração em *off* feita por Sotigui, do outro.

É possível perceber no filme uma influência do cinema etnográfico de Jean Rouch, no qual a câmera é um elemento participante do acontecimento que está sendo registrado e que através da sua mobilidade penetra na ação, ao invés de deixar que ela se desenvolva na sua frente. O diretor busca, ainda, resgatar de alguma maneira os ideais do manifesto Kinok*, que prega uma câmera não egoísta, na qual o homem e a sua cultura sejam mostrados sem nenhum disfarce. Um dos facilitadores para a obtenção dessa estética no filme se apoia na ausência de diá-

---

* Movimento idealizado pelo russo Dziga Vertov (1896-1954), conhecido como cine-olho, ou cinema verdade, no qual a câmera passa a ser participante do que está captando. Com isso a câmera se aproxima, se afasta, sobe, desce, acompanhando o ritmo e o movimento dos corpos que está registrando. Rouch foi bastante influenciado por esta linguagem.

logos escritos e interpretados, além da massiva participação dos habitantes das comunidades locais, como por exemplo da província de Ziniaré, em Burkina Faso. A câmera procura captar o cotidiano das aldeias sem folclorizá-lo. A imagem de um homem correndo sem parar durante dez dias para fugir dos homens que o capturaram é impregnada de realismo. O corpo suado, a respiração ofegante, o cansaço e a queda no chão ao chegar a outra aldeia é uma das sequências mais significativas do filme. Após receber água de uma mulher desconhecida, vemos as patas de um cavalo se aproximarem do corpo caído no chão. Então, um rifle é apontado de cima do cavalo e ouve-se o disparo, sob o olhar aturdido da mulher. Quando o cavalo se afasta e começa a partir, vemos que o homem que atirou também era negro. A imagem é tão impactante que me lembrou os guardas judeus, que a serviço dos nazistas faziam a segurança interna dos campos de concentração como forma de escapar por algum tempo do extermínio.

Outra referência importante no filme é a participação dos cavaleiros de Moro Naaba (rei dos reis) do povo mossi*. A presença destes cavaleiros no filme é carregada de autenticidade e simbolismo, visto que os mossi são um povo que resistiu muito até ser submetido pelos colonizadores franceses.

O segundo aspecto que aproxima o filme de uma linguagem do gênero documentário é a própria narração em *off*. Em francês, o tom da voz de Sotigui lembra muito o caráter visceral das narrações de Jean Rouch em filmes como *Maîtres fous* (1954) e *Chasse au lion à l'arc* (1965). O cineasta francês fazia uma descrição detalhista do que era necessário para se compreender o que aparecia na tela, mas aliava ao espírito científico uma narração participativa através de um ritmo forte e apaixonado. Há na narração de Sotigui certa similaridade com o tom rouchiano, mas acrescida de um orgulho e de uma vitalidade que ampliam o gesto de denúncia. Tudo se passa como se ele conclamasse a todos que são oprimidos de alguma forma a buscarem a liberdade acima de tudo. Aliás, esta mensagem está presente nas palavras enunciadas pela narra-

---

* Os mossi constituíram nos séculos XV e XVI um grande reino, mas até hoje têm uma forte influência em suas comunidades e ainda têm como chefe supremo o Mora Naaba.

ção: "A coragem dos outros é a coragem de lutar contra o mal, contra o opressor, seja ele quem for e onde estiver".

Um fato antes do início das filmagens de certa maneira contribuiu para que atores e figurantes do filme se imbuíssem do orgulho e da consciência comunitária que a própria história da película demandava. Liderado por Sotigui, o elenco entrou em greve por melhores salários durante dois meses. Este evento provavelmente funcionou como uma preparação para o espírito comunitário e solidário que o próprio filme exigia dos atores e figurantes.

Outro acontecimento importante para as filmagens diz respeito ao próprio diretor. Apesar de ter passado a infância na África e retornado para lecionar no Instituto Africano de Educação Cinematográfica de Ougadougou (INAFEC), Christian Richard também passou por uma espécie de iniciação. Através de Sotigui, foi apresentado a Moro Naaba, pois queria pedir ajuda nas filmagens para utilizar armas e roupas da época com o intuito de dar mais autenticidade ao filme. Durante o encontro entre os dois, Mora Naaba não olhou uma vez sequer para Richard, apenas ouviu o que ele tinha a dizer. Em certo momento, o cineasta percebeu que era hora de ir embora. Dez dias depois, um menino foi até a casa onde estava Richard com o recado de que o filme poderia ser feito. Este episódio mostra a importância de lidar com as particularidades de cada cultura:

> Quando você roda um filme na África, mesmo que você seja africano, se você vai numa aldeia que não é a sua, é preciso respeitar as tradições e esperar o tempo que for preciso para fazer contato com as pessoas (Richard, 2006).

Após vermos cenas de destruição de aldeias, dominação e opressão nas quais homens livres são acorrentados como animais, surge o personagem de Sotigui montado num cavalo, entrando em quadro olhando para um cadáver de um homem morto pelos traficantes de escravos, e se deixando prender. Nesse momento, através da narração feita pelo próprio Sotigui, se referindo ao olhar e ao pensamento do jovem chefe escravizado que vê pela primeira vez o homem misterioso, é anunciado o significado da presença desse personagem enigmático:

> Mas a força vem não se sabe da onde, talvez do teu coração. Ela está lá para te ensinar a lutar, combater o mal, o opressor. Não se pode viver com vergonha. É preciso aprender a organizar a luta (Le courage des autres, 1982).

O filme é carregado de simbolismo. Apenas com o olhar, o personagem de Sotigui envia mensagens ao jovem chefe mostrando que ainda não é o momento para a revolta. Em determinada passagem do filme ele não permite que o jovem o proteja da picada de um escorpião. Após ser atacado, praticamente morto ele é abandonado na *brousse* pelos mercadores de escravos. No plano seguinte o vemos já curado pelo tratamento tradicional que recebeu de uma família. O escorpião vai aparecer de novo no final do filme, só que desta vez atacando os mercadores de escravos. Como tudo na filosofia africana, não há nada que seja só para o bem ou só para o mal. Na verdade, ao ser picado, um pacto se estabelece entre este personagem misterioso e os escorpiões.

Por intermédio da narração de Sotigui, entende-se que o jovem chefe sonha que o personagem misterioso era diferente dos outros, pois seus pés não tocavam o chão. Em outro momento sonha que ele é um pássaro. Talvez por ser o totem de Sotigui a águia, no final do filme, após a libertação, a câmera vai ganhando o espaço e passamos a ver a terra e as árvores de um plano aéreo. Ao mesmo tempo, este personagem misterioso se coloca acima da vida e da morte, como se de certa maneira representasse uma força espiritual, que surge quando conseguimos resgatá-la dentro de nós. Como sempre lembrava Sotigui, "ninguém pode te dar aquilo que já não está em você".

Em dois momentos do filme o diretor nos mostra as diferentes condutas em relação aos mortos e à natureza: por aqueles que reconhecem a presença do sagrado e do mundo espiritual e pelos que estão apenas ligados ao mundo material. Ainda no começo do filme, os habitantes da aldeia que foi dizimada estão reunidos conversando, quando uma cabaça com água passa de mão em mão. Antes de beber, o primeiro homem derrama um pouco da bebida no solo, uma forma de reconhecimento da terra como uma entidade a ser alimentada. Já quando o chefe dos mercadores de escravos recebe a cabaça, bebe a água sem oferecer ao solo.

Em outra passagem, numa elipse vemos o personagem de Sotigui em frente a uma tumba recém-construída, no mesmo lugar onde antes havia um cativo morto. Em oposição a esta imagem, em mais de uma cena do filme se repetem as passagens onde cadáveres são abandonados pelos mercadores, como mercadorias descartáveis. O respeito pela natureza e pelos espíritos dos ancestrais alimenta a conduta da sociedade mandinga, à qual Sotigui pertence. O ato de enterrar simboliza a solidariedade e o respeito entre os homens e nos faz lembrar o início da civilização:

> Os primeiros homens que decidiram enterrar seus companheiros inventaram os direitos humanos. Enterrar um ser humano é um ato quase religioso que significa respeito à dignidade humana. Não é concebível que permitamos que um ser humano seja devorado pelos tigres ou pelas aves de rapina (Ki Zerbo, 2004, p. 115).

Le courage des autres é um filme que, ao mergulhar em um passado pouco visitado do período colonial africano, traz à tona questões que dialogam efetivamente com todo o continente. No momento em que várias nações africanas atravessam conturbadas relações internas, nas quais etnias entram em conflitos mortais, este filme é um instrumento de reflexão sobre o absurdo das guerras fratricidas que assolam a África.

A participação de Sotigui nesse filme é emblemática no sentido em que se dá em duas instâncias independentes e ao mesmo tempo complementares. Na primeira, ao se incumbir da narração, ele exerce plenamente a função de *griot*, pois através da sua palavra a história nos é contada de forma clara, precisa e poética. Além disso, nos momentos em que a sua fala aparece incentivando a consciência do jovem chefe para a luta pela liberdade é possível vislumbrar como era a participação dos *griots* durante as batalhas, nas quais, através dos seus cantos e palavras, davam o suporte para levantar a moral e acordar a coragem dos guerreiros. A segunda instância diz respeito à sua própria participação como ator no filme no papel de um personagem enigmático, do qual não se tem informação. Utilizando apenas o olhar, sem nada dizer, Sotigui representa uma força, um estado de prontidão, algo que não se denomina. Há na contenção da sua atuação, aliada à ausência de palavras, a afirmação do caráter sagrado conferido à palavra na sua tradição. Ao optar pela não verbalização entre os personagens, o diretor consegue nos fazer entender aquilo que pode ser sintetizado neste ditado camaronês: "A palavra digna de veneração é o silêncio".

Keita, L'heritage du griot: **Entre a tradição e a modernidade**
Se em *Le courages des autres*, Sotigui representa o espírito da resistência ao tráfico de escravos e lança luzes sobre um episódio doloroso da civilização africana. Em *Keita*, filme dirigido por seu filho Dani Kouyaté, ele não é um personagem, ou seja, é como se ele não estivesse atuando, pois há muitas semelhanças entre o personagem e a sua própria vida. Assim como Sotigui, Djeliba Kouyaté é um *griot* mandinga e pertence à mesma família ancestral dos Kouyaté. A única e grande diferença entre eles se resume ao fato de que o *griot* do filme nada conhece do mundo moderno, pois vive numa aldeia distante da cidade e sem nenhum dos recursos de comunicação contemporâneos. De certa maneira, isto contribui bastante para que a "atuação" de Sotigui adquira humor e distanciamento, elementos que servem à discussão dos limites entre tradição e modernidade.

Através da fusão de fatos e personagens históricos, lenda e ficção, o diretor Dani Kouyaté apresenta ao mundo e a grande parte dos africanos a saga de Soundjata Keita, o mais importante imperador do Império Mandinga. Com alternâncias de tempo, o filme intercala uma história passada na África no século XIII, com os dias de hoje dentro de uma família de Burkina Faso. O *griot* Djeliba Kouyaté, depois de um sonho decide procurar o menino Mabô Keita, que vive com sua família ocidentalizada pertencente à pequena burguesia da cidade de Ouagadougou, em Burkina Faso. O objetivo do *griot* é revelar a Mabô a origem do seu nome e a ligação com seus ancestrais. Com este intuito, Djeliba passa a contar a história do imperador Soundjata Keita, apresentando ao menino as origens mitológicas de sua família. Instalado numa rede no quintal da família de Mabô, Djeliba utilizando o talento dos *griots* para contar histórias faz com que o menino fique fascinado e seduzido com o passado glorioso dos Keita. Simultaneamente somos transportados para o tempo de Soundjata, cuja história nos é apresentada através de imagens que contam a sua epopeia. No entanto, a presença do *griot* desestrutura a família que se desligou completamente das suas raízes culturais. Mabô passa então a entrar em conflito com a escola completamente europeizada, na qual impera o racionalismo, em contraste com a magia dos contos e mitos africanos.

Como boa parte dos filmes africanos, Keita se fundamenta na oposição entre tradição e modernidade. No entanto, o filme tem o mérito de não ser nem maniqueísta nem simplista. Alguns fatores contribuem para isso. Tanto Sotigui como seu filho, o diretor Dani Kouyaté, vivem há mais de vinte anos em Paris. Dani começou sua formação no Institut Africain d'Etudes Cinématographiques e posteriormente, já na França, estudou na Sorbonne e na École internationale d'anthropologie. Assim, ambos estão irremediavelmente conectados à prática de vida ocidental, mas por serem *griots* jamais abriram mão da sua tradição africana.

O filme *Keita L'heritage du griot* apresenta uma questão fundamental para o futuro do continente africano: como se relacionar com os efeitos da globalização sem perder as particularidades da sua cultura. Ou seja, como conviver com o atual processo mundial irreversível de influências e trocas entre diferentes culturas, principalmente veiculadas na mídia digital e ao mesmo tempo preservar aspectos da sua identidade artística e cultural?

Não há dúvida de que o mundo esteja completamente interligado com a internet e a TV a cabo e que estes são fenômenos que trazem uma nova ordem mundial. Quando estive em Bamako recolhendo material para este livro, percebi a forte influência do Ocidente no dia a dia do malinês comum, desde os apliques coloridos nos cabelos das mulheres, até mesmo na presença das novelas brasileiras no meio da rua, local historicamente destinado às conversas e contações de história entre os vizinhos do bairro. Logo, não é possível atualmente considerar que qualquer cultura permaneça indiferente ao fenômeno da globalização. O próprio conceito de identidade vem sofrendo mudanças:

> Quanto mais a vida social se torna mediada pelo mercado global de estilos, lugares e imagens, pelas viagens internacionais, pelas imagens da mídia e pelos sistemas de comunicação globalmente interligados, mais as *identidades* se tornam desvinculadas — desalojadas — de tempos lugares, histórias e tradições específicas e parecem "flutuar livremente" (Hall, 2004, p. 75).

Todavia, como o próprio Stuart Hall afirma mais adiante, as diferenças e distinções culturais que até então definiam a identidade ficam reduzidas a uma moeda global em que todas estas tradições e identidades são traduzidas. Este fenômeno, segundo Hall, é a "homogeneização cultural". É exatamente contra este risco que o filme se posiciona.

Ao contar a história da tomada de consciência de um garoto sobre a história de seus antepassados, o diretor Dani Kouyaté não propõe uma negação da incursão da África na modernidade, mas sim a necessidade de haver um equilíbrio entre esta incursão e a tradição que faz parte da sua história. Esta raiz será sempre uma fonte de consulta para o futuro. Sotigui frequentemente dizia: "Quando não sabemos aonde ir, é importante nos lembrarmos de onde viemos".

Já no primeiro *take* do filme a ideia da necessidade de se estabelecer uma conexão com as raízes se faz presente. Aparece o plano fechado dos pés do *griot* deitado numa rede seguido de um movimento lento e constante percorrendo o corpo até chegar à cabeça. Esta primeira imagem parece querer expressar que o ponto de partida não está no pensamento, no racional, mas sim na maneira como o homem se conecta com o mundo. Os pés nos levam, nos conduzem e nos sustentam. Logo mais adiante, os mesmos pés conduzem o velho *griot* por uma longa caminhada ate chegar a Ouagadougou, cidade onde encontrará a família Keita. Porém, antes da viagem, através de um retorno ao século XIII, tempo do surgimento do Império Mandinga, somos lançados à raiz de tudo, por intermédio do mestre caçador, um ser atemporal, que percorrerá todo o filme, sempre anunciando as transições, através de profecias. É então este mestre caçador, detentor de um conhecimento secreto, que aparecerá para o velho *griot* em sonho. A partir desta comunicação vai se desenrolar toda a história do filme. É instaurada uma missão para o velho *griot* Djeliba, que será o mensageiro ao qual caberá a tarefa de ligar o passado ao presente. Porém, antes de seguirmos a viagem de Djeliba, a câmera nos coloca no universo africano. A época é a atual, porém o que vemos são elementos que parecem pertencer a outro tempo, mas que ainda perduram fortemente nas aldeias e mesmo numa importante cidade africana, como Ouagadougou. A tradicional cozinha no exterior da casa, seus utensílios rústicos, o quintal de terra batida, a ausência de muros entre uma casa e outra, enfim, a espartana simplicidade da vida numa aldeia africana.

Num plano seguinte, vemos uma mesquita secular. Este elemento misturado ao animismo do mestre caçador com suas adivinhações e profecias nos remete a um dos símbolos da tolerância africana, o sincretismo que associa a religião ancestral animista à religião muçulmana, com seu rigor de cinco rezas diárias. Na sequência o rio Níger, troncos fincados na água, o barco que conduzirá o *griot*. Corte para as pernas que andam decididamente, o barro e o verde esmaecido das árvores que rodeiam a estrada. A África tem esta mistura de cores.

A primeira imagem que nos faz perceber que o velho *griot* vive nos dias de hoje se dá pela passagem e pelo som de um caminhão. A partir daí, o ritmo se acelera, corta para as ruas da cidade de Ouagadougou, trânsito caótico, ausência de sinais, carros, motos, bicicletas, caminhonetes sem janelas, e gente, muita gente. Uma das coisas mais surpreendentes ao se andar pelas ruas de uma grande cidade africana é o caos do trânsito. É preciso aprender a andar na rua. Ninguém muda de direção, todos continuam seu caminho. Vemos o *griot* driblando carros, motos e vendedores, mas sempre com decisão, pois ele tem uma missão a cumprir.

Até então, tanto os poucos diálogos como a narração em *off* são ditos em bambara. Em corte seco, já estamos diante do menino Keita, em sua casa ocidental, estudando francês. Se antes o diretor nos apontou para o contraste entre o tempo e o espaço de uma esquecida aldeia africana de onde vem o velho *griot* e o tumulto e a rapidez de uma das principais cidades de Burkina Faso, agora o contraste está na língua. Atualmente o francês é a língua oficial da maior parte dos países que antes pertenciam ao Império Mandinga. O bambara e o malinca são línguas que as crianças não aprendem na escola, mas sim através da oralidade. Durante a época colonial, um dos principais propagadores desta oralidade, o *griot*, era desclassificado pelos franceses.

Assim que o *griot* chega ao quintal da casa dos Keita, ele se dirige ao garoto em bambara, dentro de casa a mãe pergunta em francês com quem o garoto estava falando. A chegada do *griot* traz outro ritmo para a casa. A alternância entre o francês e o bambara cria uma estranheza. Porém, este recurso possui a propriedade de nos fazer entrar em contato com um dos elementos mais fundamentais da identidade de um povo, a sua língua ancestral. O contraste entre o francês e o bambara permite que vejamos no corpo, na expressão facial e no ritmo da fala como os mesmos personagens se transformam quando passam de um idioma para o outro.

Ao colocar sua rede no quintal, desprezando a estadia dentro da casa, o *griot* nos lembra Mario Quintana, que, ao ser perguntado onde morava, respondia: "Moro em mim mesmo". A mensagem é que a casa e o abrigo não estão fora de si mesmo. Este movimento está presente em todo o filme. Para onde vai o *griot* carrega junto seu passado, suas tradições. Ao vermos aquela família tentando ser francesa, há um descompasso evidente. É desse desajuste que trata o filme.

Após a chegada do *griot*, estas contradições ficam expostas. Ao chegar à escola, o jovem Mabô tem que se submeter todos os dias a uma formação militar para entrar em aula. O que mais impressiona é a rigidez física imposta aos corpos das crianças. Uma das coisas que mais me chamou atenção na viagem que fiz à África foi exatamente a elasticidade dos corpos, seja na dança ou no ato de lavar a roupa, ou varrer o chão. Não vi uma vassoura, as mulheres varrem o chão utilizando um punhado de galhos, para isso precisam desenrolar os corpos vértebra por vértebra. Não vi nem sequer uma vez qualquer mulher dobrar os joelhos, o corpo vai inteiro. A rigidez europeia dominante na escola é colocada em questão durante todo o filme em oposição à educação presente na oralidade. Os contos estão carregados de ensinamentos sobre consciência comunitária e valores éticos. O *griot* encanta o jovem Mabô, porque sua forma de ensinar aguça a imaginação. Além disso, ele não precisa de uma sala de aula, um quadro negro e giz. Deitado numa rede o *griot* fascina o garoto porque sua palavra o transporta para outra época. Ocorre, então, uma espécie de coautoria. Ao contrário da escola onde Mabô tem de responder mecanicamente que o descobridor da América foi Cristóvão Colombo.

Após o estabelecimento do cotidiano de uma família de classe média em Ouagadougou, onde o diretor nos mostra as ações corriqueiras, como o ato de passar roupa ou as diferenças na forma de comer entre a família que utiliza garfos e o *griot* que come com a mão, se inicia a história que vai ser contada para o jovem Mabô. Assim que o *griot* passa a descrever os fatos e situações da história do imperador Keita, somos transportados junto com o garoto para o século XIII. Sempre com a narração do velho *griot*, saímos do interior da casa ou da escola, para aldeias, montanhas e rios. Com esta passagem de tempo e espaço, percebe-se claramente uma mudança também na qualidade da atuação. Se antes os atores seguiam uma interpretação realística apoiada nas próprias ações cotidianas que cumpriam, ao sermos deslocados para oitocentos anos atrás, os atores passam a fazer parte de um conto, em que os elementos míticos e sobrenaturais dão outra expressividade aos seus corpos. O fato de passarmos a ouvir só a língua bambara também nos conduz a um universo desconhecido.

O maior achado do filme de Dani Kouyaté reside na utilização da lenda que envolve a história do imperador Soundjata Keita com seus mistérios para chegar até a ação contemporânea dentro de uma família africana onde os laços com sua história foram esquecidos. A história da mulher búfalo e sua filha feia e corcunda que estava predestinada a gerar Soundjata Keita, uma criança paralítica que se tornaria um homem forte e saudável e se transformaria no mais importante imperador africano, comparado a Alexandre, o Grande, ao mesmo tempo que resgata a memória africana, funciona como uma metáfora da supremacia da vontade.

Nesse sentido, um novo horizonte se abre para o garoto através da palavra do *griot*, que o faz conhecer um tempo no qual seus antepassados eram donos do seu destino, ao contrário de hoje, quando grande parte da África luta para sobreviver, diante da miséria, das doenças e das guerras. O continente africano depois de espoliado pela escravidão e colonização enfrenta o desafio de fazer parte de um mundo globalizado, sem ter instrumentos tecnológicos e financeiros para isso.

O que faz deste filme uma obra de referência sobre a problemática africana é exatamente a simplicidade da produção que está intimamente ligada à condição econômica de Burkina Faso, um dos países mais pobres do mundo. No entanto, esta falta de recursos acentua mais ainda a figura do contador, e a ausência de efeitos, paradoxalmente, reforça a dimensão sobrenatural e mitológica do filme.

Dessa forma, *Keita, L'heritage du griot* é estilisticamente fiel à maneira africana de contar histórias, que mistura fatos reais com elementos ligados ao mundo espiritual. Os animais, elementos da natureza e ancestrais fazem parte da vida do africano. A figura do caçador é muito respeitada até hoje na África, pois há um reconhecimento da sua habilidade em estabelecer comunicação sensorial com a natureza. Talvez seja esta uma das razões da presença do mestre caçador em momentos cruciais do filme, inclusive atravessando séculos para sair de dentro da história de Soundjata e aparecer diante do jovem Mabô, que o reconhece como o caçador da história.

O filme atinge seu clímax quando o jovem Mabô passa a contar a história que está ouvindo há dias para seus colegas de escola. A transmissão dos ensinamentos é o objetivo principal da tradição oral. A partir deste ponto, os atritos entre a mãe do jovem Keita e o velho *griot* se acirram tanto que ela decide ir embora de casa, porém quem acaba indo é o velho *griot*. Assim a história não é contada até o final. O filme termina com a presença em carne e osso do mestre caçador, que também não encerra a história, pois esta não é sua função. Então, ele aconselha Mabô a procurar outro *griot*. Este final sem desfecho está profundamente relacionado à estrutura dos contos iniciáticos africanos, que nunca fecham completamente uma história. Ao terminar uma contação é comum o contador colocar uma pedra no círculo e dizer: "Deixo aqui meu conto para que outro possa pegá-lo".

O último *take* nos mostra Mabô embaixo do baobá — árvore sagrada e um dos símbolos da força de Soundjata Keita — olhando uma águia voando. É a mesma ave que o velho *griot* havia mostrado no começo da história para Mabô, dizendo que ele nunca estaria sozinho. A águia, totem dos Kouyaté, é uma metáfora da continuidade, pois a palavra do velho *griot* seguirá seu curso através da curiosidade despertada em Mabô.

É interessante notar ainda que há na atuação de Sotigui uma ênfase na simplicidade que este *griot* não conectado com o mundo moderno utiliza para pensar e se comunicar com os outros. Esta qualidade lhe confere uma dignidade intocada. Assim, quando o *griot* do filme entra em conflito com o professor da escola ocidentalizada para discutir sobre a educação do jovem Mabô, dois universos inconciliáveis se apresentam e com eles as visões de mundo de representantes de uma África tradicional de um lado e de uma África pós-colonial de outro.

O jovem Mabô se torna disperso na escola e passa a faltar as aulas porque descobre a história da origem da sua família, os Keita. O professor procura o velho *griot* para pedir que ele venha nas férias escolares, para não atrapalhar os estudos. Então, o *griot* diz para que ele, o professor, venha nas férias escolares. O professor replica dizendo que quem manda é o calendário escolar, e não ele. Então, o *griot* pergunta: "Quem faz o calendário?". Quando o professor responde que os responsáveis são os dirigentes do país, o *griot* tranquilamente pede para o professor convidar os dirigentes para encontrá-lo no quintal com o intuito de conversar sobre a educação de Mabô. Isso é o suficiente para o professor desistir e ir embora.

Já no início da conversa fica claro o descompasso entre os dois quando o *griot* pergunta ao professor o seu nome. Quando o professor lhe diz que se chama Drissa Fofana, o *griot* lhe pergunta se ele sabe o seu significado. Então o professor lhe diz que não tem a menor ideia. Em seguida, o *griot* lhe pergunta como ele pode querer ensinar alguma coisa se não sabe nada a respeito da origem do seu próprio nome. Ironicamente, o professor lhe diz, então, que não sabe, porque não tem nenhum *griot* a seu serviço. Diante desta provocação o *griot* lhe diz que os *griots* estão a serviço de todo mundo, basta procurá-los.

Esses dois momentos são de crucial importância para se entender e se refletir sobre como conciliar a participação do *griot* com seus conhecimentos ancestrais numa África que, ao mesmo tempo que se esforça para preservar sua herança cultural, precisa se relacionar com as exigências que a globalização demanda. A necessidade de recuperar a participação do *griot* na sociedade contemporânea africana não pode partir de uma visão romântica, pois perderia força diante das pressões econômicas e políticas internas dos países africanos e as externas ao próprio continente. Nesse sentido é lúcida a afirmação de Wa Thiong'o (2007, p. 29) sobre a estreita ligação do cinema da África Ocidental com os ex-colonizadores:

> Escravidão, colonialismo, neocolonialismo, racismo e ditaduras são partes inseparáveis da realidade africana e não podemos ser seduzidos pelos nossos financiadores a agirmos como se a única realidade na África fosse a de nossos anciões sentados sob um baobá exsudando sabedoria, ou de elementos sobrenaturais da vida africana. A visão de mundo africana parte do princípio da existência de uma conexão entre os mortos, os vivos e os ainda por nascer. Os três elementos personificam a realidade das interconexões entre o passado, o presente e o futuro, e essa visão do mundo conecta a vida espiritual com a existência material. O domínio do espiritual não está divorciado da materialidade da economia e da política das nações e entre as nações.

Se no filme de Richard, *Le courage des autres,* somos lançados num período pouco divulgado por causa do incômodo que causa, em *Keita* estamos diante de um dos períodos mais gloriosos e estáveis da história de países da África Ocidental, como Mali, Burkina Faso e Guiné. O desconhecimento do mito fundador do grande Império Mandinga pelos mais jovens é causado tanto pela ocidentalização forçada do sistema educacional africano como pela colonização francesa. A situação se agrava ainda mais com o fenômeno da globalização, que tende a criar uma espécie de sociedade imaginada, na qual as culturas dominadas economicamente tendem a perder as referências fundadoras da sua tradição.

Por outro lado, o fato de o filme ter sido concebido e dirigido pelo próprio filho de Sotigui, *griot* como o pai, acentua o caráter de resgate de elementos da tradição oral mandinga, já que a epopeia do imperador Soundjata Keita é a principal história transmitida obrigatoriamente de geração em geração pelos *griots*. Trazer essa história para o cinema é ampliar o seu alcance para além do continente africano. Se Sotigui é considerado um *griot* moderno, seu filho pode ser chamado de um *griot* cineasta. Outro cineasta, Jean Rouch (2002), chamado carinhosamente de *cinematic griot*, ressalta a propriedade singular do cinema como perpetuador da memória que os livros não conseguem guardar:

> Eu acredito que a memória é audiovisual: os livros só conseguem oferecer uma interpretação. As pessoas com as quais eu trabalhei na África não eram aquelas que haviam sentado nos bancos da escola. A vantagem do cinema é que nele não há barreiras.

Ao levar para a tela a epopeia de Soundjata Keita contada por um *griot* para um jovem africano, nos dias de hoje, que desconhecia seu passado e que por ser um Keita possui uma ligação ancestral com o imperador, o diretor Dani Kouyaté cria uma cadeia original de transmissão através da figura do próprio pai, um *griot* autêntico, mas que mantém um diálogo profundo com o mundo contemporâneo através dos encontros de que participa e pelo seu trabalho como ator no teatro e no cinema. Assim, pai e filho participam como ator e diretor da transposição para o cinema da função delegada ao *griot* de contar e recontar a história que está na base da sua origem. Há no filme a passagem de bastão do *griot* narrador e contador para o *griot* cineasta, pois juntamente com as palavras ancestrais surgem as imagens dessa figura no mundo atual, nos convidando a refletir sobre como será a sua participação num mundo cada vez mais comandado pelas mídias. Segundo Valérie Thiers-Thiam (2004, p. 160), o filme é uma perfeita ilustração do fenômeno de transformação e da apropriação do papel e da palavra do *griot* por um cineasta:

> O cineasta criou uma figura de *griot* que simboliza uma forma de autoridade, mas que já não é mais inteiramente apresentada conforme a figura do *griot* tradicional. Ele serve de garantia a legitimidade da história, que é apropriada por novos narradores. Enfim o *griot*-narrador é ultrapassado pelo cineasta-*griot*, que se constitui na nova autoridade em matéria de estética e ideologia.

Ao discutir a presença do *griot* no mundo contemporâneo, o filme nos permite entrever que para continuar atuando de acordo com sua missão de conselheiro, conciliador e perpetuador da memória africana se faz necessário que o mestre da palavra interaja com outros meios de expressão, como o cinema.

Por outro lado, num mundo onde as referências estão em constante movimento, alguém que sabe de onde veio e conhece o seu passado pode ser fundamental para povos que viveram séculos de dominação, causando uma verdadeira devastação nos valores e princípios que regiam as suas culturas.

Ao encarnar na tela um *griot* tradicional, representante da mesma família, Sotigui consegue, através de uma interpretação singela, mas ancorada num olhar crítico do próprio ator, nos mostrar a complexidade do diálogo entre o tradicional e o moderno. Esta falta de diálogo e reconhecimento impede que haja um aproveitamento dos ensinamentos tradicionais exatamente no plano onde o mundo contemporâneo não encontra respostas para suas angústias e dúvidas.

Antes de partir, Djeliba, o velho *griot*, diz para o jovem Mabô: "Lembre-se de que o mundo é velho e que o futuro sai do passado".

Keita, L'heritage du griot é um filme que procura fazer esta ligação através do mito fundador do Império Mandinga contado pela boca de um *griot* para o ouvido e o olhar fascinado de um jovem que não sabia a origem de seu nome. O processo de iniciação por qual passa Mabô através da palavra é traduzido em imagens pelas diferenças entre os hábitos e costumes da vida rural e a vida na cidade em Burkina Faso atualmente. Quando estive numa pequena aldeia chamada Ouahabou, em Burkina, tive a nítida sensação de estar em outra época. Nada me remetia ao século XXI, a não ser a minha câmera de vídeo. Assim, a oposição entre a vida ao ar livre na aldeia e a vida numa casa na cidade, o hábito de comer com as mãos do velho *griot*, ao contrário dos talheres utilizados na cidade, a tranquilidade e lentidão da *brousse*, em contraste com o barulho e caos da cidade, são elementos que impõem um desafio: como integrar tantas diferenças num mundo cada vez mais globalizado? Esta oposição é traduzida no filme pelas diferenças entre o olhar do velho *griot*, de um lado, e dos parentes e do professor do jovem Mabô, do outro. Este conflito entre tradição e modernidade é constante na África hoje. O *griot* está no centro dessa discussão, pois talvez seja o personagem que mais pode reconhecer as diferenças e buscar um entendimento. Está na alma do *griot* a palavra conciliação. Historicamente o *griot* é o agente dos encontros, o conselheiro, aquele que busca sempre ampliar seus horizontes através do outro.

Uma das qualidades do filme talvez seja a de apontar para a necessidade de se buscar uma troca mais equilibrada. O cinema pode ser um poderoso instrumento de diálogo entre o passado e o futuro. Cabe ao artista africano fomentar e inventar esse diálogo. Esta via dupla é assim apontada pelo historiador congolês Elikia M'Bokolo (2003, p. 35):

> Por um lado é preciso capitalizar o que nós herdamos do passado e por outro encorajar nossos jovens intelectuais à audácia. Eles devem inventar seu pensamento, nos conduzir. Nós precisamos mais de criadores do que de diplomados.

Esse movimento de aproveitar o rico material proveniente da herança cultural africana, como contos e lendas, e mesclá-los no cinema com questões originais surgidas a partir de problemas contemporâneos é um dos caminhos utilizados por Dani Kouyaté para realizar *Keita*. Segundo Mahomed Bamba (2007, p. 6) esta é uma característica que diferencia o cinema africano do ocidental:

> Enquanto no Ocidente e nas sociedades modernas pós-capitalistas as grandes narrativas ficcionais mecânicas continuam relegando as lendas e a própria literatura a um segundo plano, nas sociedades tradicionais africanas são os substratos da tradição oral que alimentam os imaginários e a narrativa cinematográfica incipiente. O engajamento político e pan-africanista do cineasta africano não se traduz apenas por uma volta incessante e esquizofrênica ao passado, mas o situa também no presente. Nos filmes africanos os temas fortes da atualidade são abordados sem complacência.

O cinema africano tem uma longa jornada pela frente, mas, devido à própria agilidade de alcance que um filme possui, pode apresentar ao mundo acostumado às lindas imagens dos documentários da National Geographic uma África desconhecida e ávida por se fazer ouvir dentro do cenário mundial. Por outro lado, este cinema pode também resgatar para o próprio africano a sua memória ofuscada por séculos de dominação. A tradição oral é o fio revelador dessa memória, e o *griot*, o seu tecelão.

Little Senegal, a diáspora africana na América

Com *Little Senegal* (1996), de Rachid Bouchareb, Alloune, o personagem vivido por Sotigui, se debruça sobre um dos temas mais presentes no mundo atual, a diáspora.

É notório que esse fenômeno ocorre em todas as partes do mundo em maior ou menor escala. No entanto, a diáspora africana possui historicamente um diferencial em relação às outras. Num primeiro momento ela foi forçada pela escravidão, e só num segundo momento podemos considerar que foi causada pela miséria, pela fome, pelas guerras e pela falta de oportunidade no seu próprio país. Quando pensamos, por exemplo, na diáspora italiana no Brasil, constatamos que, apesar de ser decorrência de uma necessidade de sobrevivência causada pela Segunda Guerra Mundial, não provocou uma ruptura total deste povo com a sua cultura de origem. Basta pensar na forte influência italiana na vida social econômica e cultural de São Paulo e do sul do país, por exemplo.

No caso da diáspora africana na América, e especificamente a dos senegaleses, o que vemos é uma situação completamente diversa. Os descendentes dos senegaleses que vieram da Ilha de Gore para trabalhar como escravos nas fazendas da Carolina do Sul foram obrigados a romper qualquer ligação com suas raízes culturais, familiares e religiosas. Se os imigrantes europeus no Brasil e na América chegaram às terras estrangeiras como homens livres com suas famílias e guardando seus nomes de origem, o que representa uma garantia de vínculo permanente com sua ancestralidade, por sua vez os negros escravizados tanto na América como no Brasil foram separados de suas famílias e ceifados dos seus nomes de origem, tão importantes na constituição da sua identidade.

Ao chegarem aos outros continentes, os negros escravizados receberam outros nomes sem o menor vínculo com a sua história. Nas fazendas da Carolina do Sul muitos ex-escravos herdaram os nomes dos seus opressores. No caso do Brasil, como afirma Nei Lopes, só restava aos negros colocar o prenome do avô como marca familiar, ou ainda nomes católicos como: dos Santos, dos Reis, do Nascimento, de Jesus, ou como no caso do próprio Nei, o nome do "proprietário" de um de seus ancestrais, que devia se chamar Lopes.

A viagem empreendida pelo personagem de Sotigui no filme é exatamente para resgatar esse elo adormecido, mas jamais perdido. *Little Senegal*, embora não seja dirigido por um africano, é talvez o mais africano dos filmes, na medida em que coloca em evidência o respeito e o reconhecimento pela cadeia de transmissão, algo imprescindível para manter a consciência de si mesmo:

> Todo ser humano é um elo na cadeia de sua ancestralidade, recebendo a energia vital de seus ascendentes e sustentando abaixo de

si toda a sua descendência — reza a filosofia negro-africana. E a nós em maioria, por não sabermos de nossos ancestrais, só nos restou reinventá-los, nos pretos velhos, nos encantados, nos caboclos, nos voduns, nos inquices e nos orixás (Lopes, 2004).

Little Senegal é fundamental na trajetória de Sotigui no cinema, tendo a mesma dimensão da sua participação na peça "Mahabharata". Se na peça de Brook, abria-se para ele um contato definitivo com o teatro ocidental, em *Little Senegal*, um filme europeu, rodado a maior parte do tempo em Nova York, o mundo tem a possibilidade de ver um *griot* atuando. Infelizmente o filme não foi lançado no Brasil.

Através da atuação de Sotigui como Alloune, um aposentado, que é guia voluntário na visitação de turistas americanos à Casa dos Escravos, na Ilha de Gore, no Senegal, temos a oportunidade de entrar em contato com um universo pouco investigado da diáspora africana, aquele que envolve as relações entre os descendentes de escravos que foram para a América e os senegaleses que tentam sobreviver atualmente em Nova York, numa região do Harlem, conhecida como Little Senegal. Localizada na Rua 116 entre St. Nicolas e a Oitava Avenida, esta área é composta de senegaleses que imigraram para os Estados Unidos há duas décadas, e que geralmente falam francês, Inglês e uolofe, a língua materna. Os mais jovens já não falam mais o francês. Há solidariedade entre os senegaleses que vivem em *Little Senegal*, no entanto a relação com a comunidade negra do Harlem não é das mais fáceis. Uma boa parcela dos negros americanos completamente assimilada procura ocultar a sua origem africana, pois se considera americana acima de tudo. Por outro lado, os senegaleses procuram sobreviver numa região predominantemente de população negra como o Harlem, mas que os discrimina. O preconceito e o desprezo por parte dos negros americanos em relação á África pode ser traduzida na frase dita por uma jovem negra americana a um jovem africano que quer casar com ela para conseguir o visto de permanência: "A África não me interessa, mas você precisa da América".

O que o filme de Bouchareb procura mostrar é justamente o contrário, pois o desconhecimento das origens torna as pessoas incompletas e vulneráveis. Diante disso, um dia, Alloune decide ir atrás dos membros da sua família, descendentes de escravos que vivem na América. Ao contar para os turistas, todos os dias, como eram aprisionados e enviados os escravos através de uma porta que conduzia diretamente ao mar, conhecida como a "porta da viagem sem volta", Alloune adquire uma consciência profunda de todo o sofrimento que seus irmãos passavam na Casa dos Escravos. A partir de um sonho, no qual um ancestral escravizado na América lhe pede para encontrar os descendentes que restaram, para que ele possa repousar em paz, Alloune decide buscar nos Estados Unidos os outros elos da sua cadeia familiar. Primeiro ele parte para a Carolina do Sul, onde visita a fazenda onde trabalharam seus ancestrais. Acaba descobrindo, através de documentos de compra e venda de escravos, que seus parentes receberam um novo nome, Robinson, herdado dos antigos donos, e que foram para Nova York.

Num cemitério em Nova York descobre o túmulo dos Robinsons negros. Ao limpar a neve de cima da placa do túmulo, a imagem que se estabelece nos provoca uma sensação de estranhamento. É como se o corpo ali enterrado não pertencesse àquela terra. A expressão de Sotigui ao se deparar com tal desajuste traduz este vazio, esta inadequação. No entanto, Alloune descobre que ainda resta Ida Robinson, uma remanescente da sua família descendente dos que foram escravizados na América. Procura então, se aproximar de Ida, sua prima, que desconhece completamente as suas origens. Ida sobrevive com dificuldades vendendo bugigangas num pequeno quiosque. Alloune, então, consegue se empregar como segurança do quiosque a fim de se aproximar da prima. O seu objetivo é contar-lhe a sua história, refazer a cadeia quebrada. Porém, ambos vivem em mundos e culturas completamente diferentes. O processo de aproximação que ocorre entre os dois é sofrido e cheio de conflitos, mas quando Alloune lhe mostra imagens dos seus antepassados que ela não conhecia e consegue fazê-la entender que, na verdade, os dois fazem parte da mesma família, presenciamos na tela um momento raro de cinema, tocante, no qual a revelação de uma herança desconhecida nos lembra como é fundamental saber de onde viemos. A face triste e endurecida de Ida pela primeira vez respira. É como se a vida passasse a ter um sentido.

Ao mesmo tempo o filme mostra o sobrinho de Alloune, Hassan, que está na América para fazer dinheiro. Hassan trabalha em jornada dupla como taxista e numa oficina. No entanto, sofre o preconceito por parte dos negros americanos, chegando a ser chamado de macaco por um dos fregueses. Através deste personagem fica evidente a fronteira que separa os negros americanos dos negros africanos nos Estados Unidos. Hassan simboliza os milhares de africanos na diáspora que fazem bicos para sobreviver e ao poucos vão perdendo os vínculos com a sua tradição. Por outro lado, ele também não consegue se sentir americano. Ao enfrentar os ladrões, também negros, que roubaram sua casa, Hassan é morto. Caberá a Alloune levar o corpo do sobrinho de volta para a Ilha de Gore. Um dos momentos mais marcantes do filme ocorre quando Alloune acompanha a lavagem do corpo do sobrinho segundo os rituais muçulmanos. A última imagem do filme traz Alloune velando o túmulo de Hassan no alto de um monte na Ilha de Gore, a mesma ilha da qual os escravos partiam para nunca mais voltar.

Além de retratar a distância que separa hoje uma boa parcela da comunidade negra americana das suas raízes africanas, o filme toca também na questão da discriminação econômica, algo que conhecemos bem no Brasil. Em determinado momento, Ida diz para Alloune: "O importante aqui não é o preto ou o branco. É o verde, a cor do dólar".

O contraste entre os ideais comunitários que sustentam um personagem como Alloune e a indiferença dos que estão mergulhados na tentativa de sobreviver no centro do capitalismo mundial faz de *Little Senegal* um filme que consegue falar de preconceito e segregação com um olhar essencialmente humano.

O contato com a diáspora senegalesa na América fez com que o próprio diretor se inspirasse, para dez anos depois fazer o filme *Indigènes*, que conta a história dos africanos que lutaram na Segunda Guerra Mundial pela França e não tiveram o menor reconhecimento e amparo após o fim do conflito:

Desde sempre me interessou a história da imigração. É a do passado da minha família. Um dos meus tios lutou na guerra da Indochina. Vivemos a guerra da Argélia. Sempre vivi marcado pela colonização, a descolonização, a imigração e todos esses homens que escreveram a história da França (Bouchareb, 2006).

Podemos considerar que o diretor escolheu Sotigui para o papel principal do filme graças à sua condição de *griot*. Apesar do personagem não ser um *griot*, várias das ações são condizentes com esta figura. Em primeiro lugar, Alloune é alguém que guarda a memória do seu povo na função de guia na Casa dos Escravos. Em seguida procura refazer a sua genealogia indo para a América. Em Nova York em vários momentos assume a função de mediador em questões familiares. Apoiado na personalidade de Sotigui e através da conduta do seu personagem, percebe-se o contraste entre os valores americanos fundados no individualismo e na competição e os valores tradicionais africanos baseados nos princípios comunitários. Alloune coloca em primeiro plano a família e a solidariedade, em detrimento dos valores materiais.

Assim como Alloune, Sotigui é um homem que jamais age, pensa ou se manifesta dissociado dos princípios comunitários que foram responsáveis pela sua formação como homem. Os estágios pelos quais passa um *griot* mandinga para se desenvolver são extremamente sólidos. A primeira infância com a mãe, depois o contato com o pai, os ensinamentos da escola corânica, a convivência com os camaradas nos desafios impostos no campo de iniciação sem dúvida lhe conferiram uma base segura para se relacionar com uma sociedade líquido-moderna, usando o termo criado por Bauman (2007, p. 7). Há no mundo atual, uma qualidade líquida, ou seja, nada dura ou pode durar muito tempo:

"Líquido-moderna" é uma sociedade em que as condições sob as quais agem seus membros mudam num tempo mais curto do que aqueles necessários para a consolidação de hábitos e rotinas, das formas de agir. A liquidez da vida e a da sociedade se alimentam e se revigoram mutuamente. A vida líquida, assim como a sociedade líquido--moderna, não pode manter a forma ou permanecer em seu curso por muito tempo. Numa sociedade líquido-moderna, as realizações individuais não podem solidificar-se em posses permanentes porque, em um piscar de olhos, os ativos se transformam em passivos, e as capacidades em incapacidades. O fato de o filme se passar em Nova York, um dos principais centros propagadores dessa sociedade líquido-moderna, possibilita que através das relações entre Alloune e os demais personagens vislumbremos dois universos. O primeiro, aquele de Alloune-Sotigui, que se fundamenta em referências ancestrais e estáveis para pensar, agir e se relacionar com o outro. O segundo, daqueles que como Ida não conhecem sua história, e de Hassam que apesar de conhecer, abdicou dos seus princípios para competir numa sociedade que não o respeita.

Nesse sentido, em *Little Senegal*, mais uma vez percebe-se claramente uma identificação entre personagem e ator. Acredito que esta aproximação se estabeleceu já no momento do convite do diretor para que Sotigui fizesse o filme. No entanto, é também possível intuir que deve ter havido durante as filmagens uma colaboração sua no plano mais sutil do filme, justamente aquele que talvez não esteja nas palavras, mas simplesmente na sua sólida presença.

A partir desses três filmes analisados é possível dizer que o cinema é um meio no qual Sotigui consegue permanecer fiel à sua condição de *griot*. Isso se dá tanto pelos temas abordados nos filmes como pela singularidade da sua performance.

Ao falar de escravidão, tráfico de escravos, colonização, tradição e diáspora, Sotigui cumpre a missão mais importante do mestre da palavra, a de ser o guardião da memória africana. Ao mesmo tempo, sua atuação foge do espetacular e do dramático trazendo para a tela a simplicidade e o despojamento característicos de um bom contador de histórias. Num dos seus últimos filmes, *London River,* também dirigido por Bouchareb, estas qualidades atingem um grau de excelência. Não foi nenhuma surpresa Sotigui ter conquistado em 2008 o Urso de Prata de Melhor Ator no Festival de Cinema de Berlim.

O antigo sonho do pan-africanismo*, que no plano político e econômico enfrentou grandes dificuldades e divisões, dá sinais de vida no plano artístico, principalmente no que se refere ao cinema. Através dos festivais de cinema, por exemplo, a África retoma a troca cultural e artística entre os países que a compõem, o que, aliás, talvez seja uma real possibilidade para que a civilização africana retome a sua vocação solidária e comunal, na qual as diferenças culturais e étnicas não impediam o trânsito livre e a troca de saberes e mercadorias entre os povos do continente. Além disso, o cinema tem sido um meio poderoso pelo qual os cineastas africanos na África, na diáspora ou ainda no caso dos afrodescendentes em países como a França, têm mantido acesa a chama do pan-africanismo como elemento de resistência cultural e dos ideais de igualdade e solidariedade entre os povos de todo o mundo. Segundo o historiador Senegalês Boubakar Buuba Diop**, o uso do cinema nas trocas de comunicação na África está possibilitando uma revisão da história africana, através de uma nova forma de reescrever a história.

---

* Movimento mundial desencadeado pela revolução do Haiti em 1804 que se espalhou pelas Américas a partir dos ideais abolicionistas e pós-abolicionistas e das lutas contra o colonialismo na África, no Caribe e no Pacífico. O foco da doutrina era o reconhecimento do continente africano como a pátria dos negros roubada pela escravidão. Em 1900, a Conferência de Londres liderada por Sylvester Williams marca a primeira vertente do movimento através de um posicionamento político e intelectual. Na década de 1920, surge uma segunda vertente liderada por Marcus Garvey, que buscava uma soberania econômica, política e cultural na África continental e a criação de forças políticas e econômicas nacionais na diáspora das Américas, do Caribe e do Pacífico. A terceira vertente, chamada de Négritude, surgiu nos países de língua francesa, também na década de 1920, como fruto da mobilização e do pensamento de intelectuais como Aimé Césaire, Léon Damas, Léopold Sédar Seghor, René Maran, Lamine Senghor, Tiemoko Garan Kouyaté, Kojo Touvalou Houenou e intelectuais do Harlem Renaissance, nos Estados Unidos. Esta terceira vertente se baseava na afirmação da identidade africana, no entendimento de que os negros do continente africano e da diáspora deveriam lutar por seus direitos fundamentais e de que os negros do mundo inteiro têm compromisso ideológico uns com os outros. O escritor, político e ator Abdias Nascimento foi o precursor do pan-africanismo no Brasil e é o maior representante brasileiro desse movimento em nível internacional. Ver Lopes (2004) e o site de Abdias do Nascimento <www.abdias.com.br>.
** Entrevista concedida a Elizabeth Carvalho em *África*. Programa "Milênio", Globonews, fev. 2006.

Os três filmes aqui tratados contribuem efetivamente para o desdobramento do movimento pan-africano, naquilo que é hoje chamado de renascimento africano. Ao contrário do renascimento asiático, principalmente centrado no crescimento econômico para Diop, o renascimento africano não pode se distanciar dos ideais humanos e comunitários presentes na tradição deste continente:

> O verdadeiro renascimento é aquele que permitirá mais democracia, mais liberdade, maior produtividade, maior divisão, maior troca. O verdadeiro renascimento africano se harmoniza com o renascimento humano. Dizemos que o pan-africanismo é uma forma de humanismo (África, 2006).

Nesse sentido, a participação de Sotigui nesses filmes traz uma contribuição efetiva a esse movimento, pois, como *griot*, ele tem o compromisso de transmitir a história às gerações futuras e o cinema possui a propriedade de ampliar esta transmissão a um maior número de pessoas de forma mais imediata. Podemos dizer que, através desses filmes, Sotigui leva para as telas a autoridade do *griot* presente na sua palavra e ao mesmo tempo insere de forma definitiva a participação dessa figura no cinema, realizando de forma natural o ansiado diálogo entre tradição e modernidade tão importante para que efetivamente haja um renascimento africano apoiado em bases sólidas e duradouras.

CAPÍTULO 4

Ensinamentos: Prática e transmissão

> Aquele que sabe e sabe que sabe, é um sábio.
> É preciso segui-lo.
> Aquele que sabe e não sabe que sabe, é um dorminhoco.
> É preciso acordá-lo.
>
> Aquele que não sabe e sabe que não sabe, é um buscador.
> É preciso guiá-lo.
>
> Aquele que não sabe e não sabe que não sabe, é um perigo público.
> É preciso fugir dele.
>
> (*Ditado africano muito citado por Sotigui*)

Entre os vários papéis desempenhados pelo *griot* na sociedade tradicional africana, um dos mais relevantes é o de porta-voz dos conhecimentos ancestrais que têm a importante função de manter o equilíbrio entre os indivíduos e seu grupo social. Através de contos, ditados ou conselhos o *griot* é até hoje um dos elos mais fortes na perpetuação de valores e conceitos que formam a base ética e histórica da comunidade à qual ele pertence. Esta tradição é regida por aquilo que Hampâté Bâ denomina "respeito pela cadeia" ou "respeito pela transmissão" (1980, p. 193). Este conceito determina que cada história relatada seja integralmente reproduzida como foi ouvida. Esta busca constante pelo "respeito à cadeia" só é possível graças à memória exercitada pela oralidade. Da mesma maneira como utilizamos as referências bibliográficas numa tese para localizar a procedência da informação, na tradição oral africana quando alguém é questionado sobre alguma informação ou prática, costuma dizer "fulano me ensinou assim!", citando a fonte.

Com o fim do domínio colonial, iniciou-se um processo de reconquista do espaço do *griot* na África Ocidental, já que durante a colonização ele foi perseguido e desvalorizado pelo poder francês com o intuito de cortar cada vez mais os laços do africano com suas raízes culturais. A lógica era simples: um povo sem memória perde cada vez mais o seu poder de resistência. Ao mesmo tempo a figura do *griot* passou a ser mais conhecida na Europa. A França passou a receber *griots* que através da música e das histórias começaram a transmitir sua visão de mundo e seus ensinamentos. A partir de 2001 com as apresentações teatrais e os cursos ministrados por Sotigui no Rio de Janeiro, São Paulo e Belo Horizonte, o Brasil também descobriu o *griot* e passou a ter contato com a sua palavra, que sempre procura transmitir os valores e os conhecimentos que sustentam a sua tradição.

No entanto, para o *griot*, essa transmissão não pode ser unilateral, principalmente considerando que na África o estrangeiro é um valor em si, pois "ser o estrangeiro de alguém é um laço privilegiado" (Ki--Zerbo, 2004, p. 46). Ou seja, quando o africano tem um amigo de outro país e o leva para conhecer o seu país e a sua família, este estrangeiro é valorizado e respeitado, pois como afirmava "entre tantas portas para entrar ele escolheu a minha". Assim, se, por exemplo, houver uma disputa entre um estrangeiro e um membro da família, normalmente o chefe da família dará razão àquele que vem de fora. Além do mais, o estrangeiro é para o *griot* uma importante fonte de novos conhecimentos. Por essa razão, ao visitar um novo país, o que Sotigui mais buscava eram os encontros, as conversas e as manifestações artísticas locais.

Apesar das muitas mudanças ocorridas nos últimos cinquenta anos na África Ocidental, certas regras de acolhimento continuam sendo respeitadas em muitos países. Por exemplo, se um estrangeiro chegar à noite numa cidade ou aldeia africana, com certeza encontrará um lugar para dormir e o que comer. Segundo a tradição de Sotigui, o estrangeiro tem direito a três dias de alojamento e alimentação sob os cuidados de uma família. No entanto, em troca, o visitante deve durante esse período de convivência contar as suas experiências, falar do seu país e do que viu no caminho. Passado esse tempo, acabam as obrigações. Para Sotigui, tal costume tem uma dupla vantagem:

> Por um lado nos informamos, nos enriquecemos e por outro lado isso permite que as pessoas viajem com muito pouco dinheiro. Não se pode dizer que um povo assim não é civilizado (Sotigui Kouyaté — Um griot no Brasil, 2007).

Podemos notar no final do comentário uma indignação alimentada por séculos de relações desiguais entre o mundo dito "desenvolvido" e um continente explorado até o osso durante o período colonial e hoje abandonado a sua própria sorte após a independência dos países africanos. O período colonial deixou marcas profundas nos africanos, pois além da opressão e da exploração, o choque de culturas provocava situações absurdas como esta relatada por Sotigui (id., ib.):

> Durante a colonização o governador-geral foi ao Níger. Bobo Hama, que se tornou mais tarde o primeiro presidente da assembleia do Níger, foi ver o governador-geral que recebia as autoridades. Tirou os sapatos e entrou para cumprimentá-lo. O governador então ficou furioso, pois não entendeu que esse é o sinal de maior respeito entre nós. Até hoje é possível entrar de boné na casa de um ancião, mas nunca de sapatos. Não se entra de sapatos na casa de quem você respeita, não é limpo, pois pisamos em coisas. Eu nunca entro de sapato na casa da minha mãe. Peter Brook também tirou os sapatos lá. Ou seja, isso significa que cada um tem a sua civilização.

No que se refere a essa civilização africana da qual fala Sotigui, o que pude comprovar na minha viagem é que ela possui um imenso sentido comunitário e hospitaleiro. Apesar das dificuldades econômicas, pude vivenciar este acolhimento e o verdadeiro interesse das pessoas pela minha história pessoal e também em saber mais sobre o Brasil. Em Bamako, no Mali, e em Bobo-Dioulasso e Ouagadougou, em Burkina Faso, passei dias inteiros nas mesmas casas ouvindo histórias e comendo junto com os moradores e visitantes que surgiam a todo instante. As portas nunca ficavam fechadas. Os quintais das moradias e as ruas são a extensão das casas e das pessoas que lá moram ou que estão de passagem.

Esse aspecto gregário e comunitário do africano é uma das grandes contribuições vivenciadas nos encontros realizados com Sotigui no Brasil, que se traduziram em vários cursos ocorridos no Rio de Janeiro e São Paulo a partir de 2002.

Para me referir a tais cursos, utilizarei o termo "estágio", da mesma forma como os nomeava Sotigui. Considero esta terminologia mais apropriada, pois um dos significados deste termo se refere a uma situação transitória de preparação (Buarque de Holanda, 1999, p. 827).

Nos encontros com Sotigui e a sua tradição, notei que a base principal está fundada na ideia de que o ser humano necessita do outro para que o seu percurso no plano visível seja o mais pleno e construtivo. Cada um desses estágios e os vários encontros que tive ao longo dos últimos anos com Sotigui me mostraram como é fundamental viver cada coisa no seu tempo, sem muitas expectativas. No estágio, além de exercícios para o ator, há um verdadeiro mergulho na tradição à qual pertence o *griot*, isto é, há uma confluência entre aprendizado, trabalho, convivência e troca.

Consequentemente, ao me referir aos participantes, usarei o mesmo termo utilizado por ele, "estagiários", o que atribui aos participantes uma responsabilidade efetiva no trabalho a ser realizado com o compromisso de nele atuar ativamente.

Nesses estágios, a palavra do *griot*, seus ensinamentos, os exercícios de sensibilização e escuta e o trabalho com os contos possibilitaram que atores, bailarinos, diretores, professores, palhaços e outros profissionais liberais entrassem em contato com esta tradição ancestral, que, acima de tudo, busca estabelecer uma relação de liberdade e troca com o outro.

Os estágios

O primeiro estágio de Sotigui no Brasil foi realizado em 2002 na Fundação Progresso, no Rio de Janeiro, durante a turnê de "Hamlet", dirigida por Peter Brook e com Sotigui no elenco. Com a duração de quatro dias, foi o primeiro contato de artistas, professores e estudantes de teatro do Rio de Janeiro com a figura do *griot*, sua filosofia, sua ética e sua conduta humana e artística.

Durante um curto espaço de tempo e com um grupo bem heterogêneo, principalmente em relação ao tempo de experiência no teatro, foram utilizados exercícios que propunham exatamente a quebra de níveis de valor, ou seja, não havia espaço para a famosa hierarquia pautada no "tempo de serviço", ou ainda nos níveis de "sucesso" alcançados na mídia. Desde o primeiro encontro, Sotigui propunha um esvaziamento das expectativas. Os exercícios, chamados por ele de "exercícios estúpidos", talvez devido à sua simplicidade, buscavam estabelecer um ambiente no qual se buscava a calma como meio de passar pela experiência. Recomendações como a não precipitação, a não preparação e a busca sempre do contato com o outro transportavam os estagiários para o terreno da sensibilidade. Durante os quatro dias, o trabalho foi pautado na necessidade de estar em relação com o outro, o que só ocorre quando se desperta a própria sensibilidade.

Com o apoio do Núcleo do Ator, programa de extensão em teatro da UNIRIO, e do Consulado Geral da França, o segundo estágio se realizou entre 1º e 10 de agosto de 2003. Reunimos no *campus* da UNIRIO quarenta estagiários: atores, bailarinos, diretores, palhaços e professores de teatro. Este grupo tinha como diferencial, em relação ao primeiro, o fato de a maior parte dos participantes ser constituída de profissionais experientes e atuantes no mercado de trabalho do Rio de Janeiro. Foi interessante passar pelos mesmos "exercícios estúpidos" do primeiro estágio e observar que, apesar da maturidade dos artistas envolvidos, passamos pelas mesmas surpresas e dificuldades.

Um elemento muito enriquecedor neste estágio foi a indicação de Sotigui para que todo o aquecimento do grupo fosse feito a partir do jogo da capoeira. Assim, o Mestre de capoeira Boa Vida (o ator Paulo Pontvianne) sempre abria os trabalhos com movimentos de capoeira e maculelê*. Essa maneira de começar o estágio aproximava as pessoas, além de despertar o corpo e o espírito através da música e da dança. A roda de capoeira se mostrou um meio muito eficaz para tirar os participantes dos seus movimentos cotidianos. Com isso, era possível perceber também a intenção de Sotigui de estabelecer uma relação com um elemento da nossa cultura, visto que a capoeira, apesar de ter raízes africanas, foi criada no Brasil pelos escravos. Em outros momentos do estágio Sotigui nos mostrou danças africanas, algumas suaves e outras bem vigorosas.

Além dos exercícios, a turma foi dividida em grupos para possibilitar o trabalho com os contos. Todos os contos foram trazidos por Sotigui. Já na escolha dos contos, foi possível observar uma continuidade no sentido de aprofundar o trabalho de sensibilização dos estagiários. Todos os contos eram provenientes de tradições orais de diferentes partes do mundo: "Méa Yeung", do Laos, "A arte do gato maravilhoso", do Japão, "O cultivador e o Guinarou", da África Central, "Djina Nabarra", da África Ocidental, e os contos para exercício individual "O dom da história", da Hungria, "A grande e a pequena pedra", da África, e a fábula "O corvo e a raposa", do escritor francês La Fontaine.

O terceiro estágio ocorreu em 2006 também no Rio de Janeiro e fez parte do Quinto Encontro Internacional de Palhaços — Anjos do Picadeiro, que teve como questão central a diversidade cômica. Durante três dias, além dos exercícios utilizados nos estágios anteriores, Sotigui procurou mostrar a função social, educativa e terapêutica do humor para o africano.

Um aspecto significativo deste estágio foi o encontro entre Sotigui e Ismael, índio da tribo Krahô, que é um hotxuá**, palhaço sagrado. A

---

* Folguedo popular do Recôncavo Baiano, misto de dança guerreira e jogo de bastões ou grimas (bastão curto de madeira) (Lopes, 2004, p. 405).
** Os hotxuá, ao nascerem, recebem a função de fazerem os outros rirem, quando um tio ou tia lhes nomeia. É uma tradição mantida de geração em geração. À medida que o hotxuá cresce, o tio que lhe deu o nome vai lhe ensinando as técnicas de provocar o riso. O hotxuá "legítimo" é ligado a um ritual denominado "yot-yon-pin" (tora da batata). O ri-

identificação e o respeito entre Sotigui e Ismael foram imediatamente estabelecidos. Era o primeiro contato entre representantes de tradições ancestrais de culturas e costumes bem diversos, mas que possuem em comum o fato de ambos fazerem parte de cadeias hereditárias de transmissão, sustentadas igualmente pela oralidade. Tivemos a oportunidade de ver as danças e os movimentos utilizados por um hotxuá para provocar o riso nas pessoas.

Após esse curto estágio, ainda em 2006, acompanhei Sotigui a São Paulo, onde durante quatro dias, no Sesc Consolação, ele orientou o estágio intitulado Práticas para a Escuta, a Comunicação e a Sensibilidade. Este foi o mais aberto de todos os estágios, pois, além de artistas de todas as áreas, participaram psicoterapeutas, psiquiatras e terapeutas ocupacionais.

Juntamente com a prática dos exercícios, assistimos a vídeos com imagens da África, *griots* e *griottes* cantando, o balafom sagrado*, que existe desde a época de Soundjata, e é guardado até hoje pelos *griots* Kouyaté de Nyagassola, na Guiné. Este instrumento do século XIII é considerado o símbolo da liberdade e da coesão da comunidade mandinga dispersa por um território que engloba hoje Guiné, Mali, Burkina Faso, partes do Senegal e da Nigéria, norte da Costa do Marfim e a Mauritânia.

Sotigui também mostrou as procissões feitas à tumba do primeiro ancestral dos Kouyaté, datada do século XIII. Para visitá-la, membros

---

tual deve ser realizado todos os anos e marca a passagem da estação chuvosa para a estação seca. É uma festa ligada à fertilidade e à fartura. É a ocasião na qual são realizados os casamentos e estabelecidos os contratos de casamentos futuros entre as famílias da aldeia. Nessa ocasião também é festejada a colheita da batata-doce e de raízes. Por sua atuação nesse ritual se costuma usar a expressão "palhaços sagrados", para designá-los.

* Chamado de Sosso-Bala, pertenceu originalmente ao rei Sumaoro Kanté, que subiu ao trono no início do século XIII. Segundo fontes orais teria sido fabricado pelo próprio rei ou lhe teria sido ofertado por um gênio, daí viriam os seus poderes mágicos. Porém, com a vitória de Soundjata Keita sobre Kanté, graças à maestria de seu *griot* Kouyaté, que descobriu o segredo dos poderes do balafom sagrado, desde então é usado para acompanhar os poemas épicos, como a epopeia de Soundjata e os hinos em sua homenagem. O guardião do instrumento é o patriarca da família Dökala, os *griots* Kouyaté de Nyagasoola, no norte da Guiné. Só ele pode tocá-lo e unicamente em certas ocasiões, como no ano-novo muçulmano e em funerais.

da dinastia dos Kouyaté vêm de várias partes da África para a Guiné. Antigamente essas procissões eram anuais, atualmente são feitas de cinco em cinco anos, por causa da dispersão dos Kouyaté nos dias de hoje. Vimos também os crocodilos sagrados e o grande sábio Hampâté Bâ falando sobre a tradição plantada na oralidade. Sotigui sempre procurava nos mostrar efetivamente de onde veio e que ele próprio fazia parte de uma longa cadeia.

Ficávamos muito tempo sentados em círculo, escutando histórias. Os princípios do trabalho estavam inseridos nessas histórias e em frases que eram ditas ao longo dos estágios. O curioso é que, apesar de começarmos a mergulhar numa tradição desconhecida por nós, Sotigui procurava frequentemente nos alertar para a importância de não absorvermos os ensinamentos que nos passava como se ele fosse um guru e nós, seus discípulos.

A frase repetida frequentemente por Sotigui, "ninguém pode te dar o que já não está em você", afirmava a potência de cada estagiário, a sua independência e a necessidade de ousar. Da mesma maneira, quando Sotigui nos diz que "quando não soubermos para onde ir devemos nos lembrar de onde viemos", está nos dizendo que, sem a conexão com o nosso passado e com a nossa identidade, não teremos como dialogar com as outras tradições que podem nos enriquecer. Segundo o pensador africano Joseph Ki-Zerbo (2004, p. 10), sem identidade nós somos um objeto da história, um instrumento utilizado pelos outros: um utensílio.

Em mais de trinta anos de docência de teatro, percebo com frequência que os alunos buscam adquirir um conhecimento técnico e artístico sem levar em conta o homem que está por trás deste processo, com sua própria tradição, sua família e todas as conexões que o conduziram até o ponto da caminhada em que se encontra. Durante os encontros com Sotigui, pude constatar que um dos princípios que orientam a sua forma de trabalhar é o de procurar estabelecer um diálogo constante e aberto com as diversas identidades envolvidas no processo.

A partir desse pensamento vou relatar, descrever e analisar os exercícios, o trabalho com os contos e como se deu a transmissão por parte de Sotigui, bem como a recepção dos ensinamentos pelos estagiários.

Para tanto, recorrerei ao material que registrei durante os quatro estágios: anotações, vídeos, entrevistas e lembranças. Jamais fui um observador externo, pois Sotigui sempre fez questão de que eu participasse dos exercícios e práticas. Além dos estágios, na última parte do capítulo tratarei também de como absorvi esses ensinamentos e de que maneira procurei experimentá-los na disciplina Interpretação V, que ministrei de agosto de 2006 a dezembro de 2007, no curso de bacharelado em teatro da UNIRIO.

Os exercícios*

Há sempre uma preparação para o trabalho. Antes de começar qualquer atividade, Sotigui pergunta se todos dormiram bem, como está a família de cada um e se alguém está com alguma impossibilidade física. Este tipo de procedimento reforça ainda mais a relevância de cada um no trabalho e evita acidentes.

Por outro lado, mostra como cada dia de trabalho é particular, pois cada pessoa traz consigo seu humor, seus problemas. E isso com certeza deve ser levado em conta para que haja respeito e compreensão no trabalho.

O próprio Sotigui, com uma doce ironia, nomeava os exercícios de "exercícios estúpidos". E era exatamente a simplicidade deles que surpreendia os estagiários, pois para passar por eles o aspecto racional era o menos solicitado.

Durante os estágios, Sotigui nos propunha em cada exercício que dialogássemos com a nossa humanidade, permeada de fragilidade e força. Assim, não se colocava a técnica como algo a ser alcançado *a priori*, mas como algo a ser usado quando necessário.

O grande encantamento dos estagiários pelo trabalho se deveu à possibilidade de cada um dos participantes poder reconhecer e exprimir a sua própria fragilidade e aceitar que a nossa essência é de vidro. Ao aceitarmos nossa fragilidade, nos aproximamos mais de trilhar um caminho autêntico tanto na vida como na arte:

---

* Como Sotigui não nomeava os exercícios, para fins didáticos os nomeei do meu modo.

Não ver que somos sempre e em toda parte frágeis e efêmeros é fugir de nosso estado verdadeiro, é renunciar ao ser que somos na verdade... Pois se nos tomarmos por estrelas, por invencíveis, se pretendermos, apesar de tudo, nos conduzir como os personagens extraterrestres aos quais atribuímos todas as forças que nos faltam, e que, no entanto, só as usam para a morte, percorreremos o caminho errado (Carrière, 2007, p. 61).

Pulso do grupo
Nos exercícios percebíamos como nos distanciamos cada vez mais da reação natural e espontânea a determinado estímulo. Um dos primeiros exercícios sugeridos por Sotigui traduz bem este aspecto. Em círculo e de mãos dadas, cada pessoa do grupo deve receber e passar uma pulsação a partir de uma pressão recebida pelo estagiário do lado. O objetivo é produzir uma corrente contínua como um raio de luz que se propaga sem bloqueios. O líder inicia o pulso que precisa retornar até ele, como se todos constituíssem um só organismo. No entanto, o que parece óbvio e simples precisa de muitas repetições para atingir uma qualidade de escuta e resposta, sem a intervenção do pensamento. Este simples exercício nos mostra como temos dificuldade do nos conectar ao outro, seja tanto para receber como para dar. Acontecem as mais variadas situações, o ritmo ora fica lento ora irregular, ou às vezes alguém interrompe o ciclo. Com esta prática, fica clara a necessidade de se encontrar um ritmo coletivo, uma sintonia fina onde não há tempo para o raciocínio, mas sim para a reação sensorial.

Após o grupo conseguir atingir um fluxo contínuo e fugaz como um raio, Sotigui costuma propor uma variação. O líder agora passa a usar as duas mãos. Com isso o pulso é dado ao mesmo tempo por cada uma das mãos. O objetivo é fazer com que os dois pulsos percorram o círculo e cheguem ao mesmo tempo nas duas mãos do líder. O resultado inicial frequentemente é caótico: interrupções, uma mão recebendo o pulso muito antes da outra e mais uma série de confusões. No entanto, após vencer a precipitação e estabelecer contato com o outro o grupo consegue enviar os pulsos e recebê-los com eficiência e prontidão.

Este exercício é muito útil para estabelecer um ritmo de grupo coeso, pois para que ocorra uma sintonia entre as pessoas é preciso que, através do toque, procuremos nos conectar uns aos outros, como se o grupo fizesse parte de um organismo vivo, íntegro e ágil.

O estar pronto é tudo
Em círculo e sentado no chão, o grupo inteiro deve seguir uma sequência de palmas mantendo um ritmo conjunto. Assim que a sequência de palmas completa uma volta, o segundo deve bater junto com o primeiro. Após mais uma volta, o terceiro bate junto com o segundo e o primeiro, e assim sucessivamente até se chegar a uma única palma conjunta de todo o grupo.

Este exercício trabalha a paciência e o respeito pelas diferentes aptidões, pois nos mostra como somos singulares na forma de absorver e reagir a um estímulo. É um exercício que impressiona pelo tempo que se leva para conseguir realizá-lo sem interrupções. Uma das grandes lições deste exercício reside na percepção de que tanto o excesso de preparação ou de preocupação quanto a falta de concentração ou conexão com o outro são impeditivos para que um grupo respire junto.

Outro fator que aparece no exercício é o fantasma do medo de errar. Durante a experiência percebemos as pessoas com os ombros tensos, a testa franzida, as palmas preparadas muito antes do momento. O exercício nos mostra a importância de se colocar em estado de prontidão. Porém, esta atitude não pode ser preparada, previsível, mas sim aberta para o imprevisto ou, no caso do ator, para o jogo. Esta disponibilidade é o que pode transformar o erro em algo criativo e necessário. Precisamos estar abertos ao erro. Durante os vários tropeços, Sotigui costumava observar que quem pode fazer a roda girar é quem percebe o erro e segue em frente. Quem se confundiu já está em apuros, logo o seu vizinho é quem pode retomar o fluxo e assim fazer com que o erro não salte aos olhos. Através desta imperfeição, o jogo pode até ficar mais interessante do que antes, graças à sua imprevisibilidade.

Em cena por vezes esquecemos o poder que o teatro tem de se renovar pelo que ele tem de mais precioso, sua volatilidade, sua efemeridade. Assim como a vida não pode ser controlada, pois nos escapa a todo o momento com pequenas e grandes tragédias, deslumbramentos, paixões, quedas e renascimentos, também o teatro e o jogo dos atores podem se nutrir daquilo que não dominamos. Quando algo nos desestabiliza em cena, o movimento de aceitar este dado e buscar se relacionar com este imprevisto pode gerar momentos mais autênticos.

Procurando ainda trabalhar a não precipitação e desenvolver a noção de pertencimento ao grupo, foram realizados outros exercícios que visavam fazer também com que os estagiários percebessem a necessidade de dialogar com o grupo relacionando os próprios impulsos e desejos com as possibilidades do conjunto. Estes exercícios buscavam, portanto, despertar em cada um a responsabilidade com o coletivo, permitindo que houvesse assim um desenvolvimento das próprias aptidões inatas.

Contar até vinte

Sentados em círculo, os estagiários contam de um a vinte, sendo que nada é combinado antes e duas pessoas não podem falar ao mesmo tempo. Porém, não há uma ordem a ser seguida e tanto uma pessoa pode falar um número mais de uma vez, como também os outros podem nada dizer. Se dois estagiários falam juntos, o exercício recomeça do número um. Num primeiro momento, a maioria tenta resolver logo o exercício, fazendo com que este seja interrompido, pois duas ou mais pessoas acabam falando juntas. O exercício é todo ele baseado numa escuta fina, que passa pela espera e pelo não voluntarismo. Ao mesmo tempo, ele demanda uma ação, uma escolha e um consentimento do grupo. O dar, a espera, o receber, a escolha e a decisão são conceitos compartilhados e experimentados ao longo desta prática.

O momento de cada um

Este exercício funciona como uma preparação para outro no qual os mesmos aspectos são trabalhados, só que neste os estagiários estão em movimento, cabendo ao corpo a obrigação de fazer a escolha. Com grupos de vinte pessoas andando pelo espaço, assim que o *tantã* soa, cada um do grupo tem que parar, duas pessoas não podem parar ao mesmo tempo. Os componentes do grupo que ficam de fora avisam se duas pessoas pararem juntas. Novamente, ocorre uma série de atropelos e se retorna ao início inúmeras vezes.

Neste exercício fica visível: os que querem resolver de qualquer jeito, os que se isentam de agir e aqueles que aos poucos vão escolhendo o momento e a posição apropriada para parar. Acima de tudo, este exercício é um jogo de estratégia. Depois de várias tentativas, o grupo pode ou não chegar com sucesso até o fim. É claro que quando um grupo não consegue terminar o ciclo, isto também revela um sintoma da temperatura do grupo, imprimindo um diagnóstico da qualidade de escuta de seus componentes. Tudo é aprendizado, inclusive o tempo necessário para se permitir agir sem pensar. Durante os estágios Sotigui negociava bastante com o tempo. Assim, percebemos que certas coisas podem demorar pouco, muito ou simplesmente ficarem para outro momento. Não há pressa em resolver questões. As coisas da vida eram para Sotigui uma equação entre aquilo que queremos, aquilo que podemos e aquilo que devemos.

Quando o grupo consegue completar o ciclo do exercício, inverte-se a proposta. Os estagiários, após o soar do *tantã*, devem fazer o contrário da primeira parte do exercício e sair da inércia para o movimento. Outras questões aparecem, como por exemplo quando alguém ao parar se coloca de costas para o grupo. Como ele saberá a hora possível para sair, já que não pode se mexer antes do momento em que vai partir? Com as repetições passamos a perceber que há situações em que não devemos nos mover, pois não podemos fazer nada, dependemos dos outros. É o trabalho exercido em cima da aceitação, do reconhecimento de que a vida e o teatro são permeados por situações nas quais podemos e devemos conduzir e, em outras, sermos conduzidos.

Outra preocupação no trabalho desenvolvido por Sotigui nos estágios diz respeito à mecanização de nossas reações, ou seja, como é possível abrir os nossos canais sensoriais de forma que não atuemos sempre a partir de padrões estabelecidos em nossos corpos, na nossa forma de pensar e consequentemente ao jogar com o outro.

Nome do outro

Um exercício que propõe certa desconstrução da nossa marca mais primitiva está ligado à nossa própria identidade, isto é, ao nosso próprio nome, tantas vezes ouvido desde a infância e repetido cada vez que precisamos nos apresentar. O exercício se baseia em assumir o nome da pessoa à sua direita na roda. Cada vez que o nome da pessoa a sua direita é chamado, é você quem responde dizendo "sim" e chamando outro nome que também será respondido pela pessoa à direita do dono do nome pronunciado, e assim sucessivamente. Este jogo é pontuado por um ritmo do *tantã*, que impõe um tempo preciso para ação e reação, quer dizer, o chamado e a resposta precisam ser imediatos sem tempos mortos ou pausas para pensar. Este é outro exercício dito "estúpido", mas que apresenta muitas dificuldades para os estagiários. O cérebro reluta em aceitar a mudança deste padrão, pois quando ouço meu nome na roda, a minha tendência é responder. Por outro lado, quando chamam o colega ao lado este também demora a entender que ele agora responde por mim. Com isso, o exercício propõe um movimento entre o bloqueio e o desbloqueio e aponta para o ridículo de nossos apegos. Por que é tão difícil realizar este jogo sem tropeços? Às vezes não se consegue chegar a um bom resultado, pois é preciso que saibamos o nome de todos da roda para podermos variar os chamados e não fazer com que o exercício também caia numa outra forma de mecanicismo. Antes de começar o exercício, os componentes da roda precisam memorizar os nomes de todos, o que ajuda a estimular a concentração e a atenção.

O nome é muito importante para um *griot*, através do sobrenome de uma pessoa pode-se saber muita coisa sobre a sua etnia, família e feitos dos antepassados. Por toda a África, a família de origem, bem como a cidade, o bairro e o cantão ao qual o indivíduo pertence são referências que guiam a conduta e a maneira de se relacionar com ele.

> Quando um africano pergunta a alguém "quem é você?", ele quer saber a que grupo você pertence, da onde você vem, qual é a sua identidade coletiva e social e, consequentemente, como deve tratá-lo (Ki-Zerbo, 2004, p. 81).

O nome Kouyaté, por exemplo, significa "há um segredo entre nós", que é uma referência entre a relação ancestral dos Kouyaté (*griots*) com os Keita (nobres). O sobrenome guarda, portanto, a identidade, mas o primeiro nome é também uma referência, pois geralmente é uma homenagem a um familiar próximo.

Sotigui, por sua vez, significa proprietário de cavalos, que é uma referência a um antepassado que possuía muitos cavalos recebidos de presente por seus bons serviços como *griot*. Significa também chefe de família. Por isso Sotigui trabalha bastante para que os estagiários saibam já na primeira aula o nome de todos.

Um, dois, três, quatro
Para despertar a atenção e a reação direta ao chamado do outro, um exercício realizado em trio é bem eficiente. Um líder fica sentado diante de dois estagiários. O líder diz os números um, dois, três ou quatro. O primeiro estagiário fica com os números um e dois, e o segundo estagiário com os números três e quatro. Cada vez que o líder disser um, o primeiro estagiário tem que dizer dois. Se o líder disser dois, ele terá que responder um. O mesmo processo se dá com o outro estagiário em relação aos números três e quatro. O objetivo do líder é provocar o erro. Para isso acontecer ele pode olhar para o primeiro quando falar os números correspondentes ao segundo e vice-versa.

O jogo tem que ser feito dentro de um ritmo preciso e contínuo, sem quebras, interrupções, "tempos mortos" ou erros. Talvez este seja o rei dos exercícios "estúpidos", mas é um dos mais reveladores, pois se costuma demorar muito para que o trio consiga manter o exercício por um tempo razoável. Nele, também percebemos como elemento perturbador o medo de errar. Em aulas de teatro no ensino fundamental utilizei este exercício e percebi que ele funciona como um estimulador para obtenção de um estado de concentração e atenção às vezes tão difícil de ser alcançado com adolescentes. Ninguém quer errar, ninguém quer ser o responsável pela quebra do fluxo. O *tantã* ou um tambor podem ser utilizados pelo professor ou diretor para marcar o ritmo, o que aumenta o rigor e a dificuldade sobre estes exercícios, chamados de "estúpidos" pelo próprio Sotigui. Podemos aferir uma recepção verdadeira de como eles agem sobre quem passou por eles:

> São estúpidos pela simplicidade. Nem parecem o que se costuma chamar das tais "técnicas para o ator". Mas do meu ponto de vista, esse é o "segredo", se existir algum. A transmissão vinda das pessoas da tradição, de qualquer tradição — cozinha, costura, cerâmica, pajelança — tem sempre esta simplicidade (Jardim, 2007).*

> Poxa, não sabia que ele chamava de estúpido. Eu venho de uma tradição de "clowneria" e do Teatro Sunil**, em que estamos acostumados a fazer coisas muito simples, com muito empenho, como olhar no olho do outro, olhar para o espaço, caminhar, arremessar azeitonas, aprender a cair. Então ver que o Sotigui trabalhava com a simplicidade me pareceu incrível, uma identificação, um prazer, uma confirmação (Sayad, 2007).***

> Os exercícios despertavam os sentidos. Nossa presença começava a ser real, mesmo com sono. Em tudo havia divertimento, mas não no sentido fútil da palavra, mas, no sentido da alegria, uma alegria sensível, uma alegria atenta ao outro, uma alegria de entendimento, de desafio, desafios que não nos humilhavam na dificuldade, mas que nos faziam rir de nós mesmos, de nossas dificuldades, para superá-las na emoção do grupo (Niskier, 2007).****

---

* Juliana Jardim é atriz, pesquisadora, professora e doutora em teatro pela USP com a tese "Nome não dá: Nome recebe. O dizer de uma escuta". Trabalho desenvolvido a partir do contato com Sotigui.
** O Teatro Sunil foi fundado em 1983, em Lugano, por Daniele Finzi Pasca. Com mais de trinta espetáculos de teatro e dança em colaboração com centenas de artistas de diferentes países, o Teatro Sunil possui um laboratório de pesquisa que busca aproximar o trabalho do ator e do bailarino.
*** Beatriz Sayad é atriz e palhaça.
**** Clarice Niskier é atriz. Em 2006 ganhou o prêmio Shell de Melhor Atriz com a peça "A alma imoral", do rabino Nilton Bonder.

A partir dessas falas, podemos traçar algumas ideias que podem nos ajudar a compreender o que Sotigui procurava alcançar com a pedagogia contida nesses simples exercícios. Porque eles são simples, mas não banais. O que podemos perceber é que eles não visam um aprimoramento técnico, mas um despertar, pois permitem um diálogo consigo mesmo através do contato com o outro. Há, no entanto, um fator que os torna leves, a alegria que é incentivada ao se passar por eles. Em nenhum momento os exercícios são uma prova, fica claro que há neles um rigor, um objetivo, mas não há uma opressão por parte de Sotigui, ou seja, não há uma barreira entre o mestre e seus discípulos. E é exatamente através da alegria e do riso que tanto a obrigação de acertar quanto o medo de errar se diluem.

Por suas características lúdicas o teatro demanda um livre trânsito entre o ator e o seu mundo imaginário. Esta comunicação se estabelece quando aceitamos jogar com o outro. E de certa maneira os jogos são irmãos um pouco mais organizados das brincadeiras. Assim, considerando que o período da vida que mais se está aberto às brincadeiras e jogos, geralmente se situa na infância, época na qual ainda não se pensa muito antes de chamar alguém para brincar, Sotigui com seus exercícios "estúpidos" queria nos fazer revisitar este estado de espontaneidade presente na criança que já fomos. Os limites impostos pelo uso excessivo do racional são os maiores castradores da criatividade e da liberdade em cena. A espontaneidade e a intuição que possuíamos na infância são qualidades preciosas que precisam ser resgatadas nos ensaios, durante um espetáculo, quer dizer, em todo o ritual teatral.

Na África, a criança está o tempo todo em contato com os adultos. Ela é uma luz de referência, não é separada do convívio, participa de tudo, ouve as conversas, as histórias e está sempre presente nas cerimônias, nas manifestações artísticas e nos rituais:

> Nunca devemos excluir as crianças dos rituais. A presença das crianças gera os rituais mais simples e vibrantes. Quando estão

presentes, o que quer que se faça de errado torna-se certo. Por alguma razão, elas são, por sua própria natureza, ritualísticas (Somé, 2003, p. 61).

Durante o processo de trabalho na UNIRIO alguns estagiários trouxeram os filhos e, para nosso espanto, as crianças ficavam em total liberdade na sala, corriam, brincavam, riam e gritavam. O primeiro impulso de todos era sempre o de tentar controlá-las, no que éramos imediatamente impedidos por Sotigui. Dentro do estágio, não havia esta fronteira entre o momento artístico em que um conto será apresentado e a expressão natural do cotidiano na qual uma criança age de acordo com seus instintos. Isso nos levava a um grau de concentração ainda mais sofisticado, pois não era uma concentração cega, sisuda, solene, mas sim conectada com o momento presente, do qual as crianças participavam também. Era como se Sotigui nos dissesse para nunca nos esquecermos do que já fomos. Aliás, no teatro africano, *koteba*, no primeiro círculo de espectadores ficam sempre as crianças, o que, além de facilitar a visibilidade, deve inspirar os atores para buscar um contato mais direto com a plateia.

É bem provável que Peter Brook tenha percebido nas suas viagens à África como é importante incorporar as crianças ao teatro, aproveitar a pureza e a sinceridade do seu olhar:

> [...] quando a montagem está tomando forma em termos de marcações, objetos de cena, mobiliário, cenário, elementos de indumentária, abandonamos tudo e vamos numa tarde para um colégio onde, em algum porão exíguo e apertado, rodeados por uma centena de crianças, improvisamos na hora uma versão da peça, explorando as possibilidades do espaço que nos foi dado, usando apenas os objetos existentes na sala, com total liberdade para suprir todas as exigências da peça. A finalidade desse exercício é fazer como bons contadores de histórias. Em geral as crianças nunca ouviram falar da peça que lhes vamos apresentar; portanto nossa tarefa consiste em encontrar meios imediatos de captar sua imaginação (Brook, 1999, p. 98).

Mais adiante, Brook ressalta como se dá esta contribuição:

> As crianças são muito melhores e mais objetivas do que a maioria dos adultos e críticos de teatro — elas não têm preconceitos nem teorias nem ideias fixas. Chegam querendo se envolver por inteiro no que estão vendo, mas se perderem o interesse não precisam disfarçar a falta de atenção — nós percebemos imediatamente e levamos a sério, como um fracasso de nossa parte (id., ib., p. 99).

Ainda em relação à ligação dos exercícios "estúpidos" com o que temos de mais primitivo na nossa formação, ou seja, com a nossa infância, período no qual ainda não estamos revestidos de couraças, vícios e verdades absolutas, penso que estes exercícios buscam mostrar que a única forma de vencer o medo é ousar, arriscar. E isto ocorre quando aceitamos jogar. E o jogo se faz principalmente quando acreditamos na sabedoria do nosso corpo, na sua memória, naquilo que ele traz de mais primitivo. É preciso deixar o corpo agir. Sobre este aspecto assinalou Sotigui:

> Mas o que é certo é que mando fazer coisas que de início eles não conseguem fazer. Eu digo: "Sejam livres". Eles não conseguem. Então eu digo: "Não pensem, é preciso agir". Assim é o mundo. Na África dizemos que a viagem mais longa da vida é a que parte da cabeça para chegar ao corpo. Porque somos apegados demais à cabeça, só ela conta. E o corpo está a reboque da cabeça. O corpo é inteligente, é preciso confiar nele. Nós perdemos toda a nossa capacidade quando perdemos nossa liberdade. Nos exercícios eu forço a repetição três ou quatro vezes, porque há uma recusa interior. Eles acham que não podem. Mas não é uma competição, fazemos o que podemos. Na vida há aquilo que se deve, aquilo que se quer e aquilo que se pode. Mas acontece que na realidade não temos sempre o que queremos, mas por certo se procurarmos acharemos sempre o que podemos. Temos que aceitar isso, gostar disso e usar isso como os degraus de uma escada para irmos no sentido do que queremos (Sotigui Kouyaté, Um griot no Brasil, 2007).

Numa noite estrelada em Ouagadougou, na casa da mãe adotiva de Sotigui, percebi como se dá na África a conexão da transmissão entre os adultos e as crianças. Numa roda, com músicos e *griottes* cantando, uma das crianças da casa, de aproximadamente 5 anos, se misturava aos adultos sem nenhuma mediação, ou atenção por parte deles. O seu corpo pequeno e leve flutuava sobre o terreno, com movimentos rítmicos, acompanhando a cadência e os movimentos dos mais velhos. Na expressão daquele menino entendi como se dá o aprendizado sem escola na África. Este mesmo tipo de aprendizado ocorre no Brasil, no universo do samba, do candomblé e nas demais manifestações afro-brasileiras, em que essa integração é sempre estimulada pelos "mestres". Sobre este aspecto comenta a professora, bailarina e cantora Inaicyra Falcão dos Santos (2006, p. 70):

> Todas as formas de arte (canto, dança, música) na tradição africana possuem o mesmo processo de aprendizagem, ou seja, um processo iniciático que ocorre desde a infância, imitando-se os mais velhos. A aprendizagem está fundamentalmente ligada ao aspecto religioso, o *religare*, em que os conteúdos culturais são transmitidos de geração em geração.

Dou douda doudadou [Du duda dudadu]
Ta taca taquita tacademi tacataquita
Sobadi sobokalisso

Após essa série de exercícios destinados a despertar os sentidos e abrir os canais de uma comunicação sutil com o outro, Sotigui costumava propor exercícios que trabalhassem as variações rítmicas e os contrastes de tom e registro em relação à palavra. A princípio, em círculo Sotigui passava para o grupo algumas sequências de vocábulos, como por exemplo *Dou douda doudadou**.

---

* Segundo Sotigui esta sequência foi extraída de uma anedota africana e foi escolhida por causa da sonoridade. Em todos os vocábulos passados não foi revelado por ele o sentido das expressões, pois a ênfase é nas alterações rítmicas e no sentido colocado pela entonação expressa.

No primeiro momento cada estagiário diz a sequência inteira. Na rodada seguinte o primeiro estagiário fala o vocábulo *dou* para o colega ao lado, que dizia o segundo vocábulo *douda* para o estagiário ao lado, que fechava o ciclo dizendo o último vocábulo da sequência *doudadou*. Ao fim de uma sequência, o próximo inicia a outra e assim sucessivamente. Após um tempo razoável, a direção da sequência na roda pode ser alterada a qualquer momento de acordo com o impulso de cada estagiário.

Este exercício trabalha atenção, prontidão e estimula a descoberta de novas sonoridades, tanto no que se refere à altura, como ao timbre, à entonação e à intenção. Há um aspecto lúdico que possibilita um entrosamento natural entre as pessoas do grupo. Em seguida, é passada outra sequência: *Ta taca taquita tacademi tacataquita**. Segue-se o mesmo procedimento do exercício anterior.

Após esse trabalho individual em relação ao outro e ao grupo, os estagiários são divididos em quatro grupos e uma nova sequência é passada: *sobadi sobokalisso***. Dois grupos ficam com o primeiro vocábulo e outros dois ficam com o outro. Sempre em oposição, um grupo do vocábulo *sobadi*, por exemplo, se confronta, ou reage a um dos grupos do vocábulo *sobokalisso*. Após todos os grupos terem passado, inverte-se o vocábulo para cada grupo. Este exercício é extremamente profícuo para a criação de um espírito de pertencimento ao grupo, além de estabelecer a consciência do coro e da potência que este papel pode ter no teatro. Esta fase dos exercícios vocais sem uma linguagem articulada, ou seja, sem palavras, auxilia os estagiários a ousar na experimentação de novas possibilidades musicais e de características ainda não conhecidas da sua voz. Todos estes exercícios podem ser considerados uma preparação para o trabalho com as palavras que vem a seguir.

---

* Sotigui conheceu esta sequência através de um ator e músico japonês chamado Toshi, que trabalhou com Brook no "Mahabharata".
** Refrão de um poema árabe, escutado por Sotigui no Primeiro Encontro dos Países Francofônicos, em Quebec, Canadá, em 1973.

Zonas opostas

Com uma linha divisória feita de lenços amarrados, o espaço é dividido em duas zonas: a primeira, na qual só é permitido movimentar-se em câmera lenta, e a segunda, na qual é obrigatório mover-se em velocidade acelerada. Estabelece-se uma dupla, na qual um dos componentes será o líder e deverá fazer perguntas ao outro parceiro que deve responder seguindo para onde o líder se dirigir. Os dois componentes da dupla devem respeitar as características rítmicas de cada zona. Ao líder cabe a tarefa de confundir o comandado, variando de zona nos momentos mais inesperados, como por exemplo no meio da resposta.

Este jogo leva os participantes a alcançar um repertório de posturas e intenções vocais surpreendentes, pois o foco no ritmo específico de cada zona e a alternância sem preparação desconstroem o raciocínio lógico e permitem que o movimento corporal se faça presente na oralidade. É um exercício que demanda de quem o faz uma prontidão do corpo e de todos os sentidos, como comenta a atriz e professora Heloisa Baurich Vidor:

> Foi muito intenso. Ele disse que era um exercício muito cansativo, mas só olhando você não tem a dimensão do quanto aquilo é forte. O exercício de transitar entre o lento e o rápido, com movimentos e palavras e jogando com o outro. É interessante porque ele trabalha a questão do corpo da voz, da atenção e da inteligência ao mesmo tempo. Eu vim buscando a experiência teatral, mas no fim foi um presente porque ele traz uma bagagem de vida (Sotigui Kouyaté, Um griot no Brasil, 2007).

Palestrante e tradutor

Para exercitar a criatividade, improvisação e a percepção rítmica na fala, outro exercício utilizado é O Palestrante e o Tradutor. É sugerido um tema para uma palestra de um convidado que não fala a língua local. No entanto o palestrante fala através das batidas no *tantã*. Com isso, o tradutor tem que traduzir em português, procurando colocar o discurso dentro do ritmo proposto pela sequência de batidas, bem como a intenção sugerida pela postura física e a máscara facial do palestrante. É importante dizer que nada é combinado entre a dupla, sendo apresentado apenas o tema da palestra. Este exercício é importante para que os estagiários entendam a importância do ritmo, e da imaginação no trato com a palavra e com as pausas.

Limpar os tempos mortos
No que se refere às pausas, durante os estágios Sotigui sempre procurou diferenciá-las do que podemos chamar de "tempo morto". Para tanto, propôs um exercício absolutamente cotidiano e despretensioso. Contudo, ao observarmos a execução deste exercício pelos estagiários, percebemos como estamos impregnados de cacoetes e hábitos que contaminam a relação, pois criam certo artificialismo que impede um jogo franco e espontâneo entre os atores. O exercício é feito a partir de um círculo de estagiários. Um dos componentes se posta na frente do estagiário ao lado e pergunta: "Como você se chama?". O outro diz o nome, por exemplo "Isaac", e pergunta: "E você?". O primeiro responde, por exemplo: "Ana", e acrescenta: "Tá bom", o outro também repete "tá bom". Este exercício, carregado de simplicidade, talvez seja um dos mais reveladores que já fiz até hoje, pois nos mostra como abrimos espaços para "tempos mortos" e movimentos desnecessários, que criam bloqueios na comunicação efetiva entre duas pessoas e mais particularmente entre dois atores em cena.

Estes "tempos mortos" são provenientes de hábitos adquiridos ao longo da vida. Podem ser pequenos movimentos de cabeça ou dos olhos, uma passada de mão no cabelo, uma respiração, ou até as famosas "muletas" verbais, como por exemplo "né?" "ah" "é..." etc. Estes "tempos mortos" interrompem o fluxo natural das ideias, dos sentimentos e enfim da própria ação. "Os tempos mortos" nos distanciam daquilo que é fundamental e necessário, criam um espaço no qual nada acontece, onde nada nos interessa. Como dizia Sotigui, são parasitas. Desta maneira, os "tempos mortos" prejudicam a recepção da plateia, pois a dispersam, mesmo que seja por uma fração de segundos.

Como vimos até aqui, os exercícios estimulam o despertar de um estado individual de prontidão espontânea no corpo e nos sentidos, que através da alegria e da criança como guia nos conferem uma presença que se completa na interação com o outro. Ou seja, através da apresentação daquilo que temos de mais íntimo, acenamos para o outro sem nada nas mangas. Através da escuta, temos a possibilidade de interagir verdadeiramente com o outro. Mas este interagir requer liberdade, inclusive a de errar, se enganar, pois assim também ocorre na vida — só conseguimos aprender porque antes erramos. Na ciência também se dá desta forma. O educador Rubem Alves (Dimenstein e Alves, 2004, p. 109) lembra que na ciência só temos certeza quando erramos, porque quando a gente acerta, o acerto sempre vai significar *talvez*, pois no futuro aquele acerto pode ser questionado. Assim, o erro é companheiro da experimentação, é propulsor das descobertas e das invenções.

Os exercícios são na verdade uma maneira de não nos levarmos tão a sério. E quando conseguimos isso, estamos livres para desenvolver todo o nosso potencial. A exigência do acerto, do correto, do perfeito impede que haja uma comunicação mais profunda com o outro. E para isso é necessário diminuir as expectativas.

Espelho sensitivo
Para que esse esvaziamento ocorra temos que exercitar camadas mais sutis do nosso ser. Com este intuito, Sotigui pedia que dois estagiários ficassem um atrás do outro. O que está atrás deve dizer uma frase e fazer um movimento que o da frente não pode ver. Após a frase ser pronunciada, imediatamente, sem pensar, o estagiário da frente deve repeti-la juntamente com um movimento. É interessante, porque não é o famoso jogo de espelho, onde um observa e imita o outro. Para que haja a comunicação é preciso que o primeiro esteja aberto para receber e o segundo queira realmente transmitir a frase com a intenção, o movimento e a emoção que estiver presente nela. É claro que os resultados são os mais variados possíveis. Mas várias vezes esta conexão se dá de forma tão clara e direta, como se ambos estivessem de frente um para o outro. É claro que não é o acaso que faz com que isso aconteça, mas o desejo de trocar, de entrar em contato com o outro e completá-lo.

A série de exercícios despertou nos estagiários a importância de não partir de fora, mas se apresentar para o outro com o que se é, ou seja, não buscar uma forma *a priori*. Não se trata de linguagens cênicas, opções de direção, mas sim da importância de se trazer conosco sempre, aquilo que já vivemos e todos que nos povoam. Segundo Eugenio Barba (1994, p. 160):

> Cada um de nós é uma criatura completa, única e, se for o caso de oferecermos alguma dádiva ao mundo, ela deverá ser extraída da nossa própria experiência e da realização das nossas próprias potencialidades, e não de quem quer que seja.

Durante os estágios passamos por outros exercícios que buscavam integrar o grupo, aguçar o contato e principalmente despertar os estagiários para o trabalho do ator sobre si mesmo a partir da sensibilidade. Compreendi que a técnica deve estar sempre a serviço do homem, e não o contrário. Para Sotigui, "a técnica é uma maneira de poder fazer, mas não é o ser. A técnica existe para poder expressar o ser".

É importante destacar que, como dizia Sotigui, os exercícios não têm dono, ou seja, através dos tempos vão sendo passados adiante e ganhando novas formas, novos objetivos e outras estruturas. Diretores e pedagogos de teatro como Stanislavski, Meyerhold, Grotowski, Peter Brook, Eugenio Barba, Joseph Chaikin, Viola Spolin, Augusto Boal — para citar alguns — desenvolveram exercícios que visavam expandir as aptidões físicas, vocais, sensoriais e alimentar a imaginação dos atores. Naturalmente estes exercícios estão relacionados também às necessidades da pesquisa e do trabalho artístico de cada um. O exercício não é um fim em si, mas um instrumento para descobrir ou desenvolver algo que já existe em estado latente. Os estágios conduzidos por Sotigui reuniam exercícios criados por ele, como também outros que absorveu durante os anos de trabalho com Brook e nas viagens que realizou por várias partes do mundo. Além dos exercícios, é fundamental compreender aquilo que Sotigui buscava com estes encontros.

Segundo Ron Argelander (1978, p. 6), os estágios ou *workshops* podem ser divididos em três categorias. A primeira está ligada ao aprendizado de habilidades especiais, como por exemplo acrobacia, mímica, técnicas circenses, esgrima etc. A segunda categoria compreende as práticas destinadas a preparar os artistas para um trabalho específico ou para a linguagem teatral pesquisada pelo grupo ou elenco. A terceira categoria se refere a exercícios e dinâmicas que proporcionem autoconhecimento para os artistas envolvidos. Os estágios coordenados por Sotigui pertencem a uma quarta categoria, em que o foco está na busca do contato e da troca com outro. O conhecimento e o aprimoramento nascem e se desenvolvem a partir das relações que se estabelecem com as diferenças. A maior parte dos exercícios orientados por Sotigui nos estágios é apoiada no ato de se colocar em relação ao outro no movimento de pertencer ao grupo.

Dos quatro estágios que participei, o realizado na UNIRIO em 2003 teve uma particularidade em relação aos outros no que se refere ao trabalho específico com a palavra. Assim, além de difundir os ensinamentos do *griot* entre artistas brasileiros de diferentes áreas de atuação, buscávamos compreender com este mestre da palavra os princípios que regem a sua arte no que se refere ao ato de contar histórias. Por outro lado, foi a partir desse estágio que a semente deste livro foi plantada.

Os contos

O trabalho com os contos, além de ser um terreno de onde podemos adquirir novos conhecimentos provenientes de outras culturas, é também um instrumento preciso para o ofício do ator. O contador tem que aliar rigor, precisão e espontaneidade. A atriz e professora de teatro Anna Wiltgen (2003), que participou do estágio da UNIRIO, realça este aspecto:

> O objetivo principal de narrar o conto para o público pede uma fala não representada onde o ator tem que reencontrar o espontâneo e se colocar em segundo plano; tudo sem perder a comunicação. O ator está ali, é teatro, mas o conto tem que ser dito da maneira mais natural possível para que ele seja a estrela.

Costuma-se dizer que, ao colocar uma máscara, ao invés de o ator se esconder atrás dela, a máscara tem o poder de revelar o que há de mais oculto em quem a utiliza. As máscaras não são seres inanimados, possuem vida própria. Quando se escolhe uma máscara para se trabalhar, dizem que é porque ela "piscou" para você. Podemos fazer o mesmo paralelo entre o contador e o conto. Isso é tão verdadeiro que é comum ouvirmos entre contadores que a história escolhe o contador. Por isso, não pode haver segredos entre os dois. Há que se misturar com a história contada, permitir que ela invada tão profundamente o contador que ele possa fazer de cada apresentação um evento único e autêntico. Mas onde buscar este frescor? A resposta é simples: na plateia. Esta busca permanente de contato é o que faz a diferença entre os contadores. A arte de contar histórias reside o tempo todo na busca da escuta e do olhar do outro. Portanto, ela pode ser um instrumento fundamental na formação do ator, pois o contador assume o papel de ponte, torna-se uma espécie de canal pelo qual podem circular histórias que agregam as pessoas em torno de mensagens vindas de outras épocas, de lugares distantes ou desconhecidos, e com maneiras de olhar a vida que talvez jamais houvéssemos pensado.

> As histórias só existem para estabelecer uma relação entre o que fala e os que escutam e por meio deles a própria matéria que os une e o movimento que os arrebata, essas histórias mudam de cores e de forma, mudam até de nomes de acordo com a época que as conta (Carrière, 2004, p. 22).

Há ainda uma grande vantagem ao se contar uma história, só é preciso um contador e pessoas que queiram ouvi-la. Na África, onde todos são, de alguma maneira, contadores, pois faz parte da educação contar e ouvir histórias, elas são contadas no quintal, na beira de um rio, na sombra de um baobá ou dentro de um festival de contos. O contador independe de cenário, figurino, produção ou teatro, só não pode prescindir do público. É por esta razão que o foco do contador está sempre no público. É preciso caminhar com ele pela história. O público é o termômetro do ritmo e do bom andamento do espetáculo.

Em 2006 participei de um estágio com Hassane Kouyaté*, que reiterou a importância de se sentir a plateia, para se necessário fazer alterações antes de começar a contar as histórias. Segundo ele, é preciso estabelecer um contato inicial antes de começar a contar, pois cada plateia possui uma recepção própria. Para medir a "temperatura" do público, Hassane inicia a contação com o que ele chama de o "começo do começo".

Cada contador desenvolve o seu "começo do começo", que pode conter ditados, adivinhações, músicas, piadas, depoimentos pessoais, enfim tudo o que permitir uma aproximação entre contador e público. Esta estratégia permite que o contador evite equívocos, constrangimentos. O procedimento também impede qualquer tom solene que possa vir a se instaurar na contação. O contador tem que desfiar a história junto com o público e apresentá-la na medida da sua compreensão. Por exemplo, se ele percebe que na plateia há muitas crianças, algumas mudanças para que estas participem mais intensamente do evento precisam ser tomadas. O bom contador procura envolver a todos. No entanto, deve tomar cuidado pra não se deixar seduzir por alguém da plateia que esteja reagindo de forma excessiva, como por exemplo rindo o tempo inteiro. Há o risco de o contador passar a canalizar todo o seu foco para esta pessoa. Segundo Hassane, estes são "comedores de conto". É preciso fugir deles, pois podem ser tão nocivos quanto aquele espectador que estiver dormindo na plateia.

Cada um dos contos apresentados no estágio trazia uma contribuição efetiva, para que, através do envolvimento com o outro no grupo, os estagiários refletissem sobre questões essenciais do ser humano durante a sua jornada pela vida. Sotigui dizia que o trabalho com os contos de grupo funciona como outro estágio dentro do estágio, pois im-

---

* Estágio ocorrido no Teatro Maison de France, no Rio de Janeiro. Hassane é *griot* e filho de Sotigui Kouyaté. Hassane aprendeu muito observando seu pai desde criança.

plica uma negociação com as diferenças, exercitando a tolerância e a partilha. O trabalho com os contos possibilita ao grupo uma reflexão acerca de questões e dilemas do ser humano, calcados na experimentação. Em todos os contos trabalhados, havia uma proposta de iniciação. A ideia de promover uma iniciação é uma das principais funções do conto na tradição africana, como nos lembra Hampâté Bâ (1999, p. 6): "Todo conto é mais ou menos iniciático, porque há sempre alguma coisa a aprendermos sobre nós mesmos".

A grande e a pequena pedra

Nesse sentido, em cada conto havia um convite na direção do autoconhecimento. O conto é uma espécie de espelho onde através de personagens distantes de nós, como gênios, animais, reis e até seres inanimados, nos reconhecemos através dos seus comportamentos, atitudes ou até mesmo pensamentos. Um bom exemplo é o conto "A grande e a pequena pedra", no qual a disputa entre duas pedras por uma caça que fizeram juntas acaba causando uma sucessão de acidentes. Para evitar os golpes da pequena pedra, a grande pedra pulou sobre o rabo de uma serpente e todo o mal vem daí:

> A serpente assobiou SHHH e mordeu o pé do sapo. O sapo pulou PIFF no pé do elefante que escorregou BROUM. O elefante caiu sobre um muro que desabou CRAC, esmagou uma velha mulher que trazia um embrulho. O embrulho caiu FALC quebrando três dentes de um cachorro que mordeu o seu dono, um caçador. Surpreso o caçador solta a sua flecha sem mirar, acerta um infeliz papagaio que ficou pregado numa árvore. Seu sangue se transformou numa nascente, depois numa fonte, depois num rio imenso se espalhando no vale onde brincavam os filhos do rei. E os filhos do rei se afogaram todos no sangue do papagaio.

Ao final o contador alerta a plateia que a grande e a pequena pedra fariam melhor se tivessem comido toda a caça debaixo da árvore que abrigava uma fonte de água fresca. O mérito deste conto é o de falar de características presentes em todos os seres humanos, como ambição e ganância, sem precisar utilizar um didatismo redutor como às vezes fazemos ao ensinar nossos filhos.

Nos contos de grupo a presença do "maravilhoso", ou seja, daquilo que é extraordinário ou sobrenatural, se manifesta não só pelos personagens e fatos que não pertencem à esfera do real, mas também, pela maneira como o conto termina e pelo que ele transmite para quem o contou e para quem o ouviu.

[...] assim o maravilhoso, mesmo que seja enriquecido pela presença do sobrenatural, se distingue um pouco dele. Ele é acima de tudo uma maneira de encarar o desfecho. O maravilhoso contém certo olhar sobre o mundo (Carlier, 1998, p. 66).

O cultivador e o Guinarou
Outro bom exemplo deste aspecto é o conto africano "O cultivador e o Guinarou". Povoado de personagens oriundos do mundo invisível da mitologia africana, nele, Guinarou; o rei dos guinés, seus servidores encantados, é o protetor do bosque sagrado, onde nenhum homem pode entrar. Antigamente ao receber uma terra para viver e plantar, o africano não podia tratá-la como um bem material:

> Existiam elementos esotéricos e religiosos ligados à terra considerada como um espírito. Na medida em que a terra recebia as sementes, acreditávamos que era a própria terra que tinha a virtude da reprodução. Assim, a terra não era um bem de mercado que podíamos manipular de qualquer maneira (Ki-Zerbo, 2004, p. 118).

Entre as mensagens presentes neste conto, sem dúvida está um alerta bem apropriado para os dias de hoje, sobre a falta de consciência ambiental do ser humano.

A relação de Guinarou, um espírito onipresente, do qual só ouvimos a voz, com os seus diabólicos guinés, nos remete à mesma relação entre Oberon e Puck, ou ainda entre Próspero e Ariel. A relação de Shakespeare com a natureza e o mundo espiritual aparece com frequência em suas peças, nas quais há sempre algum personagem que se comunica com este mundo invisível tão presente na vida do africano. Talvez esta identificação seja uma das responsáveis pela força do personagem Próspero, vivido por Sotigui, em "A tempestade", de Brook.

O conto "O cultivador e o Guinarou" narra a história de Sabounyouma, um agricultor que, contrariando todos na sua aldeia, resolve se instalar nas matas sagradas guardadas por uma entidade protetora chamada Guinarou e decide estabelecer lá sua plantação. Então, com o auxílio do próprio Guinarou, Sabounyouma vai perdendo tudo que tem: a lavoura, a família e, por fim, a própria vida. O interessante neste conto é que ele começa e termina com a mesma descrição da *brousse* de Guinarou. O conto nos surpreende, pois começa de forma poética, atinge momentos cômicos, tem um desenlace trágico e termina com uma reflexão tranquila sobre a teimosia dos homens, já que em vários momentos da vida ficamos surdos aos bons conselhos. A história é extremamente poderosa e pude comprovar isso tanto no trabalho que fiz com os alunos de interpretação como no estágio na UNIRIO.

Durante o estágio, mais de um grupo passou pelo conto, mas um deles* se apropriou da história de maneira livre e orgânica através da simplicidade utilizada na sua narrativa aliada à utilização de um único objeto de percussão como o atabaque, com ritmos bem brasileiros nos refrões, como o samba e cantorias típicas de rezadeiras. O grupo alcançou um diálogo direto, alegre e franco com a plateia. Como adereços, havia apenas bambus. Outro dado interessante foi a despreocupação em relação à escalação dos personagens. Assim, Xando Graça era Sabounyouma, Gutti Fraga (mais velho) seu filho, Debora Lamm (bem mais jovem), a mãe, e Guinarou era vivido por uma mulher, Claudia Ventura. Sobre este trabalho Sotigui comentou**:

---

* Formado por Xando Graça, Clarice Niskier, Gutti Fraga, Claudia Ventura, Nara Keiserman, Victor Lemos, Dedina Bernadelli, Debora Lamm, Janaina Moura e Bruce Gomlevski.
** Extraído de gravação pessoal em vídeo.

Com o amor e o prazer a qualidade vem. Um espetáculo não é mais do que isso. Com certeza no teatro não há mistério. Não temos nada a esconder. E também os erros fazem parte da vida. Aceitar se enganar, e não dramatizar. Quem acha que nunca se engana na vida é um mentiroso. O público não é bobo, são parceiros, cúmplices. Se propusermos alguma coisa honestamente eles aceitam. Foi simples, mas não banal. E havia três grandes qualidades. Primeiro, a clareza da história, não havia parasitas; segundo, havia também uma grande cumplicidade porque havia escuta entre todos, portanto havia conexão. E por último, havia um bom ritmo, não tinha esperas desnecessárias. Assim, houve uma apresentação pura, e quando há pureza há um frescor.

O comentário de Sotigui toca, a meu ver, em pontos fundamentais para que a plateia se envolva com o que está sendo contado: a liberdade para errar, a preocupação com a clareza da história, a conexão efetiva entre os atores e a busca de uma dinâmica que está intimamente ligada ao ritmo.

Por outro lado, houve um aspecto que fez com que os atores se apropriassem da história. A decisão de mesclar essa história africana com ingredientes brasileiros estabeleceu um vínculo imediato com a plateia e permitiu aos atores-contadores uma espontaneidade que pôde superar erros ou tropeços. O conto de tradição oral, por não estar preso a uma forma que a escrita conserva, é um forte instrumento de diálogo intercultural. Por isso é salutar e muitas vezes necessário uma transposição do conto para tornar sua comunicação mais efetiva. A professora e contadora de histórias Gislayne Avelar Matos (2005, p. 59) comenta:

> Quando um conto é levado de uma cultura a outra, ele deve passar por um processo de adaptação, caso contrário não comunica. Sua estrutura simples e arquetípica facilita esse processo, mas não é o suficiente para que em suas migrações encontre sempre ouvidos acolhedores.

A experimentação a partir de um conto de tradição oral de outra cultura, além de possibilitar uma recepção mais ampla, faz com que os atores envolvidos no processo mergulhem de forma mais autêntica nas entranhas do conto, entrando em contato profundo com os ensinamentos, cenários e costumes inesperados. É como se de certa maneira os atores experimentassem uma viagem conduzida pela palavra dita. Aceitar este estado de "viajante" faz com que haja uma espécie de assombramento ou mesmo fascinação com aquilo que até então não se tinha ouvido falar. Há uma desestabilização do ator ao narrar um conto oral de outra cultura. Ao falar sobre o que ocorre ao viajante ao se deslocar para outro país, Lévi-Strauss (2001, p. 82) tece uma observação que seria uma boa proposta de direção para se trabalhar com contos:

> Ao mesmo tempo que transporta a milhares de quilômetros, a viagem faz subir ou descer alguns graus na escala do *status*. Promove, mas também desqualifica — para o bem e para o mal —, e a cor e o sabor dos lugares não podem ser dissociados do nível sempre imprevisto onde nos instala para apreciá-los.

Ao descrever, em *Tristes trópicos*, o impacto da viagem ao Brasil, Lévi-Strauss conta como numa viagem mudamos de posição, de foco, e nesse movimento nosso olhar também se transmuta. O envolvimento físico com os contos trazidos por Sotigui nos conduziu ao desconhecido, mas que tivemos que fazer nosso ao contar, pois como diz Emerson (1994, p. 12), "o fato narrado tem de corresponder a algo em mim para ser crível ou inteligível".

O envolvimento com contos de tradição oral de outras culturas permite que empreendamos uma aventura rumo àquilo que não nos é habitual e por isso mesmo pode clarear o nosso olhar através deste movimento que no fundo se assemelha à figura do viajante aberto às descobertas:

> A imagem do viajante não depende do poder, mas do movimento de uma disposição de ir a mundos diferentes. Os viajantes devem suspender a rotina para viver novos ritmos e rituais. Sobretudo o

contrário do potentado que precisa guardar somente um lugar e defender suas fronteiras, o viajante *muda de lado*, atravessa territórios e abandona posições fixas o tempo todo (Said, 2003, p. 207).

Nesse sentido, os contos de tradição oral são um instrumento eficaz para de uma maneira lúdica conhecer outros universos e, no ato de contá-los, vivenciar novos olhares sobre a natureza, o homem e as outras culturas. A atriz e pesquisadora Juliana Jardim (2007), que participou de vários estágios com Sotigui e que também esteve no mesmo grupo que foi à África em 2003, ressalta a importância dos contos de tradição oral como forma de abrir os canais do ator e consagrar à sua palavra uma autoridade centrada na experiência:

> O valor da palavra sem a escrita é um valor corporal, a palavra é carne, osso, sangue. O fato de ser um *griot*, um homem que aconselha, que serve, que tem uma responsabilidade rigorosa social, política, torna a palavra indissociável de uma "utilidade". As histórias devem ser úteis, existe um elo necessário entre a palavra e aquilo para o que ela serve. A força dessa palavra é outra. Acena-se para o ator a possibilidade de sua palavra em cena não ser somente informação, mas ser algo realmente nascido de uma experiência e que serve a uma experiência. E teatro não é, afinal, experiência? Do que é que temos nos esquecido?

Ao mencionar a relação existente nas histórias entre a palavra dita e a experiência que a sustenta, Juliana nos lembra o poder transformador que uma história pode exercer tanto para quem conta quanto para quem ouve. Nos contos que trabalhamos no estágio da UNIRIO, era possível perceber que, ao trazê-los, Sotigui buscava mais do que um exercício prático para que aprendêssemos técnicas de um *griot* para contar histórias. Havia na sua proposta o intuito de nos fazer mergulhar naquele universo, mas sem caricaturas ou composições. Éramos sempre nós, atores, homens, mulheres, cada um com sua história pessoal, suas tradições, que experimentávamos aquelas histórias na própria pele, ou melhor, na própria fala.

Ao mergulharmos numa cultura ancestral como a africana, ao invés de nos perdermos nela, podemos acordar para a força e a riqueza das tradições que estão tão perto de nós, mas com as quais não entramos em contato:

> Os contos maravilhosos que Sotigui nos apresentou, e o fato de ele ser *griot* me despertaram para a riqueza cultural e a força que existe na tradição da cultura oral africana e me fizeram olhar mais fundo a minha própria cultura brasileira, indo buscar cada vez mais a fundo as danças e tradições musicais brasileiras (Jabor, 2007)*.

Um dos objetivos do estágio da UNRIO foi exatamente o de possibilitar aos participantes um trabalho sobre a palavra, reconhecendo o seu valor. Há algum tempo, tanto em sala de aula como nos palcos ou até mesmo na plateia, percebo a dificuldade de os atores se apropriarem da palavra sem reverência ou temor, sem desprezo ou supervalorização. Por que geralmente a palavra vira um peso, um obstáculo para os atores? A atriz Beatriz Sayad (2007) ao comentar sobre o trabalho com os contos revela esta lacuna:

> Tem um jogo que é o de encontrar o tom da narrativa, onde nela reside o perigo, que tipo de risco se corre ao se narrar uma história. Essa relação com a palavra "em jogo" me interessa, pois acho que a palavra ainda é um lugar muito engessado. Sabemos improvisar, compor com o corpo. Mas a palavra tende a estabilizar, a estar pronta.

Este comentário faz muito sentido. Às vezes percebo, principalmente durante uma longa temporada, esta estabilização da palavra. Claro que há vários fatores para que isso aconteça: falta do jogo entre os atores, espetáculos demasiadamente marcados e estilizados, desmotivação e falta de liberdade dos atores, entre tantos outros. No entanto,

---

* Andrea Jabor é bailarina, professora de contato-improvisação e coreógrafa da Companhia Arquitetura do Movimento.

um dos pontos que me parece mais problemático é o da ausência de contato com a plateia. Não que seja necessário se dirigir à plateia o tempo todo, inclusive grande parte dos espetáculos e das dramaturgias não demanda tal postura. Mas falo de um contato desejado, buscado pelo ator, pois ele está ali para falar, não para uma audiência imaginária, mas para aquelas pessoas que estão ali naquele momento e que, por vezes, a luz forte dos refletores não nos permite ver, mas que precisam ser consideradas em primeiro lugar.

O trabalho sobre o conto abre para o ator uma possibilidade de ampliar a comunicação com o público. E há de se considerar sempre uma questão. Que público é esse? O que ele busca no teatro?

Segundo Hampâté Bâ, o conto não tem por objetivo esclarecer a verdade ou a mentira. Para as crianças ele é um bom divertimento, para as mulheres que costuram algodão à noite é um passatempo agradável, e para os "queixos peludos e calcanhares enrugados"*, ele é revelador. Assim ele é ao mesmo tempo fútil, útil e instrutivo (Hampâté Bâ, 1993, p. 12).

Dessa forma, podemos entrar num conto africano por estas três portas, que na verdade seguem a estrutura e a forma de caracol do *koteba*, ou seja, num primeiro plano as crianças, no segundo plano as mulheres e no terceiro plano os homens. Porém, esta é uma imagem que hoje começa a se transformar, pois a sociedade africana também está em constante estado de mudança. Tanto os homens como as mulheres e mesmo as crianças podem retirar do conto, dependendo do momento e do seu nível de compreensão, cada um desses três princípios aos quais se refere Hampâté Bâ. No entanto, caberá sempre a maestria do contador por quais meios o conto será apresentado, pois um conto é a maneira de contá-lo.

Dentro do estágio da UNIRIO, trabalhamos contos em grupo e individualmente. O exercício em grupo em contos como "Méa Yeung" (Laos) e "O cultivador e o Guinarou" alcançou um resultado interessante, principalmente devido ao trabalho de preparação conduzido por Sotigui no que se refere à escuta do outro, à aceitação e à tolerância.

---

* Expressão africana para designar homens velhos, experientes e que "caminharam muito".

Não é uma tarefa simples dez pessoas sem uma direção conseguirem em alguns dias estruturar e apresentar um conto como "Méa Yeung", em que há elementos mágicos, uma série de peripécias e um ambiente bem desconhecido nosso, já que se passa no Laos. No entanto, havia nos dois grupos que apresentaram este conto a alegria de criarem conjuntamente, sem pequenas vaidades, como percebeu Gutti Fraga (2003), ator, diretor e um dos fundadores do grupo de teatro Nós do Morro:

> O trabalho com Sotigui me trouxe de volta uma coisa chamada crença. A principal característica do trabalho dele é o coletivo. E o coletivo vem ao encontro da minha vida. A decisão da minha vida. No começo fiquei em dúvida de como seria este coletivo com tantas pessoas heterogêneas. E pra minha grata surpresa cada pessoa daquela significou muito pra mim como ser humano e artista. Porque todos trocavam muito. Não dá para separar o artístico do humano com Sotigui.

O depoimento de Gutti Fraga, um homem que acreditou na força do coletivo para criar um dos mais importantes movimentos culturais e sociais do Brasil, o grupo Nós do Morro, é um exemplo sincero da ressonância que a presença de Sotigui gerou nas várias pessoas que participaram dos seus estágios no Brasil. A força dos contos que trabalhamos encantou tanto a Gutti, que, em momentos de dúvidas e incertezas em relação ao seu trabalho com o grupo durante as montagens dos espetáculos, costuma recorrer a alguns contos, como forma de iluminar o seu caminho. A ênfase no coletivo é fruto da formação de um *griot* que ao longo da sua vida vai procurando estabelecer tantas redes quanto possíveis para unir as pessoas nos lugares por onde passa.

Para o ator e diretor de teatro Xando Graça (2007), o encontro com Sotigui reafirmou as possibilidades do teatro como veículo de comunicação, de comunhão e de celebração entre as pessoas. Para isso contribuíram alguns fatores:

A busca da simplicidade no jogo do ator e na maneira de contar a história. A honestidade na proposição do jogo e na busca da comunhão entre palco e plateia. A necessidade de equilibrar Apolo e Dionísio na prática de trabalho. A alegria de fazer parte de uma coletividade que, um dia tendo sido tocada pela magia presente no rito teatral, ainda acredita nas suas infinitas possibilidades de disseminar o amor e a esperança entre os seres humanos. Saber reconhecer esta alegria no dia a dia e aprender a respeitá-la e deixá-la fluir no exercício cotidiano dos ensaios e das apresentações.

A importância do aspecto comunitário do teatro, por vezes esquecido em nossos elencos, é um dos pilares fundamentais da sociedade africana. Como já disse, nela não há uma separação entre arte e vida, teatro e dança ou entre o universo visível e o universo invisível. Assim, a prática presente nos encontros liderados por Sotigui é caracterizada sempre por uma busca constante da ritualização do exercício artístico, sem, no entanto, separá-lo do cotidiano que nos cerca.

Para Sotigui, quando entramos em cena, somos sempre nós com mais alguma coisa, a qual nunca será uma construção estilizada ou formal, mas uma condensação de energia, uma qualidade diferenciada, ou até mesmo a presença dos ancestrais. Em determinado momento no estágio, ele próprio nos mostrou a diferença que se processa em seu corpo de 70 anos ao entrar num espaço onde estaria contando uma história ou atuando numa das peças de Brook. Realmente, o seu corpo e o seu olhar ganham outra vibração, mas jamais deixam de estar atrás dele, o sustentando, o *griot* e, ao seu lado, o jogador de futebol, o enfermeiro, o boxeador ou o funcionário público, papéis que acumulou ao logo da vida.

A maneira de ritualizar os encontros se dá a partir das pequenas e das grandes histórias. Os contos trazidos por Sotigui trazem no seu íntimo mitos que nos ajudam a perceber os riscos de certos tipos de condutas diante da vida. No entanto, esta percepção não parte de uma lógica cartesiana, mas sim de recursos próprios do universo mitológico. Enquanto a lógica comanda o universo racional, a analogia comanda o universo mítico (Morin, 2002, p. 42). No conto africano "O cultivador e o Guinarou", o ingênuo e teimoso Sabounyouma nos remete a nós mesmos, mortais, que esquecemos diariamente que fazemos parte de um ecossistema. Guinarou representa o poder incomensurável da natureza agredida. Como exemplo real de situação semelhante, podemos lembrar o tsunami que deixou milhares de mortos, principalmente no continente asiático, ou ainda do terremoto que atingiu o Japão em 2011, seguido do tsunami que, além de ter causado muitas mortes, trouxe de volta os riscos de um desastre nuclear, adormecido desde a tragédia de Chernobil.

Na tradição mandinga, a natureza é considerada sagrada e qualquer ação que a agrida é passível de punição:

> Para os mandingas, tudo que existe sobre a terra é um dom de Deus — um Deus único — para o bem dos homens. Suas criaturas. No entanto o homem ignora frequentemente esta Mensagem, maltratando o elemento natural. É por causa desta má atitude que no Mandê toda destruição julgada inútil é represensível e condenável. É por isso que antes de extrair uma raiz, arrancar uma folha ou a casca de uma árvore, é necessário justificar a necessidade de tal ato: por motivo medicinal, por exemplo (Kourouma, 2004, p. 25).

A relação esquecida, mas necessária, com a natureza foi um dos pontos mais salientados por Sotigui durante os estágios. Em todos os contos apareciam referências ao mundo animal, à natureza e ao divino. Era como se ele nos quisesse lembrar de que somos animais acima de qualquer outra categoria, temos como diferencial unicamente a palavra, que por isso mesmo é considerada sagrada pela tradição mandinga. Um conto como "Guinarou" nos faz perceber que por mais que façamos o contrário, jamais estaremos isolados da nossa essência animal.

Segundo Edgar Morin (2002, p. 48), as crianças (sempre elas) parecem entender isso, pois acham totalmente natural que os animais das fábulas, dos contos e dos desenhos animados falem e sejam dotados de sentimentos humanos. Mas nossa identidade animal foi por muito tempo mascarada pela civilização ocidental, o que gerou um desrespeito absoluto aos animais e à natureza como um todo:

> Submetemos a natureza vegetal e animal, pensamos ter nos tornado senhores e donos da terra, ou mesmo os conquistadores do cosmos, mas apenas acabamos de descobrir nosso laço matricial com a biosfera. Sem a qual não poderíamos viver, e devemos reconhecer nossa muito física e biológica identidade terrestre. É somente agora que recomeçamos a tomar consciência de nossa identidade viva.

Ao final do conto, somos abatidos por um sentimento de pequenez diante do poder da natureza e do mundo espiritual que nos cerca. Todos nós mortais somos em algum momento Sabounyoumas cegos e surdos por conta do nosso ímpeto voluntarioso. Ao nos separarmos da natureza, criamos um vácuo entre nós mesmos e a nossa essência mais primitiva, que está ligada à nossa origem animal. Assim, contamos histórias para prencher e suportar este vazio. Ao nos comparar aos cães, que não sofrem agonias e preocupações por sua condição canina, comenta Karen Amstrong (2005, p. 8):

> Os seres humanos, por sua vez, facilmente se desesperam, e desde a origem mais remota inventamos histórias que permitem situar nossas vidas num cenário mais amplo e nos dão a sensação de que a vida, apesar de todas as provas caóticas e arrasadoras em contrário, possui valor e significado.

Os problemas fazem parte da vida e, como salientava Sotigui, se um problema não tem solução é porque não é um problema. Então, não há nada a fazer. Talvez pensando em situações de impossibilidade momentânea, Sotigui tenha trazido o conto "O dom da história".

O dom da história

O conto começa com o encontro de um homem e uma mulher idosos, numa situação dramática. Ambos estão fugindo de uma guerra e, por isso, se escondem na mesma cabana abandonada. No início se assustam um com outro, mas aos poucos vão perdendo o medo.

Impossibilitados de sair, o velho resolve contar uma história para ajudar a passar o tempo e abrandar a angústia causada pela situação em que se encontram. Assim, o conto traz dentro dele outro conto, que propõe a seguinte questão: "O que basta?".

O velho, então, conta para a senhora uma história de amor sobre um jovem casal que vive na miséria e, mesmo assim, cada um procura agradar ao outro no aniversário de casamento, mesmo que para isso precisem vender a coisa mais preciosa que cada um possui. Ela vende os longos cabelos que o marido tanto gostava, e ele vende o relógio, a única herança deixada pelo avô. Com o dinheiro, ela compra uma corrente para o relógio dele, e ele, um pente para os cabelos dela. Quando se encontram, percebem a ironia da situação, não sabem se riem ou se choram, mas acabam se abraçando, porque descobrem que o que basta é o amor que um sente pelo outro.

Com a segunda história acabamos por esquecer a primeira, aquela dos velhinhos, assim como também eles esquecem e vão a outro lugar através da força de uma narrativa. O contador tem o poder de nos transportar através da sua palavra para outras épocas, outros lugares e nos fazer entrar em contato com significados que às vezes esquecemos.

Este conto foi escolhido para ser trabalhado individualmente. Coube a mim ser o primeiro a passar por ele. Apesar de eu não ter registro de tal momento, a minha memória me lança algumas questões. Por que o meu primeiro impulso foi o de dramatizar o conto? Por que minha primeira leitura foi cheia de nuances e respirações? Por que valorizei cada passagem? Bem, são várias as possibilidades de resposta. Mas com certeza a mais franca seria: porque pensei muito mais no meu desempenho, na minha imagem contando, do que no conto e principalmente em para quem eu estava contando.

Através de seus comentários Sotigui me fez procurar um tom mais íntimo para a história, juntamente com a calma necessária para contá-la. Sem dúvida, a busca de comunhão com a plateia que ali estava me fez entender que quanto mais o contador contar com a plateia, ao invés de contar apenas para a plateia, mais se cria um espaço onde todos os presentes caminham juntos pelos acontecimentos narrados. É exatamente isto que pode extrair toda a dimensão que possui um conto de tradição oral. Contar uma história não tem nada de espetacular, por isso que é algo delicado. A linha divisória entre o conto e uma peça às vezes fica imperceptível e é preciso estar atento.

Podemos dizer que "O dom da história" é um conto próprio para quem quer aprender ou desenvolver a arte de contar histórias. De origem húngara, ele traz a marca de um continente que viveu na carne os horrores e provações de duas grandes guerras mundiais. É um conto que valoriza o amor acima de tudo e nos diz que sem as histórias não teríamos chance de sobreviver.

Podemos não nos dar conta, mas contamos histórias no dia a dia. Os melhores professores que tive foram aqueles que me levaram para longe da sala de aula sem sair dela, através de histórias. No meio artístico, por exemplo, como nos alimentam a alma aqueles velhos atores que, por intermédio de suas histórias sobre outros atores, guardam a memória do nosso teatro. Poderia dizer que visitei um período teatral brasileiro que não conheci, durante uma tarde ouvindo o ator Oswaldo Loureiro contar as histórias do folclórico ator Fregolente, ou ainda o ator Rogério Fróes contando uma história sobre o querido Louzadinha, ocorrida durante a temporada da peça "Botequim", em 1968*.

---

* Louzadinha (1912-2008) era o apelido do grande e querido ator Oswaldo Louzada. Em 1968, ganhou o prêmio Molière de Melhor Ator com a peça "Botequim", em temporada no Teatro Princesa Isabel. Ele fazia o personagem de um bêbado. O curioso é que Louzadinha jamais bebeu na vida. No final da temporada, um dos atores, de brincadeira, resolveu colocar cachaça na sua garrafa. É claro que na garrafa sempre havia água. Quando deu o primeiro grande gole, Louzadinha se engasgou e cuspiu tudo de uma vez. O elenco que já estava avisado da brincadeira caiu na gargalhada. Sem perder a postura de bêbado, Louzadinha com a voz completamente embaraçada deu uma pausa e disse para todos: "Água, porra!".

Costumo contar esta história em sala de aula para explicar aos alunos o que verdadeiramente para mim significa "escuta", conceito tão usado nos meios acadêmico e artístico.

Ao continuar o trabalho com os contos individuais, foram apresentadas duas versões para "O corvo e a raposa", de La Fontaine. A primeira versão foi apresentada pela atriz Letícia Spiller e a segunda, pela atriz Clarice Niskier. Após a apresentação de cada uma, Sotigui fez as observações que visavam dar indicações para que ambas, dentro de sua linha própria, pudessem definir mais as propostas. Este trabalho conseguia unir a simplicidade e a sofisticação, pois ambas não são excludentes e dependem uma da outra para que a história seja recebida com interesse pelo público.

Foi interessante perceber que Sotigui não impôs uma linha de atuação ou qualquer visão estética que ele próprio já tivesse sobre o conto. Na primeira vez que Letícia passou o conto, podia se notar que ela já havia trabalhado bastante, pois havia uma partitura corporal que através de movimentos específicos diferenciava o narrador do corvo, e este da raposa. Havia a utilização de óculos escuros com o intuito de diferenciar os personagens: a raposa usava os óculos, já o corvo, não.

Após a primeira passada do conto, Sotigui realçou a boa comunicação de Letícia com a plateia, mas pediu a ela para definir mais claramente o espaço onde estaria o corvo. Segundo ele, um simples olhar a ajudaria a convidar a plateia a ver o corvo, pois a presença dele estava unicamente na palavra, faltava que a plateia a acompanhasse quando ela o mostrasse com os olhos. Sua segunda observação estava relacionada à própria atriz. Segundo ele, ao final quando o narrador diz: "O corvo, envergonhado e confuso, jurou, mas um pouco tarde, que não o apanhariam mais", seria interessante que houvesse uma quebra do narrador para a própria Letícia. Assim a fala "mas um pouco tarde" seria dita criticamente em direção à plateia carregada do comentário que ela quisesse fazer através da sua entonação. Com isso, o contador adquiriria mais cumplicidade com o público. Para dar a dimensão da distância entre a raposa e o corvo, Sotigui propôs que Letícia, após pegar o queijo no chão, recuasse alguns passos e olhasse para cima. Desta forma, ao falar: "Meu caro senhor, que este queijo lhe sirva de uma lição, aprenda que o adulador vive à custa de quem lhe dá atenção", seria possível a plateia visualizar que a raposa estava no plano baixo, e o corvo, numa árvore bem alta. Ou seja, este simples movimento estabeleceria a relação espacial entre os personagens.

Quando Clarice passou a mesma fábula, já era possível ver como é rico o trabalho com contação de histórias, pois cada artista coloca bastante da sua personalidade na forma de contar. Clarice começou colocando o queijo imaginário na boca e começou a narrar como alguém que não pode articular direito as palavras. Uma ótima ideia, porém Sotigui recomendou que antes de começar ela criasse o "começo do começo", para que qualquer plateia pudesse entender o que ia se passar. Segundo ele, a plateia trabalha junto com o contador e, se ela demorar a entender o que irá se passar, esta cooperação pode ficar prejudicada ou mesmo inviável. Assim, Clarice se aproximou do público com o queijo na mão e explicou o que ia fazer. Em seguida, retomou a história do jeito que havia começado antes. O interessante é que Clarice improvisou bastante nos comentários finais, o que surpreendeu a plateia. Depois de comer o queijo, a raposa de Clarice disse para o corvo: "Você canta mal pra caramba, sabia?". Talvez tenha sido a maior gargalhada do estágio. Sotigui, então, salientou que houve ousadia por parte dela, o que sempre é o pulo do gato em arte. É preciso ousar. Porém, fez uma observação muito pertinente, recomendando que, quando o queijo caísse da boca do corvo, ela não precisava ter corrido de forma afobada para pegá-lo, pois isso enfraquecia a raposa, que tão espertamente soube engendrar um plano que funcionou.

Procurei relatar até aqui a maneira como era conduzido por Sotigui o trabalho com os atores. Em seus comentários e observações, nunca havia uma arrogância ou qualquer tipo de imposição. Há sempre um foco na ousadia e no livre-arbítrio. O jeito africano de se aproximar do outro, dando as mãos e falando com doçura, conquista os estagiários. A presença de Sotigui no Brasil nos mostrou, através da confiança e do respeito, que não precisamos hierarquizar cegamente as relações no trabalho. Sobre este aspecto, comentou Clarice Niskier (2007):

> Uns dois meses depois fiz outra oficina, com uma professora que trazia a experiência de um grupo europeu, mas não tive condições de seguir tal era a diferença para a do Sotigui. A diferença principal estava justamente na forma de trabalho. Às vezes o clima ocidental de trabalho é extremamente perturbado. Há interferências demais. A energia não foca e não se expande a sua plenitude porque ou a desorganização é grande demais, ou porque falta simplicidade conceitual — falo da simplicidade do Drummond, em que preceitos e ornamentos são retirados dos conceitos para se chegar à essência —, ou porque a racionalização extrapola seus poderes, ou porque o líder do grupo quer estabelecer uma relação de poder sobre os alunos. Sotigui não desenvolvia uma relação de poder em relação a nós. Ele era a nossa liderança e ponto final. Nossa atenção estava voltada para ele, para o grupo e para nós mesmos de forma integrada. Nós éramos livres e disciplinados ao mesmo tempo. Nossa disciplina vinha realmente do nosso envolvimento com o que fazíamos, assistíamos e ouvíamos.

A liderança sem esforço exercida por Sotigui se deve à sua condição de *griot*. O compromisso do *griot* com a transmissão de saberes faz com que sua palavra seja voltada para o outro, mas sempre considerando a comunidade a que este pertence. Porta-voz de reis, conselheiro de casais, enciclopédia viva da tradição oral africana, o *griot* nos encanta pela sua didática simples, clara e sábia. Nos quatro estágios que participei, vi e ouvi depoimentos de pessoas que mudaram seus paradigmas na forma de se relacionar com o outro e na maneira de se colocar diante de um processo artístico. De alguma forma, foi o que procurei desenvolver em mim e nos alunos com quem trabalhei na disciplina de Interpretação V, na UNIRIO, de agosto de 2006 a dezembro de 2007.

A experiência na UNIRIO

Durante três semestres tive a oportunidade de ministrar aulas para os alunos da disciplina Interpretação V do Curso de Bacharelado e Licenciatura em Artes Cênicas da UNIRIO.

Por se tratar de uma disciplina que tem como objetivo proporcionar aos alunos um aprendizado de pressupostos técnicos e artísticos de composição cênica na linguagem não realista de atuação e que um dos itens do conteúdo programático é focado na figura do ator-contador, estruturei o curso a partir do aprendizado adquirido nos estágios e nos encontros com Sotigui Kouyaté, para colocar em prática aquilo que absorvi nos cinco anos de convivência com o próprio Sotigui. Resolvi, então, partir dos exercícios "estúpidos" para acordar a sensibilidade e estreitar o contato e a escuta entre os alunos.

Aos exercícios dos estágios, acrescentei outros que já utilizo há bastante tempo como professor de interpretação em outras instituições. São exercícios que visam estimular nos alunos aspectos como concentração, escuta, percepção sensorial, imaginação, confiança no outro, jogos com a palavra e com o sentido. Procurei ainda introduzir os alunos no universo da tradição africana mandinga, da qual o *griot* é um dos personagens mais significativos.

As turmas foram divididas em grupos para trabalhar contos utilizados nos estágios com Sotigui, como "O cultivador e o Guinarou", "Méa Yeung" e "A arte do gato maravilhoso". No entanto, para o exercício individual de contação propus que cada aluno realizasse uma pesquisa própria e escolhesse um conto para ser trabalhado e apresentado — uma maneira instigante de cada aluno trazer a sua contribuição para o trabalho, possibilitando uma troca bem mais ampla de conteúdos, temas e estilos. Os contos individuais poderiam ser de tradição oral, literários, ou de própria autoria. Em relação aos contos literários, expus aos alunos que na maioria dos casos seria necessária uma transposição para a oralidade. Apresentei ainda a importância de cada contador criar uma introdução para o seu conto, ou seja, o "começo do começo" e também uma finalização após o término do conto, isto é, o "fim do fim". Estimulei a criação de "janelas"* durante a contação, possibilitando assim que o contador possua uma margem de improvisação ao contar a história. Este tipo de recurso, além de contextualizar elementos da história que possam não ficar claros para a plateia, por não pertencerem ao seu universo cultural, também pode auxiliar o contador a mudar o ritmo da história e recuperar a atenção da plateia, ou até mesmo acalmar uma plateia muito excitada. Estes três elementos ("começo do começo", "fim do fim" e as "janelas") são fundamentais para imprimir uma autoria à contação, fazendo com que cada conto traga a singularidade do contador na maneira de apresentá-lo.

Antes de começar a trabalhar com os alunos algumas questões me ocorreram. Como transmitir aos alunos a filosofia e a forma de trabalhar que havia recebido de Sotigui como estagiário e pesquisador nos últimos anos? Seria uma pretensão me inspirar numa tradição e numa filosofia de vida, as quais ainda conheço pouco? Depois de muito refletir, percebi que a chave para poder responder as perguntas que formulara a mim mesmo estava no título da minha tese de doutorado: *O olhar do* griot *sobre o ofício do ator, reflexões a partir dos encontros com Sotigui Kouyaté*. A partir daí, ponderei que o curso seria fruto dos encontros, dos estágios com Sotigui, mas filtrados pelas minhas reflexões sobre a conduta, o pensamento e a prática de um *griot* sobre o ofício do ator. Seria necessário desenvolver minha própria pedagogia, e não apenas transferir um saber. Como diz Paulo Freire (1996, p. 22), "ensinar não é *transferir conhecimento*, mas criar as possibilidades para a sua produção ou construção". Quer dizer, seria necessário que a partir deste aprendizado e desta vivência eu trouxesse as minhas próprias inquietu-

---

* Recurso utilizado por contadores de histórias, que permite ao contador contar pequenas histórias, casos ou piadas, paralelas à história principal, podendo estas ter ou não a ver com o conto. As janelas mostram a destreza do contador, pois é preciso saber introduzi-las no momento adequado e também voltar delas sem perder o foco e a atenção do público para a história que está sendo contada. Tive oportunidade de aprofundar este recurso a partir da participação na oficina Mil e Uma Janelas, com o contador galego Cándido Pazó, no Simpósio Internacional de Contadores de Histórias, realizado no Sesc Copacabana no Rio de Janeiro, em 2007.

des como ator e professor e as usasse como guia para desenvolver o curso. Ao mesmo tempo como era o meu "começo do começo"como professor na UNIRIO, também eu precisaria abrir minha escuta para conhecer melhor os alunos com os quais iria trabalhar.

Uma das coisas que mais impressionou aos atores que participaram dos estágios com Sotigui foi o incentivo constante da parte dele para que cada um, antes de tudo, levasse em consideração as suas raízes, tradições, história familiar, ou seja, a compreensão de que não está fora de nós o início de qualquer jornada, de qualquer trabalho, não só como artistas, mas como homens e mulheres também.

Com esse pensamento procurei desenvolver o meu próprio caminho através do cruzamento das minhas referências artísticas e humanas com aquelas que incorporei através do contato com a tradição de um *griot*. Da mesma maneira, reforcei nos alunos uma das premissas com as quais iria trabalhar: o reconhecimento das origens culturais de cada um como mola propulsora da complementaridade que poderíamos buscar a partir das diferenças individuais.

Também busquei alimentar cada turma com a riqueza cultural que tínhamos, dada a diversidade de procedências familiares e regionais de cada aluno. Acredito ter criado um ambiente de confiança no outro e de curiosidade pelo outro. O trabalho foi pensado para aprendermos juntos novos conhecimentos baseados na experiência adquirida até o momento no qual cada um se encontrava. Estimular a curiosidade é uma das funções mais importantes de um professor em sala de aula. Se me interesso pelo outro, aprendo a melhor escutá-lo e o trabalho passa a fluir com muito mais aceitação.

Da mesma maneira que o contador procura conhecer um pouco das características do público para o qual vai contar uma história, através do "começo do começo", busquei informações sobre a trajetória de cada um dos alunos, sua história, seus desejos, seus objetivos e curiosidades. Para tanto, lancei mão de alguns exercícios e dinâmicas que além de revelar aos outros a humanidade de cada um, servem para aproximar as pessoas e vencer barreiras que na maioria das vezes são construídas por puro preconceito ou mesmo desconhecimento.

Uma turma de teatro é uma pequena comunidade que pode deixar marcas profundas em seus participantes. Um grupo de alunos, ao ter a experiência de um trabalho coeso e cooperativo, pode funcionar como um bom ensaio para a vida profissional dos futuros atores.

No lugar do outro
Na primeira aula, após expor os objetivos e o programa do curso, passo o primeiro exercício. Peço aos alunos para buscarem na sala a pessoa sobre a qual saibam muito pouco, ou mesmo nada. Depois que as duplas se formam e se colocam num canto da sala, peço que, sentados um de frente para o outro, cada aluno, em dez minutos, se apresente, ou seja, conte sobre sua história, suas experiências, seus ideais, o que sentir vontade de falar para se fazer conhecer. Enquanto um fala, o outro apenas escuta. Não é uma conversa. Quem fala deve se concentrar em contar, quem ouve deve se concentrar apenas em escutar. Depois as posições se invertem. Terminado o exercício, faz-se um círculo, e cada componente da dupla assume o depoimento que ouviu como se fosse sua história, inclusive falando na primeira pessoa.

Este exercício possibilita uma série de achados. Primeiro, mostra como não retemos tudo que ouvimos, como nossa atenção é seletiva e como nossa memória nem sempre é bem treinada. Desta forma, informações são omitidas, alteradas e recriadas. O exercício alerta para a necessidade de realmente entrar em contato com o outro, escutá-lo, se interessar pela história. Durante a vida cansamos de fazer isso, de conversar com alguém, mas nosso pensamento está em outro lugar. E isso com certeza é um fator gerador de muitos mal-entendidos. Em cena isso também acontece. Às vezes já estamos na próxima fala sem termos ouvido de fato a "deixa". Ao perceberem isso, os alunos se conscientizam da necessidade de se estar presente verdadeiramente ao se relacionar com outro ator e com o público.

Outro aspecto significativo deste exercício é que ele funciona como uma síntese do ofício do ator. A partir de um texto que ele talvez nunca dissesse e de um personagem que nunca seria, ele pode construir sua atuação. Da mesma forma ocorre com o contador de tradição oral que ouve uma história e precisa se apropriar dela para contá-la a outras pessoas. É possível reconhecer que quando a história é contada sem maneirismos ou sem uma tentativa de representação ou ilustração, ela envolve mais o grupo que a está ouvindo.

Finalmente este exercício permite que a turma se conheça melhor, se surpreenda com alguém que nunca tinha notado. A quebra das barreiras entre as pessoas faz com que não permitamos que o desconhecimento do outro nos impossibilite de trocar e compartilhar. Segundo Sotigui, a ignorância é a pior doença que assola a humanidade. Como mostra esta história*:

> Os ancestrais queriam saber qual era a pior coisa que poderia acontecer ao ser humano. E eles disseram rapidamente: a doença. Bom, eles tinham razão, quando estamos doentes não podemos fazer nada. Mas depois chegaram à conclusão que não era a doença, mas a morte. Depois eles disseram, bem não é a morte, porque a ressurreição existe. Então continuaram a procurar e finalmente disseram: é a ignorância. Então todos concordaram. Mas agora eles precisavam descobrir quem seria o mais ignorante de todos. Então, eles chegaram à conclusão de que o mais ignorante de todos é aquele que não foi ao encontro dos outros.

Durante a primeira parte do curso, busco promover o desejo pelo conhecimento do outro entre os alunos, e isso foi possível graças aos exercícios "estúpidos" já descritos anteriormente, que despertam a sensibilidade, pois para me relacionar efetivamente com alguém é preciso estar sensível a esse contato. Ao mesmo tempo acrescentei outros exercícios que apresentavam a todos a riqueza contida nas diferentes histórias individuais.

Origem do nome
Para caracterizar ainda mais a singularidade de cada um utilizo um exercício que parte dos nomes e sobrenomes para causar a reflexão e a

---

* História contada por Sotigui em vários estágios.

investigação futura sobre a origem familiar. O exercício consiste em cada aluno falar para todos o que sabe sobre a escolha e o significado do seu nome e a origem cultural e geográfica do seu sobrenome. É fundamental que o professor também participe do exercício, pois fortalece a relação com os alunos e amplia a possibilidade de troca.

Este exercício é extremamente revelador, pois nos mostra os níveis de conhecimento acerca de um dos elementos principais que conferem identidade ao ser humano. No momento em que o exercício é feito, os próprios alunos vão se conscientizando do quanto conhecem ou desconhecem de uma das suas mais significativas referências. Alguns sabem bastante, já outros, algumas coisas, e vários, quase nada. O exercício auxilia a incutir uma profunda reflexão sobre si mesmo:

> Os exercícios da primeira parte do curso que mais me marcaram foram aqueles que contamos coisas pessoais, quando nos apresentamos, falamos sobre a origem dos nossos nomes. Percebi que todos nós somos pessoas repletas de histórias interessantes e de autenticidade em nossas origens. Cada um é aquilo que o seu percurso pessoal formou. Percebi também quanto tempo passamos perto das pessoas e não sabemos realmente quem são, ou como é sua trajetória de vida. Perdemos a capacidade de ouvir histórias e de contar. E é a melhor forma de aprender, ensinar e conhecer os outros e o mundo (Dos Santos, 2007)*.

Na sequência dos dois exercícios anteriores e com o intuito de aprofundar o trabalho de apropriação e autoria durante a contação, utilizo a seguinte dinâmica: cada aluno conta para o outro algum acontecimento marcante na sua vida. A partir deste enredo ou tema, o aluno que ouve recria esta história com o seu ponto de vista e podendo abrir janelas ou acrescentar dados novos que façam com que a história possa ficar ainda mais interessante. A história funciona como elemento inspirador

---

* Amazona Angélica dos Santos, atriz, foi minha aluna na disciplina Interpretação V, na UNIRIO.

para que o aluno possa desenvolver a sua criatividade e exercitar o "seu contador de histórias", que ainda não foi descoberto. Antes de contar a história, pode ser interessante escrever a história para ajudar a estruturá-la, porém depois é fundamental deixar o papel de lado e permitir que a oralidade se estabeleça. O texto no papel funciona como um roteiro apenas, pois cada contador tem que descobrir as suas palavras para contar cada história. É interessante que ao contar uma história não haja um texto completamente fixado, mas que os acontecimentos presentes na história, bem como as características dos personagens, suas falas, pensamentos, não estejam cristalizados como às vezes ocorre com o texto completamente memorizado. Esta particularidade do contador cria uma instabilidade que o aproxima do público, já que este se sente cúmplice do contador, ou seja, parceiro da sua viagem incerta:

> Atuar como personagem nos proporciona maior segurança. A segurança em contar histórias é o momento da contação. Um terreno muito mais arenoso para um ator que está acostumado ou mal acostumado com hábitos de atuação a ter "tudo sobre controle" (Costa, 2007).*

Este exercício possibilita aos alunos a descoberta da autoria, conceito tão importante para o contador, ao mesmo tempo apresenta ao grupo uma gama de histórias curiosas, algumas engraçadas e outras mais dramáticas ou poéticas. Uma dessas histórias, *Breve história de ninguém***,

---

* Cátia Costa, atriz, foi minha aluna na disciplina Interpretação V, na UNIRIO.
** Texto inspirado em depoimento da aluna de Interpretação V Inny Accioly, escrito pela aluna de Interpretação V Karen Coelho. "Era uma vez Ninguém. Ninguém achava que não existia. Dizia que era uma fumaça e todos acreditavam. Ele era grande, muito grande, mas vazio. Só era cheio de silêncios, dúvidas e medos. Muito medo. Passara a infância sozinho. Adorava brincar que era uma mosca: "Eu sou uma mosca!". E todos acreditavam.Um dia, Ninguém resolveu conversar com a sua mãe, Brisa, e esclarecer alguns fatos e acontecimentos do passado. Deste dia em diante, Ninguém passou a se aceitar mais, criou coragem e começou a formar suas próprias opiniões. Um belo dia, passeando por uma rua vizinha a sua, uma bela música lhe chamou a atenção. Era um piano. O ruído leve de um piano o seduziu e o atraiu a uma casa de janelas amarelas por onde Ninguém pôde observar Paulo a tocar. Este, notando que alguém o observava, convidou Ninguém

acabou sendo utilizada como trabalho final pela aluna cuja história serviu de inspiração para que outra aluna criasse um pequeno conto. Foi particularmente interessante ver uma história real retornar sob a forma de ficção na fala de quem a contou a primeira vez. A simplicidade e a delicadeza desta pequena história foram fruto da imaginação calcada numa história concreta. A história, ao ser recontada pela própria aluna que a inspirou, mas agora intermediada pelo humor e pela poesia, fez com que esta adquirisse outra qualidade. Este processo só foi possível graças ao exercício da escuta e da oralidade.

Nos Estados Unidos, o escritor Paul Auster em entrevista à radio pública NPR, comunicou aos ouvintes que estava em busca de histórias verdadeiras que parecessem ficção de tão surpreendentes que fossem. Recebeu mais de 4 mil histórias e, a partir delas, organizou um livro. Na introdução, Auster (2001, p. 15) se mostra surpreso com a sensação de solidão e exílio que abarca as pessoas e que só através das palavras e das histórias se consegue diminuir esta ausência:

> Mais do que nunca, passei a apreciar com que profundidade e paixão a maioria de nós vive dentro de si mesma. Nossos afetos são ferozes. Nossos amores nos dominam, nos definem, apagam as fronteiras entre nós e os outros.

A diretora de teatro Ariane Mnouchkine encenou o emocionante "Les ephémères", que foi construído a partir de depoimentos pessoais dos atores da sua trupe, o Théâtre de Soleil. O grupo mineiro Galpão, numa iniciativa semelhante à de Auster, também recolheu histórias verídicas para montar o espetáculo "Pequenos milagres", com direção de Paulo Moraes. Estas três iniciativas ocorridas em três países diferentes — Estados Unidos, França e Brasil — acenam para uma busca de referenciais extraídos das identidades que constituem as co-

---

a entrar. Simpático, o amor personificado era Paulo. E foi assim que o amor apresentou a música a Ninguém e fez Ninguém acreditar no seu poder e talento. É por isso que, hoje, Ninguém é perfeito."

munidades a que estes artistas estão diretamente ligados. O que impressiona no livro e nas duas peças é a força poética e transformadora que pode haver em histórias reais quando recontadas artisticamente.

Antes de começarmos a trabalhar efetivamente os contos individuais e os de grupo, percebi que, para se trabalhar o contador que há em cada ator, precisava estimular uma investigação pessoal de cada aluno no seu universo cultural e familiar, ao dialogar com as tradições que serviram de base para a formação deles. Nesse sentido é pertinente o depoimento de um aluno:

> A minha relação com a contação deve-se ao fato de eu ter sido criado no interior ouvindo histórias quase sempre na calada da noite, principalmente quando faltava energia na cidade. À luz de velas minha avó contava experiências assombrosas que ela tinha tido, quando ainda era moça, na zona rural do interior da Paraíba. Para contar uma história, antes de ter a segurança dela, tenho que estar seguro da minha história. "Saco vazio não fica em pé." Contador tem que estar cheio de si, cheio de identidade. Acredito piamente que o contador que há em mim não é nenhum personagem, é a minha vida, o meu passado a memória, um herói que viveu e vive várias aventuras e transições na vida (Soares, 2007)*.

Neste depoimento algumas ideias me parecem instigantes para refletir sobre a repercussão do trabalho que foi feito com os alunos, no sentido de buscar em suas raízes referências que os ajudassem a entender que todos fazem parte de uma cadeia. O curioso é que o ditado mencionado por Wendell Soares, "Saco vazio não fica em pé", é comumente utilizado para exemplificar a necessidade que todo ser humano tem de comer. No entanto, aqui há uma referência à necessidade que todo homem ou mulher tem de dialogar com a sua origem, com as suas lembranças, e de se alimentar delas. Ao se nomear herói de si mesmo,

---

* José Wendell de Araújo Soares, ator, foi meu aluno na disciplina Interpretação V, na UNIRIO.

Wendell nos aponta para dois aspectos necessários a qualquer homem que queira ser ouvido: a autoestima e a valorização da sua história pessoal. As histórias contadas pela avó funcionam como mitos fundadores de toda uma herança cultural, que por sua vez é parte de uma cadeia ainda maior.

Ao apresentar depois seu conto individual, Wendell optou por contar a história bíblica de Jó, preenchida por elementos apoiados numa religiosidade proveniente do interior da Paraíba, através dos famosos pregadores de rua. Por outro lado, Wendell assinalou a influência das histórias através do cordel, dos improvisos dos repentistas e emboladores de coco. O sincretismo proveniente desses elementos conferiu à sua contação uma propriedade única, na qual se percebia que, durante o ato de contar, havia um passado que o sustentava no presente, pois era algo vivido, experenciado.

A aluna Clara Santhana foi resgatar no vídeo da sua festa de aniversário de 8 anos os antecedentes da sua relação com o ato de contar histórias. Cercada de familiares e amigos, absolutamente absorvida e concentrada, ela conta uma história sobre três príncipes que disputavam o trono do pai. Com isso Clara trouxe para a sala de aula as imagens de um momento significativo da sua história, ao mesmo tempo comovente e engraçado, talvez procurando nos dizer que o seu momento atual está irremediavelmente ligado àquela festinha e a muitos outros acontecimentos que constituem o seu presente. A memória e as referências individuais são os alimentos de uma verdadeira autoria na atuação do contador e também do ator, como aponta Clara*:

> A descoberta profunda desta contadora (no caso eu) é essencial para o meu trabalho de atriz. O conhecimento do ser contador ajuda na descoberta de uma identidade, dessa particularidade artística que possuo, possibilita que eu brinque bastante, respeite meus limites, tente burlá-los dentro do possível e principalmente me torne cada vez mais autora do meu trabalho (Santhana, 2007).

---

* Clara Santhana é atriz e foi minha aluna na disciplina Interpretação V na UNIRIO.

A história pessoal de cada aluno foi fundamental para que cada um tivesse o seu passaporte para entrar no universo de outras histórias provenientes de outras regiões do Brasil e de outros países e pudesse, assim, trazer a sua contribuição pessoal ao contar. Acredito ter sido importante o fato de que procurei também falar um pouco das minhas próprias histórias, da minha tradição judaica, que sempre estará comigo, acrescida de outras tradições como a africana. A relação de confiança entre professor e aluno através da troca de experiências e histórias é um elemento agregador e transformador no desenvolvimento pessoal do educador e do educando, sobre este aspecto comenta a professora e pesquisadora Inaycira Falcão dos Santos (2006, p. 44):

> O reconhecimento do educador e do educando a partir de suas experiências e mundos seria uma das formas sadias do trabalho educacional criativo, fazendo com que essa realidade possa levar o educador cônscio a criar o seu próprio caminho de autodescoberta. Esse comportamento do educador admite que cada indivíduo numa sala de aula seja portador de uma história desconhecida ao grupo e que a oportunidade dessa vir a conhecimento será um enriquecimento para o grupo como um todo.

Nas quatro turmas que lecionei pude observar como o trabalho de resgate da memória individual fortalece os alunos, ainda mais para os que estão fora da sua cidade, e que para se adaptar ao Rio de Janeiro frequentemente recebem recomendações para limpar o sotaque, por exemplo. Qual seria o sotaque deste país continental? Não seria uma redução de nossa riqueza cultural desvalorizar as diferenças?

Todo o trabalho em cima da identidade pôde ser aprofundado no trabalho com os contos individuais, pois já na escolha que o aluno faz é possível perceber o que o motiva e o que ele está querendo transmitir para os outros. O conto individual vai permitir ao aluno experimentar certo desnudamento diante do público, pois todo o seu foco, toda a sua energia precisará ser dividida integralmente com as pessoas que estarão lhe ouvindo. Vários alunos afirmaram que nunca tinham vivido este tipo de experiência, pois a relação com a plateia é direta, sem intermediação de qualquer elemento cênico, como a iluminação, a cenografia e a própria separação entre palco e plateia. É completamente diferente de um monólogo clássico, que, apesar de ser uma prova para qualquer ator, lhe oferece certa "proteção" através da estrutura teatral convencional. Ao se deparar com a sua solidão partilhada absolutamente com o público, o contador aprende a lidar com sentimentos como medo, nervosismo e precipitação. Para que isso ocorra, é na plateia que ele vai buscar a cumplicidade que o fortificará.

No ato de contar histórias um elemento muito importante é o corpo. Mas, de aliado poderoso, pode efetivamente atrapalhar a plateia na visualização dos acontecimentos descritos pelo contador. Um ator como Dario Fo, por exemplo, utiliza o corpo como uma partitura ao contar as suas histórias, pois todo o seu trabalho corporal está plantado no seu domínio técnico da *commedia dell'arte*. Já os bons contadores africanos costumam dizer que uma das formas mais envolventes para se contar uma história é quando o contador entra, senta numa cadeira e começa a contar naturalmente sem nenhum alarde, porém esta simplicidade requer a conquista de uma autoridade por parte do contador que vem com anos de prática. Quer dizer, é preciso que haja uma sintonia entre a expressão oral e a expressão corporal do contador. Cada contador precisa estar à vontade com seu corpo, inclusive é importante que cada um sinta qual é a forma mais adequada de apresentar o conto, em pé, sentado, alternando posições. Esta escolha também influenciará e definirá a disposição da plateia no espaço.

Durante os três semestres foram trabalhados e apresentados 74 contos individuais e quatro versões de "Méa Yeung" e "O cultivador e o Guinarou", três de "A arte do gato maravilhoso" e de "O dom da história" e uma do conto africano "Djinna Nabara".

Contos individuais

A pluralidade dos contos possibilitou que tanto os alunos como eu ampliássemos nossos conhecimentos sobre autores desconhecidos e suas respectivas culturas. É interessante notar que a maioria dos contos individuais girava em torno de temas brasileiros. O aluno Jean Bodin, por exemplo, contou uma história que sua avó lhe contava quando criança em Santarém, no Pará, "A velha que virava porco".

Para contar este causo proveniente da tradição oral ribeirinha do Pará, pois se passa à margem do rio, nos igarapés, Jean criou um "começo do começo", onde descrevia e explicava para a turma como é esta região no norte brasileiro, o que é um igarapé, como são a vegetação, os animais, as frutas e os costumes da região. A turma e eu sabíamos muito pouco sobre esta parte da floresta amazônica. Assim, quando ele começou a contar uma história completamente fincada na tradição oral paraense, inclusive com a utilização de alguns instrumentos da região, como pau de chuva, já tínhamos sido transportados junto com a sua fala para outro espaço, que, aliado ao sotaque nortista, nos aproximava desta cultura. Esta atitude é um recurso utilizado constantemente pelos contadores tradicionais na África, pois "cada árvore, cada animal pode se tornar objeto de todo um ensinamento ao mesmo tempo prático e simbólico" (Hampâté Bâ, 1994, p. 13).

Caminhando para o outro extremo do país, fomos transportados para o sul por intermédio de três alunas gaúchas da mesma turma*. A unidade temática e a coincidência fizeram com que as três realizassem uma pequena contação conjunta com contos de João Simões Lopes Neto** e o conto "Bochicho", de Jayme Caetano Braum, dois autores gaúchos. Mais uma vez, todos estavamos tomados pela doença da ignorância, dois grandes autores brasileiros dos quais nada sabíamos. Mais uma prova de como um trabalho a partir de contos tradicionais regionais pode ser um bom caminho para conhecermos melhor a nossa vasta cultura. No dia da apresentação, com trajes e comidas típicas do sul, fomos envolvidos por uma tradição fortíssima, mas com a qual temos pouco contato. No "começo do começo" tivemos uma aula sobre como se prepara o chimarrão e, durante a contação, o degustamos

---

* Celi Palácios, Gabriela Pozzobon e Cátia Weiler.
** "Quinta de São Romualdo" e "Três cobras".

enquanto uma das alunas com vestido de prenda* evoluía em danças típicas. Foi possível sentir o orgulho e a alegria das três alunas por apresentarem à turma um panorama de suas raízes culturais. Por outro lado, para a turma foi uma possibilidade de conhecer um universo tão próximo mas ao mesmo tempo tão desconhecido.

Uma situação semelhante ocorreu com quatro alunos** de outra turma, mas com contos ligados à tradição afro-brasileira, sobre histórias de Iansã, Yemanjá, Oxum, Xangô e Iroco. Os alunos resolveram contar três dos contos fora da universidade, na pista Claudio Coutinho, na Praia Vermelha, ao lado da mata e do mar. Tiago, o primeiro a contar, criou uma pequena instalação na entrada da pista e apresentou a história na qual Iroco castiga a mãe, que não lhe dá o filho para criar. Por ser ao ar livre, outras pessoas paravam para ver, fato que nos aproximou bastante do universo africano de contar histórias. Na entrada da subida para o morro da Urca, entre cipós e grandes árvores, Camila apresentou o conto sobre Iansã, adaptado por Pierre Verger. Com a vista do mar ao fundo, Clara cantou músicas ligadas a Iemanjá e depois apresentou uma de suas lendas. Voltamos então para a Sala Roberto de Cleto***, onde o último conto foi apresentado por Cátia Costa "Quando Oxum perdeu tudo por amor a Xangô". Com o corpo nu, ela apresentou um trabalho rico em expressividade, em que uniu a sua pesquisa pessoal com a proposta do curso:

> Sinto-me grata pela experiência, pois ainda não tinha atinado que meu caminho de atuação também está nesse viés da contação de histórias. Minha performance pessoal sempre caminhou para uma proposta de "dramaturgia corporal" intensa, com uma identidade definida e definidora. Seria muito interessante unir o "útil ao agra-

---

* Traje característico e tradicional da mulher gaúcha nas festas.
** Camila Bastos, Clara Santhana, Cátia Costa e Tiago Quites.
*** Sala que possui um pequeno palco com as características do palco italiano. O nome da sala é uma justa homenagem ao saudoso ator e professor de Interpretação da UNIRIO, Roberto de Cleto.

dável". Poder levar para uma audiência um corpo com certo rigor de identidade e histórias, concatenado a um texto que reforça e sublinha essa memória ancestral.

Acredito que esse processo de escolha de contos com forte ligação com as raízes culturais dos alunos foi inspirado no conteúdo apresentado no início do curso sobre a figura do *griot* e a relação que este tem com a perpetuação da memória africana e com todos os exercícios que propunham a afirmação da identidade de cada um. Aliás, este é um dos aspectos mais claros que esta pesquisa me tem mostrado, a importância de não separar o homem do artista, pois a expressão artística ganha mais autenticidade quando conseguimos nos levar junto em qualquer meio no qual estejamos atuando.

Entre os contos de tradição oral brasileira, a aluna Lisa Brito apresentou o conto "O surrão" ou "O velho do saco", como é mais conhecido. Esta história lhe era contada pela sua avó, como uma maneira de alertá-la dos perigos de aceitar algum convite de estranhos. Foram também apresentados contos de tradição oral de outras regiões do mundo, como por exemplo a assombrosa história de *Maria Angula**, do Equador, e as histórias de Nasrudim**, da tradição Sufi.

Houve ainda alguns alunos que criaram os seus próprios contos. Destaco dois que se originaram da própria experiência profissional dos

---

* É a história de uma jovem, chamada Maria Angula, que nunca aprendeu a cozinhar. Ao se casar, o marido lhe pede para cada dia fazer um prato diferente. Então, ela sempre pergunta à vizinha Mercedes como se prepara cada prato. Assim que a vizinha acaba a explicação, Maria Angula sempre diz: "Isso eu já sabia". Certo dia, cansada dessa história, Dona Mercedes inventa uma receita macabra. Maria Angula precisava ir ao cemitério e roubar as tripas de um defunto fresco. Depois que ela serve o prato, o defunto aparece pedindo as tripas de volta e leva Maria Angula pro além (contado pela aluna Liliane Borges).

** Não se sabe ao certo se existiu ou não o Mullá Nasrudin. Suas histórias são plenas de ensinamentos sufis, sempre transmitidos através do humor, como essa: "Ao ver Nasrudim espalhando migalhas em volta da sua casa, alguém lhe perguntou por que fazia aquilo. Nasrudin então disse: 'Para afugentar os tigres'. Ao que a pessoa retrucou: 'Mas aqui não há tigres!'. Então, Nasrudin respondeu: 'Viu só como funciona!' (contado pela aluna Andressa Lameu).

alunos. O estudante Antonio Bastos Tigre, também professor de ioga e budista, criou uma história baseada na sua busca espiritual intitulada "O buscador da verdade", e Maksin Oliveira, que é mágico e palhaço, se baseou na forma como o ator Luiz Carlos Vasconcellos, o palhaço Xuxu, se tornou palhaço em Pernambuco.

Este trabalho de autoria desenvolvido por alguns alunos permitiu que avaliássemos os elementos que uma história oriunda da experiência pessoal precisa ter para que interesse aos ouvintes. Além da estrutura na qual são necessários a introdução, o desenvolvimento e a finalização, uma das maiores barreiras para que a história envolva a audiência está na questão do vocabulário utilizado. Os vícios de linguagem e as gírias excessivas precisam ser controlados para que a história não se transforme numa conversa corriqueira. Outro fator importante diz respeito à necessidade de entremear as histórias com palavras que estabeleçam as transições de tempo e espaço, através de expressões como "no dia seguinte" ou "muito longe dali", por exemplo. Assim desenvolvemos um trabalho sobre a palavra justa, não permitindo que o contador se tornasse prolixo ou redundante.

Além dessas experiências, os alunos trabalharam contos de autores brasileiros, como João Ubaldo Ribeiro, Luis Fernando Verissimo, Malba Tahan, Clarice Lispector, Millôr Fernandes, Guimarães Rosa, Marina Colasanti, Hilda Hilst, Dalton Trevisan, Rachel de Queiroz, Augusto Frederico Schmidt, José J. Veiga, Arnaldo Jabor, Elisa Lucinda e Ivana Arruda Leite. Autores estrangeiros, como Oscar Wilde, Arthur Schnitzler, Andersen, Julio Cortázar e Augusto Monterroso foram também trazidos pelos alunos.

Os contos de autor permitiram que as turmas ampliassem a cultura literária, extremamente salutar para os jovens, que muitas vezes só leem aquilo que é exigido pela universidade. Com este intuito, sempre peço aos alunos que contextualizem o conto e o autor. Surgem novos interesses literários por parte dos alunos e também do professor.

Porém, nos contos de autor é preciso estar atento para que a contação não se torne um espetáculo, pois geralmente há uma tendência do aluno em se direcionar para uma espécie de monólogo, que conduz a uma apresentação fechada, descaracterizando a figura do contador. Por outro lado, é preciso ter cuidado para que não se faça uma leitura do conto em voz alta. Deve-se realizar uma transposição para a oralidade. Certos autores, como Clarice Lispector, apresentam sérias dificuldades, pois um dos grandes diferenciais de Clarice é exatamente a forma poética como descreve situações cotidianas. Faz-se necessário criar uma circunstância para contar este tipo de conto, ou seja, criar uma maneira de contá-lo sem torná-lo rígido. Além disso, um texto que foi escrito para ser lido, e não apresentado oralmente, tem características próprias que requer o tempo que a leitura possibilita, mas que ao ser apresentado oralmente para uma plateia corre o risco de que algumas passagens fiquem incompreensíveis.

Dois casos interessantes ocorreram com o conto "A outra margem do rio", de Guimarães Rosa e "A morte da tartaruga", de Millôr Fernandes. No primeiro caso, o aluno Pablo Ribeiro de Aguilar tinha uma tarefa difícil pela frente, pois a força de Guimarães Rosa está toda ela na escolha das palavras, no ritmo e num vocabulário único criado pelo autor. Para apresentar um conto como esse, seria desaconselhável mesclar o texto com alguma outra palavra que não de Guimarães Rosa. Pablo falou estritamente as palavras escritas pelo autor mineiro, com um resultado impactante. O grande segredo da sua contação residiu na simplicidade e no despojamento com que ele apresentou a história. Sentado num caixote, no seu "começo do começo" serviu uma caneca de cachaça que passava de mão em mão durante a história. Ao começar a contar a história assumindo a ótica do filho, com a fala pausada, sem levantar a voz em nenhum momento, olhando nos olhos dos que estavam na roda, conseguiu conquistar a atenção de todos. Não havia esforço na fala de Pablo, aproveitando o seu próprio sotaque mineiro, pois ele é do mesmo estado de Guimarães Rosa, o conto fluía como o rio que inspirou o autor. Apesar de se colocar no papel do filho que conta a história do pai, que um dia faz uma canoa e larga a família, Pablo não compôs um personagem. Era o Pablo contador se colocando naquele papel, mas sem nunca deixar de ser ele.

No caso da fábula de Millôr Fernandes, "A morte da tartaruga", o aluno Adriano Pelegrini optou por contar a história através de recursos inspirados na maneira como Dario Fo costuma contar as suas: utilizou uma linguagem calcada nas técnicas tradicionais da *commedia dell'arte*. Numa das aulas passei para a turma o vídeo de Dario Fo, *Il meglio di mistero buffo**, no qual, para contar uma das histórias, ele utiliza uma língua inventada, conhecida como "gromelô", na qual o sentido está muito mais na expressão facial, nos gestos, na quebras de ritmo e na entonação dos vocábulos utilizados do que nas palavras. O "gromelô" é baseado em vocábulos desarticulados a partir das características de cada pessoa. Assim, cada ator tem o seu próprio "gromelô". No "começo do começo", o aluno leu o conto sem pontuação e de maneira "branca", isto é, sem interpretá-lo, para apresentar o conteúdo da história. Logo depois, a história foi contada em "gromelô" com riqueza expressiva e precisão técnica. O resultado foi tão interessante que acabou sendo apresentado na Mostra Prática da UNIRIO.

A experiência desenvolvida com alunos da UNIRIO reforçou em mim a convicção adquirida a partir dos encontros com Sotigui de que a pluralidade nas maneiras de se contar uma história é o caminho mais construtivo para atender a especificidade de cada aluno. Ao invés de forçar um aluno a trair a sua potencialidade, é muito mais proveitoso permitir que a sua aptidão natural venha à tona. Um exemplo é o caso do aluno André Magela, que apresentou o conto "Vida", de Rubem Fonseca. Assim que ele começou a passar o conto, percebi que havia na sua maneira de se colocar um humor sarcástico e distanciado que me remetia à performance do *stand up***. Ao comentar isso com o aluno, percebi que ele não tinha esta consciência; mais do que isso, não tinha um conhecimento aprofundado deste universo. Recomendei que ele

---

* *Il meglio di mistero buffo*, Itália, Polygram Vídeo, 1995.
** Estilo de comediante surgido nos Estados Unidos que se apresenta sozinho, com histórias de sua própria autoria. Não é permitido o uso de cenário, figurino, mudanças de luz, sonoplastia ou qualquer outro recurso cênico. No Brasil, o precursor deste tipo de espetáculo foi José Vasconcellos e, posteriormente, Jô Soares e Chico Anísio.

assistisse ao filme *Lenny*, com Dustin Hoffman no papel principal, sobre a história do controvertido e sarcástico comediante americano Lenny Bruce. Através deste estímulo, o aluno desenvolveu um trabalho próprio que fez da sua contação um momento diferenciado, pois a descoberta o animou a tal ponto que ele comprou um pequeno amplificador de som e um microfone para poder contar a história com tais recursos, fundamentais para o *stand up*. Segundo o aluno me revelou, acabou aproveitando esta experiência para continuar trabalhando com a ideia do *stand up* fora da universidade. Esta experiência mostra claramente como é importante realizar uma leitura prévia das características e peculiaridades do estudante antes de colocá-lo dentro deste ou daquele padrão. Além disso, é uma possibilidade de aproveitamento concreto no mercado de trabalho. O curioso é que hoje o *stand up* está em pleno desenvolvimento no Brasil, como demonstra por exemplo o sucesso do espetáculo "Comédia em pé"*.

O trabalho com os contos individuais é uma preparação para contar coletivamente. A escolha e a preparação de um conto individual exigem dos alunos confrontação com seus limites e suas dificuldades. Ao passar seu conto, o aluno vai ganhando confiança e tranquilidade para se integrar ao grupo, no qual outros aspectos serão trabalhados, como tolerância, solidariedade, partilha e, do ponto de vista artístico, aprender a criar junto para alcançar uma estética coletiva que seja o resultado da conjunção do poder imaginativo de cada participante.

Nos três semestres em que trabalhei com os alunos pude observar como se deu o processo de grupos diferentes trabalhando o mesmo conto. A variedade de concepções e as características peculiares de cada apresentação comprovaram a força do conto para incitar a imaginação dos atores e dos espectadores. Na relação entre contador e público, o conto, ele próprio, é o vértice do triângulo. É nesta triangulação que reside o poder transformador do ato de contar, pois ele é um ato de co-

---

* "Comédia em pé" já foi visto por mais de 500 mil pessoas em teatros do Rio de Janeiro e pelo Brasil. O grupo é composto pelos atores Claudio Torres Gonzaga, Fabio Porchat, Fernando Caruso, Paulo Carvalho, entre outros.

municação tridimensional (Loiseau, 1992, p. 131), já que mobiliza três instâncias — o contador, o auditório e o conto, que a partir das suas características próprias, se torna um verdadeiro parceiro do contador.

O conto é um material extremamente aberto para desenvolver o sentido de autoria para os alunos, pois a sua transposição para ser contado em grupo requer exatamente esta ideia de parceria, de permitir que o conto tanto seja uma fonte de aprendizado como um espaço onde se possa exercitar um "saber trabalhar junto" e, com isso, revelar a leitura que cada grupo faz do mesmo conto.

Relatarei agora a experiência com os três contos dos quais os alunos mais retiraram possibilidades criativas de interpretação e concepção: "O cultivador e o Guinarou", "Méa Yeung" e "A arte do gato maravilhoso".

Contos de grupo — UNIRIO*
O trabalho de valorização das características individuais dos alunos é fundamental para sensibilizá-los sobre a importância de se estabelecer um elo entre aquilo que há de mais íntimo e pessoal na sua formação, com a descoberta do contador que há em todos os homens. No entanto, é importante que se desenvolva ao mesmo tempo a noção de pertencimento a um conjunto. Com este intuito, proponho também exercícios que estimulem a formação dos grupos de trabalho para os contos coletivos. Depois de escolhidos os grupos e as respectivas histórias, se faz necessária a aquisição por parte deles de um "saber trabalhar junto" e para isso é necessário criar uma leitura visual dos contos a partir dos vários olhares que compõem cada grupo.

---

* Alunos que participaram dos contos de grupo comentados: Adriana Delagatti, Adriano Pelegrini, Alexandre Pinheiro da Silva, Alice Steinbruch, Amazona Angélica dos Santos, Ana Paula Brasil, Ana Paula Fazza, André Magela, Antonio Tigre, Carmen Frenzel, Carolina Nespoli, Cátia Costa, Cátia Weiller, Celi Palácios, Clara Santhana, Diego Braga, Fátima Verônica Santos, Flávia Naves, Glauber Carvalho, Graciela Pozzobon, Inny Accioly, Iury Leite, Jailton Franco, Jean Bodin, José Wendell, Juliana Delgado, Juliana Paz, Karen Coelho, Lisa Brito, Lucas Dain, Paula Cavalcanti, Pablo Aguilar, Patricia Salles, Marcela Andrade, Marcela Coelho, Matheus Carvalho, Nathália Barreto, Nathalia Garcez, Renata Janeiro, Ricardo Gadelha, Sunshine Carneiro, Vanessa Monteiro.

A primeira aproximação dos contos coletivos pelos grupos se dá através da criação pelo grupo de dez quadros vivos ou fotos que condensem visualmente e sem palavras a leitura que os alunos fizeram conjuntamente do conto. Desenvolvi este exercício a partir de uma oficina que fiz com o diretor Augusto Boal em 1982. Através desta técnica é possível perceber como a história está sendo recebida e assimilada pelo grupo. Trata-se de um trabalho que precisa de tempo e paciência e é a primeira prova do "saber trabalhar junto".

Após esta primeira aproximação do conto, para permitir que este seja visitado de várias maneiras, proponho uma improvisação de cada grupo a partir do conto escolhido, alternando estímulos estilísticos durante o exercício. Assim, por exemplo, convido o grupo a começar a contar o conto com suas próprias palavras variando a linguagem, que pode começar com uma linha baseada em desenho animado, passar pelo melodrama e terminar como um filme de ficção científica. Estes procedimentos liberam a imaginação e dessacralizam o conto, fazendo com que de uma forma lúdica e divertida os alunos se apropriem do enredo e dos personagens. Outra forma de ampliar o conhecimento do conto reside em contá-lo através de objetos. Isto permite o exercício de distanciamento, tão necessário ao narrador na sua relação com a plateia, principalmente nos comentários pessoais sobre a história.

O fato de trabalhar os contos individuais simultaneamente aos coletivos faz com que um alimente o outro. Em cada aula, dois ou mais alunos apresentam a proposta para o seu conto individual e na segunda parte da aula cada grupo se reúne para construir o conto coletivo. O momento do conto individual coloca o aluno diante da turma sem mediação. É preciso que o contador interesse aos outros colegas, assim exercitam-se a clareza, o ritmo, a autoria e a comunicação. Por outro lado, no trabalho coletivo há a busca dos outros componentes do grupo o tempo inteiro, assim trabalham-se a troca e a partilha para que a história contada coletivamente se alimente do espírito de cada um, mas permitindo que a força agora esteja no conjunto.

"O cultivador e o Guinarou" é um conto tradicional africano. Sendo assim, como costumava dizer Hampâté Bâ (1994, p. 248), "uma mensagem de ontem, destinada ao amanhã, transmitida hoje". É muito interessante que, no primeiro contato com este conto, os alunos captem principalmente a característica cômica. No entanto à medida que começam a mergulhar na história surgem as conexões entre a mensagem do conto e o difícil momento ecológico pelo qual passa o planeta. No entanto, é importante não perder de vista que o humor é uma maneira cativante e apetitosa de apresentar o conto, pois "um conto sem riso é como um alimento sem sal" (Hampâté Bâ, 1994, p. 13).

O grupo de alunos do turno da manhã, do segundo semestre de 2006, partiu de uma concepção baseada na força da narração, utilizando poucos elementos como um bambu, uma bacia, uma jarra, papéis e uma máscara que simbolizava Guinarou. Sentados em semicírculo, os componentes do grupo se revezavam, assumindo ora a narração, ora cada um dos personagens da história. A máscara de Guinarou passava de mão em mão conduzindo a história. O fato de todos passarem tanto pelas instâncias narrativas como pelas instâncias dramáticas do conto conferiu à contação um ritmo dinâmico e vivo, apesar de haver muito pouca movimentação. O momento onde havia uma quebra deste ritmo ocorria sempre na aparição dos guinés, enfatizando assim a repetição que compõe a estrutura do próprio conto. Este, aliás, era o único momento da contação em que o humor aparecia, devido à quebra que as entradas dos guinés proporcionava.

A contação terminava da mesma forma que começava, com os atores olhando pela janela da sala em direção ao morro que fica atrás da UNIRIO. O grupo conseguiu, através da simplicidade, colocar o conto no centro da contação. A escolha precisa e econômica dos movimentos, gestos e objetos fez com que a história contada coletivamente não se tornasse um espetáculo, mas através da força presente na oralidade, que a plateia pudesse recriar, através da imaginação, as imagens que as suas referências pessoais emprestariam. Ou seja, o grupo permitiu, assim, que o conto continue a ser construído ao longo dos tempos na memória dos que assistiram à sua apresentação.

Ainda no segundo semestre de 2006, a turma da tarde também apresentou a sua versão de "O cultivador e o Guinarou". Devido à tendência cômica dos componentes do grupo, o conto foi apresentado com a preocupação maior de provocar o riso, ocasionando seu esvaziamento. O grupo procurou criar uma pequena ópera com o conto, criando músicas e letras próprias. No entanto, não foi a linguagem escolhida a responsável pelo enfraquecimento da história, mas sim a dificuldade dos alunos em dialogarem com a história. Assim a performance individual de cada um parecia ser o principal objetivo do trabalho. E este trabalho mostra que nem sempre tudo que funciona é adequado. A plateia riu muito, eu inclusive, mas o conto perdeu sua força, houve de certa forma uma negação do grupo de entrar em contato com o universo mágico e alusivo que o conto propunha. Não houve desleixo nem desinteresse do grupo pelo trabalho, mas sim dificuldade de navegar num campo desconhecido.

Este caso foi um reflexo da situação que tenho observado nos lugares onde dou aula: a obsessão pelo riso a qualquer preço. Do que será que tiveram medo estes novos artistas? De o conto os conduzir? De contar a história sem estarem no centro das atenções? O curioso é que havia no grupo futuros atores com muito talento. O exercício com contos tradicionais pode ser revelador, no sentido de reorientar uma escolha equivocada durante o exercício do ofício do ator.

Por outro lado, na turma do segundo semestre, do turno da tarde, de 2007 o grupo que contou a mesma história conseguiu mergulhar nas matas de Guinarou nos fazendo ver e sentir a tragédia de Sabounyouma. Houve uma similaridade com o primeiro grupo, na estrutura do trabalho. Havia a mesma simplicidade e revezamento entre os alunos nos personagens do conto. O mesmo aluno narrava e podia tanto assumir ao mesmo tempo os papéis de Sabounyuoma, sua esposa, seu filho ou Guinarou. Enquanto isso, à sua volta, os demais alunos criavam vocalmente ou com apitos e percussão os sons da floresta e as frenéticas entradas dos guinés. Havia nesta contação uma gravidade e um profundo sentido do trágico destino de Sabounyuoma e sua família. Ao contarem as histórias, os alunos se comprometeram com o caráter misterioso do conto. Para tanto, recorreram principalmente na narração à busca de uma voz superior que parecia vir de outro universo, como se todos estivessem transmitindo uma mensagem vinda do mundo invisível habitado por seres como Guinarou.

Para apresentar o conto o grupo escureceu a sala Roberto de Cleto e trabalhou com lanternas e uma contraluz azul. Este procedimento geralmente descaracteriza os princípios de uma contação de história, pois cria uma relação convencional entre palco e plateia, contadores e audiência. Num certo sentido, as escolhas do grupo poderiam ter conduzido a apresentação do conto para um espetáculo fechado, no qual a troca característica e necessária que ocorre numa contação não se manifestaria. No entanto, havia na atitude dos contadores uma vontade de tocar a plateia através da edificação de um espaço ritualístico que a inseria no momento presente. Ou seja, havia uma qualidade, na qual o espaço era o aqui, o tempo era o agora e a vontade de dividir aquela história era verdadeira.

Apesar de a forma como essa história foi contada ter possibilitado aos alunos a aquisição de tais qualidades, se tivéssemos mais tempo, proporia que experimentassem contá-la sem efeitos de luz, por exemplo. Mas a maneira como os alunos conduziram a história foi extremamente importante para que eles entrassem nela profundamente. Com isso, percebi que no processo de criação de uma contação pode ser útil utilizar recursos e até mesmo artifícios durante a sua elaboração para descobrir o estado e a motivação dos contadores, mesmo que depois tudo seja depurado até chegar ao despojamento e a simplicidade que o conto geralmente demanda.

Ao contrário de Sabounyuoma, Méa Yeung não é ambicioso, mas ao seguir o conselho de um gênio, decide se casar e a partir daí inicia uma jornada em direção à sua bem-aventurança.

Este conto do Laos possui na sua estrutura uma variedade de elementos que o torna rico, mas ao mesmo tempo contribui para que na contação haja o risco de tudo se transformar num carnaval de excessos, graças a elementos mágicos, com a aparição dos gênios do "bem" e do "mal", animais e a presença das pequenas histórias dentro da história central. Na sua saga Méa Yeung só se salva porque consegue adiar a sua morte contando histórias para os carrascos encarregados de executá-lo. Com a mesma estratégia de Sherazade, "Méa Yeung" nos mostra como uma boa história pode salvar uma vida. Talvez seja esta a maior lição do conto.

No primeiro contato com "Méa Yeung" é comum os alunos considerarem o conto melodramático e piegas. E na verdade ele corre este risco o tempo todo. Durante o trabalho de preparação para a abordagem do conto, quando peço para a história ser contada através de quadros vivos, as imagens que surgem lembram o estilo das telenovelas mexicanas, que tanto nos fazem rir, principalmente quando dubladas em português. Ocorre que, nesse período, apenas a superfície da história é captada. Quando o grupo, mesmo tendo seguido este caminho num primeiro momento, consegue depois ultrapassá-lo ao abandonar um olhar viciado e etnocêntrico, acaba vibrando com a história, acreditando na aventura e no universo mágico, isto é, no próprio poder que uma história como esta possui.

Dois grupos do segundo semestre de 2006, com abordagens bem diferentes deste conto, me mostraram como é importante propor ao aluno a quebra de preconceitos antes de iniciar qualquer trabalho. O julgamento antecipado faz com que neguemos *a priori* aquilo que não tivemos a oportunidade de experimentar.

O grupo da manhã criou um "começo do começo", no qual uma das alunas fornecia à plateia uma série de informações sobre o Laos, país sobre o qual na verdade sabemos muito pouco. Ela mostrou mapas e fotos, trouxe dados geográficos, históricos e culturais. Este procedimento, apesar do didatismo, serviu para conduzir o olhar da plateia dentro de um universo desconhecido para todos. Assim, quando a história começou a ser contada com bambus e panos, a riqueza de detalhes deste conto e as reviravoltas na trajetória de Méa Yeung passaram a ser o centro das atenções. O conto pôde falar, para depois ser aproveitado ou não pela plateia.

No caso do grupo da tarde, aconteceu o inverso. Desde o princípio, nos exercícios de preparação pude perceber que satirizar a história era o desejo maior do grupo. O enredo do conto de certa maneira afastou os componentes do grupo daquilo que movia o conto, ou seja, o julgamento apressado. O mesmo julgamento que colocou três vezes Méa Yeung na iminência de ser executado pelo rei.

Na apresentação, Méa Yeung e sua mulher eram expostos de forma grotesca, através de técnicas de dublagem, por sinal, muito bem executadas. Aliás, o grupo era muito criativo. Também foram utilizadas linguagens diferentes para apresentar cada fase da saga de Méa Yeung. Além dos atores que apresentavam cenicamente personagens como Meá Yeung, o gênio que o aconselha a se casar e a sua mulher, os demais ficavam sentados em volta dublando, narrando e realizando efeitos de sonoplastia com objetos e instrumentos. Em determinado momento, os sons prevaleceram sobre a imagem, pois foi solicitado através de um cartaz que a plateia fechasse os olhos. Os componentes do grupo se reposicionaram ficando a um palmo da plateia e, através de vários objetos, criaram uma partitura composta de sons que geravam interferências de ritmo e ambiência na história. Na parte final, foi pendurado um pano que serviu de empanada* para contar uma das histórias dentro da história, como a do mangusto** que é morto pela rainha equivocadamente. Assim, os bonecos representavam os personagens. No entanto, estes bonecos carregavam consigo referências que interferiam de forma absurda, como por exemplo o fato de a rainha ser representada por uma boneca Barbie.

Nem sempre a criatividade sustenta uma performance artística. No caso do segundo grupo havia ideias interessantes que ajudariam a tornar a história mais agradável de ser vista e ouvida. No entanto o tratamento era depreciativo e fazia com que o conto servisse aos atores, e não o contrário. Não havia um compromisso com o conto, não havia diálogo. O conto era a escada para o riso. Não que este conto não possua humor, mas questiono a qualidade do riso que se quis compartilhar com a plateia, um riso que enfraquecia o conto ao impedir que durante a apresentação pudesse ocorrer um envolvimento mais sutil com

---

* Caixa ou estrutura utilizada para o teatro de bonecos. Os manipuladores ficam escondidos atrás dessa estrutura.
** Pequeno roedor que se alimenta principalmente de carne de serpentes. São facilmente domesticáveis e costumam ser utilizados como uma espécie de "cão de guarda".

uma história como "Méa Yeung", que pertence à ordem do maravilhoso. Assim, qualquer revelação escondida nas entranhas do conto se tornava inacessível, inclusive a obsessão pelo acesso imediato a qualquer história pelo riso fácil; independentemente de suas características, isso pode obstruir uma das funções mais importantes do riso, ou seja, seu aspecto transgressor e transformador. Quando tudo é uniformemente risível, um conto como "Méa Yeung" não respira, pois se perdem de vista seus momentos de mistério, aventura e magia. Sobre este riso comenta a coordenadora do programa de extensão da UNIRIO Enfermaria do Riso e doutora em teatro, Ana Achcar (2007, p. 87):

> O riso, banalizado e midiatizado da sociedade moderna ocidental, é ilusório. Ele valoriza o objeto do riso, e não o sujeito que ri. Transforma quase tudo em matéria risível, da política ao estado, da religião à ideologia, do trabalho à moral, justamente os objetos que poderiam assegurar vigor ao cômico, oferecendo-lhe um contraponto sério.

Um bom exemplo da utilização desse humor que amplia, eleva ou até mesmo esclarece o conteúdo ocorreu com um dos grupos que apresentou o conto "A arte do gato maravilhoso". O grupo do segundo semestre de 2007 criou uma versão leve, dinâmica e divertida deste conto zen, que pertence ao cruzamento de duas categorias de contos: contos de animais e contos de sabedoria. Por definição, os contos de animais colocam em cena como únicos protagonistas, ou protagonistas principais, os animais (Loiseau,1992, p. 93). Já os contos de sabedoria, mais presentes nas culturas orientais, se caracterizam pela propagação de uma mensagem ao homem, em vez de procurarem valorizar ou condenar um personagem ou comportamento. Este tipo de conto gira em torno das relações do homem consigo mesmo (id., ib., p. 105).

"A arte do gato maravilhoso" conta a história de um grande mestre de esgrima chamado Shoken, que gostava da natureza e de todos à sua volta, mas não gostava de ratos. Certo dia, um rato especial apareceu. Então, Shoken chamou alguns gatos muito bem treinados para matá-lo, mas nenhum deles conseguiu. Após esta série de fracassos, o próprio mestre de esgrima resolveu pegá-lo, mas também não obteve sucesso e acabou mordido pelo temível rato. Como última alternativa, Shoken resolveu chamar o gato mais valente do mundo, que na verdade era uma velha gata. Assim que chegou, a velha gata sem nada fazer apanhou o rato com a boca e o levou para fora da casa. Impressionados com a habilidade da gata, os outros gatos decidem interrogá-la para saber o segredo da sua maestria. Ao analisar os procedimentos de cada gato para tentar apanhar o rato, a gata questiona a supremacia da técnica no mundo atual, em detrimento do movimento espontâneo que surge quando a expressão autêntica do ser, sem o crivo do ego, participa da ação. Transcrevo o comentário da gata sobre o caminho justo a ser seguido. O significado contido nele poderia ser dito por Sotigui sobre o ofício do ator*:

> Somente quando você está no estado onde você é livre da consciência do eu, somente se você agir sem agir, sem astúcia, abandonando toda a intenção, treinando a não intencionalidade, e deixando o ser atuar, então somente aí é que você está no verdadeiro caminho. Este caminho é inesgotável.

Durante os estágios e através dos exercícios "estúpidos", Sotigui procurava nos mostrar que o controle excessivo que às vezes o primado da técnica nos impõe acaba nos impedindo de agir de forma plena e espontânea. Traçando um paralelo, podemos pensar no ator que ao colocar uma intenção em cada fala, procurando "colorir o texto", não permite que a plateia seja uma parceira na recepção, pois não lhe sobra espaço para recriar na imaginação o conteúdo que suas referências pessoais adicionariam ao texto dito.

Ao escolher este conto para ser trabalhado, acredito que Sotigui tinha a intenção de nos lembrar que quanto mais artifícios, truques ou fórmulas prontas guiarem o trabalho do ator, mais distante ele estará de si mesmo e da sua essência.

---

* "A arte do gato maravilhoso", conto japonês de estilo zen.

Durante o estágio da UNIRIO praticamente não trabalhamos essa história, talvez por apresentar dificuldades na sua transposição para a oralidade, principalmente devido à sofisticada base filosófica. Para reforçar esta dificuldade, há também que se tomar cuidado para dar vida aos gatos sem caricaturá-los, o que fatalmente enfraqueceria o conto. O grupo do segundo semestre de 2006 apresentou este conto de uma maneira que eu jamais pensaria. Talvez tenha sido o grupo que criou a contação mais autêntica e surpreendente entre todas as turmas. A partir do "começo do começo", foi possível perceber que houve a intenção de mostrar para a plateia como foi o processo de trabalho. Toda vez que o primeiro narrador começava a contar a história, alguém se deslocava do coro e o interrompia tentando também começar a contar. Este detalhe nos informava que o trabalho não foi fácil, mas através do humor nos aproximava dos participantes, pois de certa forma ríamos de nós mesmos, do costume de interromper alguém que está falando, hábito cada vez mais enraizado em nossas atitudes cotidianas.

Utilizando somente um guarda-chuva, as imagens de coro eram criadas de forma dinâmica e harmônica. No primeiro momento, o guarda-chuva era a espada do mestre Shoken, sendo depois utilizado para criar várias imagens e construir espaços diversos, já que servia tanto como refúgio de onde saíam os gatos, como uma tenda para abrigo da sábia gata, reverenciada pelos demais gatos. A economia de objetos, a elegância e precisão nos movimentos e a harmonia do coro reforçavam as características orientais do conto. No entanto através de achados de um humor solto e irreverente a tradição japonesa presente neste conto se fundia com uma atuação calcada numa comicidade bem brasileira. Para dar um exemplo de tais achados, recorro à composição de duas gatas siamesas com movimentos sincrônicos e simétricos que se separam sem perceber e retornam na posição errada, no que são advertidas pelo coro. Em outro momento, os gatos se transformam em alunos que fazem perguntas à gata, que se transforma numa professora simpática e charmosa.

Apoiados em ideias como estas, o conteúdo filosófico e existencial deste conto chegou à plateia de uma maneira leve e com uma simplicidade que o próprio conto possui, relacionada à procura da não intencionalidade. No trabalho deste grupo, ficou claro que a força estava no conjunto, nas ideias e no movimento de uma reflexão que eram expressos através de uma autoria coletiva, mas permeada pelas características de cada elemento do grupo.

Neste capítulo procurei descrever e refletir como se deu a trajetória dos vários encontros que tive com Sotigui Kouyaté, alguém que vindo de outra cultura e amparado na tradição secular do *griot* buscava sempre partilhar os ensinamentos que recebeu de uma cadeia ancestral. Por outro lado, esta partilha não possui uma via única, pois no próprio ato de se mover em direção a outra cultura o *griot* também se desenvolve, amplia seu entendimento do homem e do mundo. Há no *griot* uma vontade de conhecer outras culturas com identidades diversas da sua. O *griot* desconhece fronteiras, pois elas são estreitas demais para quem promove, através da sua palavra, verdadeiras viagens em busca do esclarecimento entre as pessoas. Como lembrava Sotigui, o *griot* está a serviço de todo mundo.

A partir desse aspecto, podemos compreender as características absurdas das fronteiras transpostas da Europa para a África: rígidas, geométricas, artificiais e às vezes imaginárias (Ki-Zerbo, 2004, p. 42). Impostas pelos colonizadores, essas fronteiras são responsáveis pela atual estagnação do continente africano, pois não correspondem ao espírito tradicional africano, que sempre esteve baseado na troca e partilha de mercadorias e conhecimento, que só ocorrem quando vou ao encontro do outro, como nos lembra a anedota contada sempre por Sotigui sobre o fato de a ignorância ser a pior doença que assola o homem, e de o mais ignorante ser exatamente aquele que não sai da porta da sua casa para encontrar o outro.

Como uma espécie de embaixador, Sotigui ministrou estágios em países como Brasil, Grécia, Itália, França, ao mesmo tempo que convidava sempre alguns estagiários para conhecerem a África. Há neste gesto a busca de uma integração entre os povos, tendo o teatro como veículo a partir dos encontros promovidos pelos estágios.

Nos estágios, o reconhecimento de uma tradição como a mandinga, que sustentou um *griot* moderno como Sotigui no mundo globalizado, provocou em mim uma reflexão profunda sobre a minha própria identidade, como homem, artista e educador. O percurso deste livro esteve o tempo todo irremediavelmente ligado a estas três categorias, que se cruzam e se alimentam uma das outras. Este encontro reforçou em mim a consciência da importância de se valorizar os elementos que constituem a identidade de cada um no processo de criação artística e no momento no qual nos comunicamos com o outro e com o público.

É importante reiterar que este livro está totalmente vinculado à prática do ofício do ator e à pedagogia teatral, e que foi possível também graças à relação estabelecida com a minha experiência na UNIRIO, como aluno de pós-graduação e professor de Interpretação no bacharelado. Ainda na origem da pesquisa está o estágio realizado na UNIRIO em 2003, com apoio do programa de extensão Núcleo do Ator, da mesma universidade. Portanto, foi possível assim aliar prática artística e reflexão teórica, o que aproxima a universidade do fazer artístico.

A partir dos estágios, dos encontros e posteriormente da prática com os alunos de interpretação da UNIRIO, alguns aspectos me parecem relevantes e iluminadores da qualidade deste aprendizado. Na base de tudo que vivenciei nesses anos, está sem dúvida a importância de não separar a arte da vida, o homem do artista, e para isso há que se considerar sempre as raízes culturais, familiares e a história pessoal de cada um. O interesse pelas diferenças, em vez de gerar conflitos, é o que pode alimentar a criatividade através de um movimento em direção àquilo e a quem pode lhe ser complementar. É através da relação com o outro que posso me desenvolver. Para estar aberto a este contato é fundamental promover um esvaziamento das expectativas, pois tudo é sempre uma experiência. Para conhecer o outro é fundamental que haja uma abertura, que só pode ocorrer quando há espontaneidade no jogo.

Através dos exercícios, percebi que antes de se buscar um aprimoramento técnico, é preciso despertar a alegria, a autoestima, e valorizar a história pessoal. Essas referências são o alimento para o desenvolvimento de uma autoria artística, extremamente salutar numa sociedade que caminha para uma suicida homogeneização cultural.

Foi possível ainda comprovar a eficácia da prática de contar histórias, tanto para atores formados como para alunos de teatro, no sentido de promover o encontro do artista consigo mesmo. Ao contar uma história sem intermediação de um personagem ou mesmo de uma ação dramática, é preciso que estejamos presentes como homens e mulheres que tenham algo a dizer para outros homens e mulheres; nos apresentamos com o que temos de mais palpável, ou seja, nossa humanidade, e só assim podemos tornar presentes os mitos e ensinamentos que as histórias contêm.

O ato de contar histórias nos aproxima de nós mesmos, pois a parceria com a história e a cumplicidade com os ouvintes só se estabelecem se o contador compreender que não há uma diferença hierárquica em relação ao público, mas sim uma diferença de circunstância. Por isso costuma-se dizer que na África todos são contadores de histórias. Isso deveria ser uma aptidão natural na vida de qualquer homem, ter uma história para contar. Nesse sentido, é apropriada a resposta do neurologista Oliver Sacks ao ser perguntado por Jean-Claude Carrière (2007 B, p. 8) sobre o que seria um homem normal:

> O Homem normal é aquele que pode recontar a sua história. Ele tem um passado, do qual ele se lembra. Ele sabe onde nasceu e em qual família; ele pode dizer seu nome, dos seus parentes, do seu país. Ele conhece sua identidade, sua atividade presente, sabe onde está e em que momento. Ele sabe também que tem um futuro para o qual fez projetos. Ele tem uma agenda, reservou um hotel para as suas férias. Ele sabe, enfim, que em alguma esquina do seu futuro, a morte o espera.

Nesse processo de aprendizado, de prática e de transmissão, o compromisso com a palavra é o principal responsável para o crescimento e a transformação do homem, do artista e do educador. O contato com um *griot*, um mestre da palavra, me mostrou que a palavra dita encerra em si um compromisso com a vida e com o outro. Aproveitar do privilégio humano de possuir o dom da palavra deve ser incentivado nos alunos de teatro. Como disse o mestre Gianni Ratto (2004, p. 20): "O teatro é o poder da palavra que enche o vazio de um galpão, iluminando-o pela beleza da interpretação".

Eu nasci com a convicção de que a vida mudava o homem e que o homem podia mudar o homem. Mas como artista eu cheguei a outra constatação: que se a vida não podia mudar o homem, a prática da arte seria capaz (Vassiliev, 1999, p. 170).

O objetivo do teatro, no seu grau mais alto, até do ponto de vista do intérprete, é justamente este: oferecer aos contemporâneos, ao clã primitivo, ou à sociedade nacional, um exemplo, um ideal, uma busca da verdade. Esta experiência de Hamlet a Otelo, de Édipo a Orestes, de Aldechi a Peer Gynt, fez de mim um homem rico, riquíssimo. Na vida talvez eu tenha permanecido uma criança, mas na profissão eu cresci (Gassman, 1986, p. 138).

E quando alcançar o não dilentatismo, então, é a tua questão, do homem que se abre. E aqui de um golpe, esta tua questão, de homem, se abre como uma grande porta: atrás de você existe a tua credibilidade artística e técnica, e diante de você existe alguma coisa que te requer não uma competência técnica, mas a competência de homem. É como Hamlet que falando com Horácio, do seu pai, do rei morto, diz: "Ele era um homem, não encontrarei nunca outro como ele" (Grotowski, 1986, p. 8).

Considerações finais

O teatro entrou de maneira definitiva em minha vida há quase trinta anos. Mais do que uma profissão, hoje, passado todo esse tempo, tenho a certeza de que esta escolha foi causada por uma necessidade incontrolável. Não posso viver sem o teatro. Através dele tenho aprendido muito sobre a vida, sobre os outros e sobre mim mesmo. Por intermédio desta arte sem fronteiras, tenho tido o privilégio de, como ator, visitar lugares a que nunca fui ou irei, vidas que nunca vivi e emoções que desconhecia em mim até então. Juntamente com a família, os professores, os amigos e a vida, o teatro formou o homem que hoje sou.

No entanto, ao lado da prática de ator, desde muito cedo, havia outra necessidade incontrolável, passar adiante o que o teatro estava me dando. Assim, com apenas dois anos de experiência como ator, ainda amador, comecei a dar aulas de teatro. Olhando para trás, consigo vislumbrar como fui pretensioso e um pouco inconsequente, mas o curioso é que sempre tive alunos e nunca mais parei de tê-los. A experiência como professor tem sido tão generosa comigo quanto a minha vivência como ator nos palcos do Rio de Janeiro.

No contato diário com os alunos, aprendi a importância e a responsabilidade deste nobre ofício. Como bem diz o diretor e pedagogo russo Vassiliev (1999, p. 101), "quando um médico é ruim, se percebe logo, chegamos ao consultório com boa saúde e saímos doentes. Mas quando um professor é ruim, só vamos nos dar conta dez anos mais tarde". Portanto, há neste ofício uma responsabilidade imensa e um compromisso com o outro e com o próprio teatro. No movimento de informar, dar instrumentos, incitar a reflexão, pregar o amor ao ofício, estimular a parceria e a troca entre os alunos, participar da formação de um ator, também eu continuo me formando a cada dia.

Assim, estas duas funções, a de ator e a de professor, sempre estiveram juntas, uma alimentando a outra. Ao evoluir como ator me torno um professor mais rico e, na mesma medida, ao aprender ensinando como professor, carrego este conhecimento para o palco. Na África, o mestre apresenta o discípulo como seu mestre, pois é através da iniciação do neófito que ele se aperfeiçoa também. No teatro, temos um conjunto de mestres: os professores, o diretor, os atores mais experientes, os menos experientes, os técnicos, os teóricos, os dramaturgos e o mais importante de todos os mestres: o público.

No entanto, é preciso reconhecer que a própria história do teatro foi construída a partir da relação mestre-discípulo. O teatro é movido por uma longa cadeia de transmissão construída através do seu exercício. Nesta cadeia, buscamos nos aproximar daqueles que podem nos orientar, ensinar, aconselhar e principalmente ampliar o nosso olhar.

Este livro é o relato do meu encontro com um mestre e das reflexões provocadas por esta convivência. Ao entrar em contato com a figura do *griot*, com a família Kouyaté e com a África Ocidental, mergulhei na tradição que formou e que define a conduta de Sotigui Kouyaté como homem, artista e pedagogo. Todavia, ao invés de me perder numa tradição distante da minha, constato que através desta imersão, venho à tona com a certeza da importância de reconhecer e valorizar os elementos presentes nos cruzamentos das tradições que me constituíram, como a judaica, no âmbito familiar e transcendental, a brasileira, com a sua pluralidade composta por influências de vários povos, e também aquela vivenciada no próprio teatro, nos ensaios, nos elencos, nas temporadas, com os diretores e com os companheiros de ofício.

Ao acompanhar Sotigui na África em 2003, fui apresentado a uma tradição que prioriza o sentido comunitário nas relações humanas e que não separa o homem da natureza, os vivos dos mortos e o visível do invisível. A ancestralidade é sempre fonte de orgulho e alimento para que se estabeleça um eterno diálogo entre as gerações. Este diálogo nunca é hierárquico. A identidade do *griot* é formada pela preservação da memória, pelo respeito aos antepassados, pela sabedoria presente nos ensinamentos orais, mas também pela busca de uma adaptabilidade ao presente. Nesse sentido, se Sotigui é considerado um *griot* moderno, seu filho Dani é um *griot* contemporâneo que utiliza o cinema para perpetuar e enriquecer a sua tradição.

Entre as questões que este livro suscitou, a que está na base de tudo, é aquela que procurou investigar como o artista pode atuar num mundo cada vez mais globalizado sem perder a sua singularidade, que é exatamente o que o distingue e pode tornar sua abordagem tão especial. O conceito de identidade, tão desgastado pelos variados usos e definições, não pode ser desprezado. É claro que temos uma identidade, que de alguma forma nos fez chegar ao que somos. Como nos lembra Grotowski (1986, p. 7), "você é filho de alguém", não há como escapar disso. A potência presente na trajetória de cada homem, de cada ator, é o que vai conferir autoridade e suporte à sua atuação na vida e no teatro. É claro que não podemos nos fechar ao outro e a identidade de cada um é aquilo que pode enriquecer o outro e vice-versa. Todavia, não se pode dizer que a identidade seja algo imutável e fechado. Há um movimento de incorporação sadio e profícuo das qualidades presentes em outras culturas e tradições, que, por não estarem por vezes banalizadas pelo hábito, podem ampliar os nossos referenciais como homens e artistas.

O encontro entre Brook e Sotigui é uma das provas concretas desta troca, onde a África e o Ocidente foram efetivamente parceiros e complementares. A importância de Sotigui para a obra de Brook é exemplificada pela parceria estabelecida entre ambos ao longo de mais de duas décadas e particularmente nas quatro peças aqui destacadas. Se na busca para uma linguagem cênica em "Mahabharata", a sua presença física em alguns fotogramas de um filme pouco conhecido foi o suficiente para despertar a atenção do diretor inglês, após a primeira leitura da peça, a propriedade e a densidade conferidas pelo *griot* à palavra, abriram para Brook uma nova perspectiva para contar esta história. A prática do *griot* com a transmissão de grandes epopeias foi sem dúvida uma das inspirações para que Brook e os seus atores assimilassem a maestria africana no ato de contar histórias.

Com "A tempestade", esta parceria apresenta ao mundo um Próspero negro que faz com que o maior poeta ocidental de todos os tempos encontre no *griot* um veículo capaz de unir a autoridade com a palavra dita e a experiência concreta com o mundo espiritual que este personagem encerra. Em "Le costume", a arte de contar histórias é exercida de forma plena por Sotigui, sendo que, em "Tierno Bokar", a parceria entre Brook e ele atinge o máximo da depuração e do despojamento, lhe conferindo uma qualidade iniciática, além de ser um alerta contra a proliferação de um dos maiores problemas da atualidade — a intolerância entre os homens. Em todas essas peças, através de histórias e personagens diversos, Sotigui estava sempre ancorado pela sua tradição, o que confere às suas performances uma autoria marcante.

Ao analisar a sua participação no cinema, em três filmes emblemáticos da sua condição de *griot* embaixador, Sotigui presta um serviço às suas origens, revisitando a história do continente africano, em temas como educação tradicional, globalização, colonialismo, pós-colonialismo, diáspora e pan-africanismo. Sotigui é um dos artistas que mais contribuem para que a África seja realmente escutada e respeitada e que caminhe rumo ao renascimento a que tem direito. Renascimento este que as potências que a dominaram por tanto tempo têm a obrigação moral de ajudar a construir.

A participação de Sotigui no cinema trouxe para o campo de atuação do *griot* um novo veículo de expressão no mundo contemporâneo. Nos três filmes aqui tratados, é através de Sotigui que os fios das histórias são puxados. Partindo das características próprias do *griot*, no que se refere à habilidade como contador e ao compromisso social, inseparável da sua ética, os cineastas dos três filmes aqui tratados conferiram a Sotigui a função de conduzir as histórias, com a autoridade da sua palavra de contador, e a força ancestral presente na sua imagem.

Como a condição de *griot* é transmitida de forma hereditária, o seu filho Dani funda a categoria de *griot*-cineasta, o que possibilita ainda mais a presença desta tradição oral no cinema. É como se, de certa maneira, presenciássemos a passagem do bastão do pai para o filho. A presença de *griots* no cinema mostra como é possível estabelecer uma relação igualitária entre tradição e modernidade.

Porém, se o acompanhamento do percurso artístico de Sotigui no teatro e no cinema me possibilitou conhecer a sua coerência e fidelidade à sua condição de *griot*, foi através dos seus estágios que vivenciei na prática, exercícios e ensinamentos que transformaram a minha própria pedagogia. Através da experiência como professor de interpretação teatral, na UNIRIO, comprovei a eficácia e o alcance do que aprendi com ele. Os exercícios ditos "estúpidos" efetivamente propiciam um despertar da sensibilidade e da abertura para outro. Com humor e delicadeza, eles mostram que todos somos falíveis e incompletos em algum aspecto e que só através do contato efetivo com o outro podemos desenvolver o nosso potencial. No movimento de me tornar sensível ao outro, adquiro a consciência da minha singularidade sem perder contato com aquilo que se passa fora de mim.

Por sua vez, o trabalho realizado com os contos individuais desenvolve no aluno a noção de autoria e reafirma a importância de acreditar na sua potência como homem que pertence a uma corrente ancestral e interminável. Ao apresentar o conto individual diante de uma plateia, o aluno ou o ator resgatam o exercício de uma oralidade plena, sem intermediações cênicas de nenhuma ordem, o que o conduz a priorizar um total engajamento com a palavra dita. Aspectos como ritmo, construção de imagens, clareza, precisão, concisão, apuro vocal e contato com os ouvintes são demandas que, por serem exercitadas, podem o conduzir à obtenção de uma autoridade com a palavra.

No aprendizado com Sotigui, compreendi também que é fundamental o contador não se colocar acima do conto. Contar uma história não é um exercício de vaidade pessoal; a parceria com o conto e com a plateia possibilita a criação de um verdadeiro encontro, em que divertimento, aprendizado e conhecimento ocorrem simultaneamente.

O contador precisa, então, aceitar a instabilidade presente na pequena aventura que é contar uma história, pois ela é vivida conjuntamente com os que a escutam. Segundo o educador Paulo Freire (2001, p. 77): "A oralidade exige solidariedade com o outro. A oralidade é dialógica por sua própria natureza, à medida que não se pode realizá-la de modo individualista".

Ao se tornar parceiro do contador reconhecendo a autenticidade e a originalidade daquele momento, o público se torna vértice do triângulo, do qual já fazem parte o contador e o próprio conto. É fundamental que o contador, ao invés de contar para a plateia, conte com a plateia. Esta atitude passa pelo reconhecimento de que não existe uma ordem hierárquica entre contador ou ator, e plateia, mas uma circunstância transitória, própria deste encontro.

Já o trabalho exercido com os contos de grupo auxilia o aluno a entender na prática que é preciso saber trabalhar coletivamente. A negociação neste trabalho funciona antes de tudo como um aprendizado de vida e como autoconhecimento. Talvez esta seja uma das maiores lições que aprendi com Sotigui, a noção de que cada um carrega em si não uma pessoa, mas várias. Segundo um ditado bambara, "as pessoas da pessoa são múltiplas na pessoa". E para conhecer estas pessoas que nos habitam, é preciso realizar encontros com outras pessoas. Só assim no contato com o outro é possível se conhecer melhor:

> A coisa mais difícil é o conhecimento de si próprio. Nós achamos que nos conhecemos, mas a gente não se conhece. A gente se conhece muito pouco. Poderíamos a cada dia nos revelarmos um pouco a nós mesmos. Na África, dizemos que quando vemos uma pessoa, nela há a pessoa da pessoa. E para encontrar estas outras pessoas que nos enriquecem, que nos revelam a nós mesmos, temos que ir de encontro aos outros. Dizemos que se você vir o ou-

tro, não tenha medo de olhá-lo nos olhos. Com tranquilidade, confiança, você acabará se vendo nos olhos dele. E você vai compreender que o que o aproxima é muito maior do que aquilo que o separa. Toda confusão, toda rejeição é fruto do desconhecimento do outro (Kouyaté, 2006).

Essa compreensão fazia com que a mãe do tradicionalista Hampâté Bâ, ao procurá-lo para tratar de qualquer assunto, perguntasse antes à sua esposa qual das pessoas habitava seu filho naquele momento. Dependendo da resposta da nora, ela voltava para casa sem falar com o filho (Hampâté Bâ, 1998, p. 130).

Paralelamente a essa viagem de autoconhecimento que o trabalho em grupo estimula, o contato com contos de tradição oral de outras culturas auxilia o aluno a relativizar conceitos e ampliar o seu universo através da quebra dos preconceitos e das descobertas de novas fontes de conhecimento. Através da imersão em águas desconhecidas, ampliamos o olhar para além do nosso pequeno círculo de referências, às vezes exaurido por um olhar viciado que não permite o contato com o extraordinário. Por outro lado, as revelações que daí advêm nos fazem querer redescobrir a riqueza das nossas próprias tradições.

O encontro com Sotigui Kouyaté e a sua tradição que não separa a vida da arte e o homem do artista me mostrou, tanto como professor quanto como ator, a importância de valorizar a história de cada um com todos os elementos que a compõem: a ancestralidade, a família e a experiência adquirida na vida — tudo o que nos torna singulares e originais. Ao mesmo tempo, é fundamental resgatar uma ética de conduta nas relações humanas e no trabalho nesse momento individualista e uniformizador que atravessamos. O exercício do ofício do ator pode cada vez mais nos lembrar que o homem depende do homem para continuar existindo, e a palavra, principal instrumento do ator, pode ser um elemento transformador da vida, quando se reconhece sua força e seu poder.

A preocupação com a qualidade das relações humanas na prática do ofício de ator sempre inquietou diretores e pedagogos do teatro. Stanislavski, por exemplo, apoiava financeiramente Zulerzhiski, um dos seus colaboradores, com o intuito de levar jovens atores, como Vakhtangov e Michel Chekov, para uma região do Cáucaso onde trabalhavam na terra e viviam de forma comunitária. Segundo Eugenio Barba (1997, p. 50), o objetivo destas atividades era trabalhar as relações humanas onde o processo artístico ajudasse a criar outro tipo de sociabilidade. Em Grotowski (1992, p. 14), também vamos ver a ênfase na busca do amadurecimento humano dos atores:

> Não pretendemos ensinar ao ator uma série de habilidades ou um repertório de truques. Nosso método não é dedutivo, não se baseia em uma coleção de habilidades. Tudo está concentrado no amadurecimento do ator, que é expresso por uma tensão levada ao extremo. Por um completo despojamento, pelo desnudamento do que há de mais íntimo — tudo isto sem o menor traço de egoísmo ou de autossatisfação. O ator faz uma total doação de si mesmo.

Nos últimos anos de vida, Grotowski investe ainda mais nos atuantes ou performers, como ele gostava de chamar os atores, e passa a usar o termo "a arte como veículo". Em conferência realizada em 1996 em São Paulo, na qual estive presente, Grotowski falou da busca de uma arte que conduzisse o atuante a algo, através de exercícios e cantos iniciáticos. Este algo estaria ligado ao conhecimento do que é humano, para que o homem chegue a outro nível de compreensão: "O performer quer descobrir, conhecer alguma coisa sobre ele mesmo, 'a essência do ser', sua ancestralidade, sua memória, e não interpretar ou demonstrar algo (Mota Lima, 1996).

Para Antonin Artaud, o teatro não era um meio de imitar a vida, mas sim de reconstruí-la. Para Brecht, o teatro era uma preparação para algo que acontecesse quando o espectador saísse da sala. Nos anos 1960, o Living Theater busca numa tradição esotérica, como a cabala, novos canais de comunicação e conhecimento entre os artistas e o público.

Se observarmos bem, todos esses pensadores estavam conectados com algo que se situa além de valores puramente estéticos. Sobre isso argumenta Eugenio Barba (1997, p. 53):

Estas pequenas tradições, fundadas por mestres iconoclastas e rebeldes, mostram como o teatro tentou construir valores novos. Era como se seus criadores sentissem que o sentido profundo dessa arte e técnica tivesse deixado de existir. Tal necessidade de "Transcendência" no teatro foi completamente ocultada pelos historiadores. Sempre se falou de tudo isso como inovação técnica, teatro de vanguarda e novas estéticas, recusando o aspecto profundamente subversivo dessas tradições.

O teatro, arte artesanal por excelência, possui a vocação para exercer um papel de resistência à uniformização estética e ideológica impingida pelos veículos de comunicação de massa. O contato com alguém como Sotigui, que, amparado na sua função de *griot*, transitou com fluidez por uma sociedade globalizada e moderna, sem perder a sua memória e sem abdicar da sua identidade, me faz pensar no caráter reducionista e imediatista que a função de ator tem hoje no nosso meio artístico. O que vale é estar no mercado, alcançar o "sucesso". Antigamente o ofício era fator de identidade. Nesse sentido, é interessante a afirmação de Frei Betto (1997, p. 20):

> Eu ainda peguei uma geração que tinha o luxo, ultra luxo, seis estrelas, de falar em "vocação", perguntávamos para o menino adolescente: "Qual é sua vocação?". Posteriormente, ninguém mais falava em vocação, falava-se em "profissão": "Qual é a sua profissão?". Hoje se fala em "emprego" — e olhe lá! Quem tem emprego já diz: "Graças a Deus". Já não se fala mais em trabalho, o fato de identidade social não é o trabalho. *É estar no mercado.*

Através dos encontros com Sotigui Kouyaté, entrei em contato com a tradição do *griot* e do seu olhar sobre o ofício do ator. Esta convivência reforçou em mim a crença na responsabilidade social deste ofício dentro da sociedade. Tanto no que se refere à prática do ator nos palcos como no seu aprendizado e aperfeiçoamento, os exercícios, ensinamentos e toda a pedagogia do *griot* se configuram como mais uma importante contribuição ao desenvolvimento artístico, espiritual e ético do ofício de ator.

O humanismo e a solidariedade presentes na conduta de um *griot* como Sotigui Kouyaté são fonte de inspiração para que o ator através da palavra retome sua vocação maior, a de ser o intermediário entre o nosso plano cotidiano e um plano mais sutil, no qual só conseguimos entrar através da arte. No entanto, o crescimento de cada um é individual e até mesmo um pouco solitário, pois como dizia o Rabi Nachman de Brastlav: "Não pergunte a ninguém qual é o seu caminho, pois você corre o risco de não conseguir mais se perder".

Deixo aqui meu conto, quer dizer, meu livro, para que outro possa pegá-lo.

Bibliografia

ALVES, Rubem. *Conversas com quem gosta de ensinar*. Campinas: Papirus, 2006.
AMSTRONG, Karen. *Breve história do mito*. São Paulo: Companhia das Letras, 2005.
ANDREW, J. Dudley. *As principais teorias do cinema*. Rio de Janeiro: Zahar, 1989.
ASLAN, Odette. *O ator no século XX*. São Paulo: Perspectiva, 1994.
AUSTER, Paul. *Achei que meu pai fosse Deus e outras histórias da vida americana*. São Paulo: Companhia das Letras, 2001.
BANU, Georges. *Peter Brook, De Timon d'Athènes à Hamlet*. Paris: Flamarion: 2001.
BARBA Eugenio. *A canoa de papel*. São Paulo: Hucitec, 1994.
BARTHOLO JR., Roberto S.; CAMPOS, Arminda Eugênio. (org., sel. e trad.) *Islã: O credo e a conduta*. Rio de Janeiro: Imago, 1990.
BAUMAN, Zygmunt. *Globalização*. Rio de Janeiro: Zahar, 1999.
_____. *Comunidade*. Rio de Janeiro: Zahar, 2003.
_____. *Identidade*. Rio de Janeiro: Zahar, 2005.
_____. *Vida líquida*. Rio de Janeiro: Zahar, 2007.

BAZIN, André. *O cinema: Ensaios*. São Paulo: Brasiliense, 1991.
BENJAMIN, Walter. "*O narrador*". In: _____. *Magia e técnica, arte e política*. São Paulo: Brasiliense, 1994.
BOFF, Leonardo. *Fundamentalismo: A globalização e o futuro da humanidade*. Rio de Janeiro: Sextante, 2002.
_____. *Ética da vida*. Rio de Janeiro: Sextante, 2005.
BONDER, Nilton. *O segredo judaico de resolução de problemas*. Rio de Janeiro: Imago, 1995.
_____. *A alma imoral*. Rio de Janeiro: Rocco, 1998.
BROOK, Peter. *O ponto de mudança*. Rio de Janeiro: Civilização Brasileira, 1994.
_____. *A porta aberta*. Rio de Janeiro: Civilização Brasileira, 1999.
_____. *Fios do tempo*. Rio de Janeiro: Bertrand Brasil, 2000.
_____. *L'espace vide*. Paris: *Pointes, 2001*.
_____. *Entre deux silences*. Paris: Actes Sud, 2006.
BUARQUE DE HOLANA, Aurélio. *O dicionário da língua portuguesa*. Rio de Janeiro: Nova Fronteira, 1999.
BURCH, Noel. *Práxis do cinema*. São Paulo: Perspectiva, 1992.
CABAKULU, Mwamba. *Maxi proverbes africains*. Paris: Marabout, 2005.
CALVINO, Italo. *Seis propostas para o próximo milênio*. São Paulo: Companhia das Letras, 1998.
CALVET, Louis Jean. *La tradition orale*. Paris: Presses Universitaires de France, 1984.
CAMARA, Sory. *Paroles très anciennes*. Paris: La Pensée Sauvage, 1982.
_____. *Gens de la parole*. Paris: Acct — Karthala — Saec, 1992.
CAMARA, Laye. *Le maître de la parole*. Paris: Plon, 1978.
CAMPBELL, Joseph. *O poder do mito* (com Bill Moyers; org. Betty Sue Flowers). São Paulo: Palas Athena, 2007.
CARLIER, Christophe. *La clef des contes*. Paris: Ellipses, 1998.
CARRIÈRE, Jean-Claude. *A linguagem secreta do cinema*. Rio de Janeiro: Nova Fronteira, 1995.
_____. *O círculo dos mentirosos*. São Paulo: Codex, 2004.
_____. *Fragilidade*. Rio de Janeiro: Objetiva, 2007 A.
_____. *Tous en scène*. Paris: Odile Jacob, 2007 B.

CHAUI, Marilena. *Conformismo e resistência*. São Paulo: Brasiliense, 1986.

CISSÉ TATA, Youssouf; KAMISSOKO Wa. *La grande geste du Mali, des origines à la fondation de l'Empire*. Paris: Kartala — Arsan, 2000.

CONRAD, Joseph. *O coração das trevas*. Rio de Janeiro: L&PM, 2004.

COUTO, Mia. *Um rio chamado tempo, uma casa chamada terra*. São Paulo: Companhia das Letras, 2005.

CROYDEN, Margaret. *Conversations with Peter Brook 1970-2000*. Nova York: Faber and Faber, 2003.

DIMENSTEIN, Gilberto; ALVES, Rubem. *Fomos maus alunos*. Campinas: Papirus, 2004.

DIOP, Birago. *Les contes d'Amadou Koumba*. Paris: Presence Africaine, 1961.

EMERSON, Ralph Waldo. *Ensaios*. Rio de Janeiro: Imago, 1994.

FO, Dario. *The tricks of the trade*. Nova York: Theatre Arts Books, 1991.

FREIRE, Paulo. *Pedagogia dos sonhos possíveis*. São Paulo: Ed. Unesp, 2001.

_____. *Pedagogia da tolerância*. São Paulo: Ed. Unesp, 2005.

FREIRE, Paulo; GUIMARÃES, Sérgio. *A África ensinando a gente*. São Paulo: Paz e Terra, 2003.

_____. *Pedagogia da autonomia*. São Paulo: Paz e Terra. 1996.

GARCIA-ROZA, Luiz Alfredo. *Palavra e verdade*. Rio de Janeiro: Zahar, 2001.

GASSMAN, Vittorio. *Entrevista sobre o teatro* (realizado por Luciano Lucignani). São Paulo: Civilização Brasileira, 1986.

GIORDANI, Mário Curtis. *História da África, anterior aos descobrimentos*. Petrópolis: Vozes, 1985.

GLUSBERG, Jorge. *A arte da performance*: São Paulo: Perspectiva, 2005.

GROTOWSKI, Jerzy. *Em busca de um teatro pobre*. Rio de Janeiro: Civilização Brasileira, 1992.

GURDJIEFF, G. I. *Gurdjieff fala a seus alunos*. São Paulo: Pensamento, 1999.

HALL, Stuart. *A identidade cultural na pós-modernidade*. Rio de Janeiro: DP&A, 2004.

HAMPÂTÉ BÂ, Amadou. *L'étrange destin de Wangrin*. Paris, n. 10-18, 1973.

_____. *Vie et enseignement de Tierno Bokar*. Paris: Editions du Seul, 1980.

_____. *Contes initiatiques peuls*. Paris: Stock, 1993.

_____. *Petit Bodiel et autres contes de La savane*. Paris: Stock, 1994 A.

_____. *Oui mon commandant!* Paris: Actes Sud, 1994 B.

_____. *Sur les traces d'Amkoullel l'enfant peul*. Paris: Babel, 1998.

_____. *Il n'y a pas de petite querelle*. Paris: Stock, 1999.

_____. *Amkoullel, o menino fula*. São Paulo: Casa das Áfricas/Palas Athena, 2003.

KAMIISSOKO, Wâ; TATA CISSÉ, Youssouf. *Le grand geste du Mali*. Paris: Karthala, 2000.

KEITA, Cheick M. Chérif. *Massa Makan Diabaté un griot mandingue à la rencontre de l'écriture*. Paris: L'Harmattan, 1995.

KI-ZERBO, Joseph, *À quand L'Afrique?* Paris: Éditions de L'aube, 2004.

KOTT, Jan. *Shakespeare nosso contemporâneo*. São Paulo: Cosac & Naif, 2003.

KOUROUMA, Ahmadou. *Paroles de griots*. Paris: Albin Michel, 2003.

KOUROUMA, Samaké Youssouf. *Le mande de nos ancêtres, selon le Gbélin ou tradition orale*. Paris: L'Harmattan, 2004.

KUSTOW, Michael. *Peter Brook, une biographie*. Paris: Seuil, 2006.

LABOURET, H. *A propos du mot griot*. Paris: Notes Africaines, 1959.

LAYE, Camara. *Le Maître de la Parole*. Paris: Plon, 1978.

LÉVI-STRAUSS, Claude. *Tristes trópicos*. São Paulo: Companhia das Letras, 2001.

LOISEAU, Sylvie. *Les pouvoirs du conte*. Paris: Presses Universitaires de France, 1992.

LOPES, Nei. *Enciclopédia brasileira da diáspora africana*. São Paulo: Selo Negro, 2004.

LOPES, Nei; VARGENS, João Batista M. "Malês, afirmação e orgulho do negro brasileiro". In: *Islamismo e negritude*. Rio de Janeiro: Ed. UFRJ, 1982.

_____. *Bantos, malês e identidade negra*. Rio de Janeiro: Forense Universitária, 1998.

LORELLE, Yves. *Le corps, les rites et la scène.* Paris: Les Editions de L'Amandier, 2003.

MALKA, Victor. *Petites étincelles de Sagesse Juive.* Paris: Albin Michel, 2007.

MAMET, David. *True and false.* Nova York: First Vintage Books, 1999.

MARTIN, Marcel. *A linguagem cinematográfica.* São Paulo: Brasiliense, 2007.

MATOS, Gislayne Avelar. *A palavra do contador de histórias.* São Paulo: Martins Fontes, 2005.

MATOS, Gislayne Avelar; SORSY, Inno. *O ofício do contador de histórias.* São Paulo: Martins Fontes, 2005.

MEICHES, Mauro; FERNANDES, Sílvia. *Sobre o trabalho do ator.* São Paulo: Perspectiva, 1988.

MEYER, Gérard. *Contes du pays manding.* Paris: Fleuve et Flame, 1988.

MELEIRO, Alessandra. *Cinema no mundo: Indústria, Política e mercado. África, vol. 1.* São Paulo: Escrituras, 2007.

MORIN, Edgar. *O método 5: A humanidade da humanidade.* Porto Alegre: Sulina, 2002 A.

_____. Ninguém sabe o dia que nascerá. São Paulo: Ed. Unesp, 2002 b.

NIANE, Djibril Tamsir. *Soundjata ou L'Épopée Mandingue.* Paris: Présence Africaine, 1960.

OIDA, Yoshi. *O ator invisível.* São Paulo: Beca, 2001.

OLSEN, Mark. *As máscaras mutáveis do Buda Dourado.* São Paulo: Perspectiva, 2004.

OZ, Amós. *Contra o fanatismo.* Rio de Janeiro: Ediouro, 2004.

PAVIS, Patrice. *Dicionário de teatro.* São Paulo: Perspectiva, 2001.

_____. *The intercultural performance reader.* Nova York: Routledge, 1996.

RATTO, Gianni. *A mochila do mascate.* São Paulo: Hucitec, 1996.

_____. *Hipocritando.* Rio de Janeiro: Bem-te-vi, 2004.

ROBERT, Paul. *Le Petit Robert.* Paris: Dictionnaires Le Robert, 2003.

ROUBINE, Jean Jacques. *A arte do ator.* Rio de Janeiro: Zahar, 1987.

ROUCH, Jean. La caméra et les hommes. In: *Pour une anthropologie visuelle.* Paris: Cahiers de L'Homme, Mouton, 1979.

SAID, Edward W. *Reflexões sobre o exílio*. São Paulo: Companhia das Letras, 2003.

_____. *Cultura e imperialismo*. São Paulo: Companhia das Letras, 2005.

SAID, Edward W.; BAREMBOIM, Daniel. *Paralelos e paradoxos*. São Paulo: Companhia das Letras, 2002.

SANTOS, Inaicyra Falcão dos. *Corpo e ancestralidade*. São Paulo: Terceira Margem, 2006.

SHAKESPEARE, William. *A tempestade*. Rio de Janeiro: Nova Aguilar, 1988.

SIBIDE, Mamby. *Contes populaires du Mali*. Paris: Presence Africaine, 1982.

SILVA, Alberto da costa e. *Um Rio chamado Atlântico: A África no Brasil e o Brasil na África*. Rio de Janeiro: Nova Fronteira, 2003.

SOMÉ, Sobonfu. *O espírito da intimidade*. São Paulo: Odysseus, 2003.

STANISLAVSKI, Constantin. *A preparação do ator*. Rio de Janeiro: Civilização Brasileira, 1976.

THEMBA, Can. *Le costume*, in Afrique du Sud: Théâtre des Townships. Paris: Actes Sud, 1999.

THIERS-THIAM, Valérie. *À chacun son griot: Le mythe du griot-narrateur dans la literature et le cinéma d'Afrique de l'Ouest*. Paris: L'Harmattan, 2004.

TRUFFAUT, François. *O prazer dos olhos*. Rio de Janeiro: Zahar, 2006.

VASSILIEV, Anatoli. *Sept ou huit leçons de théâtre*. Paris: P.O.L, 1999.

WA THIONG'O, Ngugi. *Decolonising the mind*. Londres: James Currey, 1994.

Teses, dissertações e monografias

ACHCAR, Ana. *Palhaço de hospital: Proposta metodológica de formação*. Tese (Doutorado) – Rio de Janeiro: PPGT/UNIRIO, 2007.

BELTRAME, Paola. *Sotigui Kouyaté: La tradizione del griot a contato con L'Europa*. Tese (Láurea in Dramaturgia II) – Bologna: Facolta di Lettere e Filosofia/Universita degli Studi di Bologna, 1995-1996.

BERNAT, Isaac Garson. *O exercício criativo do ator em monólogos de Tchekov*. Dissertação (Mestrado) – Rio de Janeiro: PPGT/UNIRIO, 1999.

VERHOEVEN, Muriel. *Le griot et l'acteur*. Louvain-La-Neuve-Bélgique: Institut des Artys de Diffusion — Section Théâtre. Memoire, 1995.

PRIETO, Heloísa Braz de Oliveira. *A memória do sonho: Um estudo sobre a tradição oral e seus porta-vozes, os contadores de histórias*. Tese (Doutorado) – São Paulo: USP, 2006.

Artigos e entrevistas

ARGELANDER, Roy. Performance workshops: Three types. *The Drama Review*, Nova York, New York University, dez. 1978, vol. 22, n. 4.

BAMBA, Mohamed. Os cinemas africanos: Entre construção identitária nacional e sonho pan-africanista. Disponível em: <*http://malembe-malembe.ceart.udesc.br/textos/bamba.doc.2007*>.

BENACH, Joan-Anton. Um regresso a las essencias. *La Vanguardia*, Barcelona, 29 jul. 2004.

BARBA, Eugênio. "Os deuses que morreram em Canudos". In: NASCIMENTO, Elimar Pinheiro do (sel.). *Ética*. Rio de Janeiro: Garamond/Codeplan, 1997.

BARLET, Olivier. L'exception africaine. *Africultures*. Paris, L'Harmattam, fev. 2002, *n. 45*.

_____. Le regard occidental sur les images d'Afrique. Paris, 1 jan. 1997. Disponível em: <*www.africultures.com*>.

_____. Postcolonialisme et cinema: De la différence. *Africultures*. Paris: L'Harmattam, 28 maio 2000.

_____. Les cinq décennies des cinémas d'Afrique. *Paris, 6 fev. 2008*. Disponível em: <*www.africultures.com*>.

BARRANCO, Justo. *Brook:* No hay nada peor que hacer teatro para dar lecciones. *La Vanguardia*, Barcelona, 24 jul. 2004.

BARRENA, Begona. Peter Brook aborda el sentido de la vida em "Tierno Bokar", su último montage. *El País*, 16 jul. 2004.

BAZIN, André. *O cinema*: Ensaios. São Paulo: Brasiliense, 1991.

BETTO, Frei. "Crise da modernidade e espiritualidade". In: NASCIMENTO, Elimar Pinheiro do (sel.). *Ética*. Rio de Janeiro: Garamond/Codeplan, 1997.

BILLINGTON, Michael. Destiny's child. *Guardian*, Londres, 3 nov. 2004.

BRENNER, Louis. West African Sufi: The religious heritage and Spiritual search of Terno Bokar Saalif Taal. Londres: C.Hurst, 1984.

BROOK, Peter. Même Leurs pieds riaient. *TÉLÉRAMA*, Paris, 29 dez. 1999.

_____. A verdade da intolerância. *Bravo!*, São Paulo, ago. 2004 A.

_____. Entrevista com Peter Brook. "Start", GloboNews, set. 2004 B.

BOUCHAREB, Rachid. *Release da produtora Notrofilms*. Disponível em: <www.notrofilms.com>. Portugal, 2006.

BURCKHARDT, Titus. "A natureza do sufismo". In: BARTHOLO JR.; Roberto S.; CAMPOS, Arminda Eugênio. (org., sel. e trad.). *Islã: O credo é a conduta*. Rio de Janeiro: Imago, 1990.

CERVONI, Albert. Chronique sur un griot gaulois. *Cinemaction*, Paris: L'Harmattan, 1982, n. 17.

COELHO, Sérgio Salvia. Brook celebra tolerância e bom senso em tempos de guerra. *Folha de S.Paulo,* 19 ago. 2004.

COSTA, Cátia. Entrevista a Isaac Bernat. Rio de Janeiro, out. 2007.

COURNOT, Michel. "Le costume", La magie de Peter Brook et la gênese du théatre. *Le Monde,* 17 dez. 1999.

COVENEY, Michael. The Mahabharata/Old Transport Museum. *Financial Times*, 19 abr. 1988.

DAFF, Marième O. Little Senegal: Africa in Harlem, em 1 jan. 2002. *Disponível em:* <www.africultures.com>.

DARGE, Fabienne. Le royaume en chantier du sorcier Brook. *Le Monde*, 1 nov. 2004.

DE BRIGARD, Émile. Historique du film ethnografique. In*: Pour une anthropologie visuelle*. Paris: Cahiers de L'Homme, Mouton, 1979.

DOS SANTOS, Amazona Angélica. Entrevista a Isaac Bernat. Rio de Janeiro, out. 2007.

FEINGOLD, Michael. A meandering Brook tells a Murky Parable of intolerance. *Village Voice*, Nova York, 5 abr. 2005.

FISCHER-LICHTE, Erica. *Interculturalisme in contemporary theatre*. In: PAVIS, Patrice. (org.) *The Intercultural Performace Reader*. Nova York: Routledge, 1996.

FRAGA, Guti. Entrevista a Isaac Bernat. Rio de Janeiro, set. 2003.

FRODON, Jean Michel. Le grand homme dans le labyrinthe de Harlem et de la mémoire noire. *Le Monde*, 18 abr. 2001.

GÉNIES, Bernard. Le génie de la tempête. *Le Nouvel Observateur*, Paris, 1990.

GRAÇA, Xando. Entrevista a Isaac Bernat. Rio de Janeiro, jun. 2007.

GROTOWSKI, Jerzy. *Voce é filho de alguém*. Conferência no Gabinetto Viesseux (trad. Celina Sodré e Joana Levi). Florença, 15 jul. 1986.

HAMPÂTÉ BÂ, Amadou. "A tradição viva". In: KI-ZERBO, Joseph. *História geral da África, vol 1*. São Paulo: Ática/Unesco, 1980.

HAN, Jean-Pierre. Peter Brook fait du sur mesure. *Témoignage Chrétien*, Paris, 30 dez. 1999.

JABOR, Andrea. Entrevista a Isaac Bernat. Rio de Janeiro, out. 2007.

JARDIM, Juliana. Entrevista a Isaac Bernat. São Paulo, nov. 2007.

HELIOT, Armelle. La tempete. *Le quotidien de Paris*, 12 out. 1990.

KONATÉ, L'Hadj Beton. Depoimento gravado por Isaac Bernat. Ouahabou, dez. 2006.

KOUYATÉ, Sotigui. Griot birth of the blues. *The Salt Lake Tribune*, 29 mar. 1988.

_____. Sotigui Kouyaté, acteur et griot — L'homme aux cent viés. *TÉLÉRAMA*, Paris, abr. 2001, n. 2.675.

_____. Sotigui Kouyaté em foco. *FOLHETIM*. Rio de Janeiro, Teatro do Pequeno Gesto, jan.-jun. 2004, n. 19.

_____. Entrevista a Isaac Bernat. São Paulo, ago. 2004.

KOUYATÉ, Tagaré. Entrevista a Isaac Bernat. Bamako, dez. 2003.

LOPES, Nei. Identidade nacional. *O Globo*, 7 set. 2004.

M'BOKOLO, Elikia. L'Afrique doit produire sa propre vision de la mondialisation. Entrevista a Ayoko Mensah. *Africulture*, Paris: L'Harmattan, p. 35, 2003, *n. 54*.

MANDELBAUM, Jacques de. Cinéma. *Le Monde*, 22 fev. 2004.

MARCABRU, Pierre. Une vision africaine. *Le Point*, Paris, 22 out. 1990.

MARTIN, Marcel. Jean Rouch et la mémoire africaine. *Cinemaction*, Paris: L'Harmattan, 1982, n. 17.

MCMILLAN, Joyce. The wisest Story ever told. *Arts Guardian*, 19 abr. 1988.

_____. La tempete. *Scotish Theatre News*, 30 out. 1990.

MOTA LIMA, Tatiana. A arte com veículo. Jornal Ato-Ação, Rio de Janeiro, 1996.

NISKIER, Clarice. Entrevista a Isaac Bernat. Rio de Janeiro, jun. 2007.

OULOGUEM, Abdou. Entrevista a Isaac Bernat. Bamako, dez. 2003.

PASCAUD, Fabienne. Le naufragé. *Télérama,* Paris, 24 out. 1990.

PERRIER, Jean-Louis. La troupe du Mandéka accueille son Antigone noire. Le Monde, 27 jan. 1999.

PRÉDAL, René. Rouch D'hier a Demain. *Cinemaction*, Paris: L'Harmattan, 1982, n. 17.

QUETTIER, Pierre. *Arts martiaux japonicas et niveaus dd'apprentissage batesoniens.* Disponível em: <http://oise.shintaido.info/texte.php?texte=5>.

RATCLIFE, Michael. Transports of delight. The Observer, 24 abr. 1988.

RICHARD, Christian. Entrevista a Yahou e Eugênia Xavier. França, 11 dez. 2006. Disponível em: <http://afiavi.free.fr/e_magazine/spip.php?article429>.

RIDING, Alan. Sophocles gets a twist in Paris, by Way of West Africa. *New York Times,* 8 jun. 1999.

_____. For Peter Brook, "Hamlet" as Starting Point. New York Times, 15 jan. 1995.

ROUCH, Jean. La memoire est audiovisuele. Entretien à Olivier Barlet, 1 mar. 2002. Disponível em: <*www.africultures.com*>.

SANTHANA, Clara. Entrevista a Isaac Bernat. Rio de Janeiro, nov. 2007.

CATÃO, Christian. Um inglês no FIT. *Diário da Tarde*, Belo Horizonte, 25 ago. 2004.

SANTOS, Valmir. Kouyaté cultiva a escuta para contar histórias. *Folha de S.Paulo,* 19 ago. 2004.

SAYAD, Beatriz. Entrevista a Isaac Bernat. São Paulo, nov. 2007.

SCALI, Marion. Comment Peter Brook déplaça "Le Mahabharata". *Liberation,* 16 nov. 1985.

SIDIBÉ, Fodé Moussa. Transmissions de savoirs: Le cas de la confrérie des chasseurs au Mali. *Revue des Literatures du Sud*. Paris, Notre Librairie, abr.-jun. 2001, *n. 144*.

SOARES, José Wendell de Araújo. Entrevista a Isaac Bernat. Rio de Janeiro, nov. 2007.

STONE, Judy. "The Mahabharata": Carriere, Brook bring classic Indian epic to stage, screen. *San Francisco Chronicle*, 5 ago. 1990.

TAYLOR, Paul. Peter Brook: The grand inquisitor. *The Independent*, 25 nov. 2004.

WA THIONG'O, Ngugi. A descolonização da mente é um pré-requisito para a prática criativa do cinema africano? In: MELEIRO, Alessandra. *Cinema no mundo: Indústria, Política e mercado. África, vol. 1*. São Paulo: Escrituras, 2007.

WALTRICK, Flávia. Trabalhos das companhias também nas telas. *Diário da Tarde*, Belo Horizonte, 25 ago. 2004.

WILTGEN, Anna. Entrevista a Isaac Bernat. Rio de Janeiro, jul. 2003.

ZEMP, Hugo. La legend des griots malinké. *Cahiers d'Études Africaines*, Paris, p. 611-643, 1966, vol. 6, n. 4.

Catálogos, periódicos e revistas

AFRICULTURES, *Cinémas mémoires*. Paris: L'Harmattan, 1998, n. 9.

AFRICULTURES, *Acteurs Noirs*. Paris: L'Harmattan, abr. 2000, n. 27.

AFRICULTURES, *Un griot entre théâtre et cinéma*. Paris: L'Harmattan, 1 abr. 2000, n. 28.

AFRICULTURES, *Cinémas L'exception africaine*. Paris: L'Harmattan, fev. 2002, n. 45.

AFRICULTURES, *Afrique Tout-Monde: L'Afrique et la Globalisation Culturelle*. Paris: L'Harmattan, mar. 2003, n. 54.

ARTS GUARDIAN. *The wisest story ever told*. Glasgow, 19 abr. 1988.

BRAVO. *A verdade da intolerância*. São Paulo, ago. 2004.

BRAVO. *O poeta do espaço vazio*. São Paulo, out. 2000.

CINÉMACTION, n. 7. *Jean Rouch, un griot gaulois*. Paris: L'Harmattan, 1982.

ESTADO DE MINAS. *Oportunidade de ouro*. Belo Horizonte, 24 ago. 2004.

FOLHETIM. *Sotigui Kouyaté em foco*. Rio de Janeiro: Teatro do Pequeno Gesto, jan.-jun. 2004, n. 19.

LE POINT. *Une vision africaine*, Paris, 22 out. 1990, n. 944.

L'HEBDO. Lausane, p. 51, 18 jul. 1991.

LIBERATION. Simple comme La Tempête. Paris, 12 out. 1990.
SCOTISH THEATRE NEWS. La Tempête. Glasgow, 30 out. 1990.
TÉLÉRAMA. Les frères ennemis de Harlem. Paris, 18 abr. 2001.
TÉLÉRAMA. *Même Leurs pieds riaient*, Paris, 29 dez. 1999.
TÉLÉRAMA. *Sotigui Kouyaté, acteur et griot — L'homme aux cent viés*. Paris, set. 2001, n. 2.675.
TÉMOIGNAGE CHRÉTIEN. Peter Brook fait du sur mesure. Paris, 30 dez. 1999.
THE INDEPENDENT. Dharma drama. Londres, 19 abr. 1988.
THE MAHABHARATA. Program. Nova York, 1987.
THE SALT LAKE TRIBUNE. *Griot birth of the blues*. Salt Lake City, 29 mar. 1988.
THÉÂTRE PUBLIC. *Acteur et griot?* Gennevilliers: Théatre de Gennevilliers, jan.-mar. 2004.

Outras fontes
BROOK, Peter. *Conferência de Peter Brook*. Gravação em áudio. Trad. Tuna Duek. São Paulo: Sesc Vila Mariana, 16 ago. 2004.
KOUYATÉ, Sotigui. Entrevista de Sotigui Kouyaté a Isaac Bernat. São Paulo, 21 ago. 2004.
KOUYATÉ, Sotigui. *Práticas para a escuta, a comunicação e a sensibilidade*. Anotações pessoais de palestra realizada no Sesc Vila Mariana. São Paulo, 11 dez. 2006.

Documentários, filmes, emissões radiofônicas e espetáculos em vídeo e DVD
África. Entrevista de Boubakar Buuba Diop a Elizabeth Carvalho. "Milênio", GloboNews, 2006.
Bataille sur le grand fleuve. Dir. Jean Rouch, França, 1950.
Brook By Brook, Portrait Intime. Dir. Simon Brook. França, Arte-France, 2004.
Entrevista com Peter Brook. "Start", GloboNews, 7 set. 2004.
Cemetière Dans La Falaise. Dir. Jean Rouch, França, 1951.
Genésis. Dir. Claude Nuridsany e Marie Pérennou. França/Itália: Les Films Alain Sarde/Les films de la Véranda/RTI, 2004.

Il meglio di Mistero Buffo. Itália: Polygram Video, 1995.
Ismael, un exemple de courage. Dir. Sekou Traoré. Burkina Faso: Sahelis Production, 1997.
François Truifaut, une autobiographie. Dir. Anne Andreu. Paris: Arte France/INA Entrepise, 2004.
Keita L'heritage du griot. Dir. Dani Kouyaté. França/Burkina Faso: AFIX Productions, 1995.
La Genèse. Dir. Cheick Oumar Sissoko. Burkina Faso: Cinema Public Films & Doriane Films, 1999.
Les Chemins de Sotigui Kouyaté. Paris: France Culture-Radio France, 2002.
Le Courage des Autres. Dir. Christian Richard. Burkina Faso: CINAFRIC, 1982.
Les Maître Fous. Dir. Jean Rouch. França: Films de la Pléiade, 1954.
Le Mahabharata, Dir. Peter Brook. France: MP Productions/Chanel Four/Mahabharata, BAM, 1989.
Les Penseurs de L'enseignement, Sotigui Kouyaté. Tradition et oralité. Video. Paris: Odeon Théâtre de L'europe, 2000.
Little Senegal. Dir. Rachid Bouchareb. França: Black Out, 2004.
Les Maîtres Fous. Dir. Jean Rouch. France: Films de La Pleiade, 1954.
Meetings with Remarkable Men. Dir. Peter Brook. Nova York: Remar Productions, 1979.
Mosso Mosso (Jean Rouch comme si). Dir. Jean-André Fieschi. França, 1999.
Musique du Mali 1. Les gens de la parole. Doc. Jean-François Schiano, Bruno Maïga e djingarey Maïga. França: Zarafa Films, 1988.
Sotigui Kouyaté-Portrait Sensible. Programa radiofônico. Paris: France Inter., 2001.
Regard sur Edgard. Doc. de Samuel Thomas sobre Edgard Morin. Paris: Montparnasse, 2002.
Rio, a Cidade. Entrevista concedida por Sotigui Kouyaté a Kátia Chalita. Rio de Janeiro: Multirio, 6 ago. 2003.
Sia, Le Rêve du Python. Dir. Dani Kouyaté. Burkina Faso/França: Sahelis productions/DCN/Les Production de La Lantherne, 2001.

Sotigui Kouyaté, Um griot no Brasil. Rot. e dir. Alexandre Handfest. São Paulo: Sesc TV, 2007.

Sotigui Kouyaté, Une vie d'apprentissage. Paris: Espace Francophone. Institut Pour la cooperation Audiovisuelle Francophone, 2002.

Sotigui Kouyaté-Portrait Sensible. Programa radiofônico. Paris: France Inter, 2001.

Un griot moderne. Dir. Mahamat Saleh Haroun. França: Les Production de La Lantherne, 1997.

Espetáculos teatrais

A tragédia de Hamlet, de Shakespeare. Adapt. e dir. Peter Brook. Teatro Carlos Gomes, Rio de Janeiro, 2003.

Le costume, de Can Themba. Dir. Peter Brook. Porto Alegre em Cena, 2001.

Tierno Bokar, adap. Marie-Hélène Estienne de *La Vie et enseignement de Tierno Bokar.* Dir. Peter Brook. Sesc Vila Mariana, São Paulo, 2004.

Consultas digitais

http://www.unesco.org/culture/ich/index.php?lg=FR&topic=mp&cp=GN
http://.africultures.com/index.asp?menu=affiche_article&no=2129
http://www.notrofilms.com/recursos/doc/Portugal/32177_1141142007172913.doc
http://www.abdias.com.br
http://.alliance–panafricaniste.com
http://pageperso-orange.fr/laurent.berte/Html/djalyia1.htm
http://www.afribone.com
http://tiernobokar.columbia.edu/

Trajetória profissional – Sotigui Kouyaté

Sotigui Kouyaté nasceu em 19 de julho de 1936, em Bamako (Mali), numa família de *griots* e fez sua passagem em 17 de abril de 2010, em Paris.

Prêmios
- Prêmio UCMF-FFACE do Autor francofônico do 62º Festival Internacional do Filme de Cannes 2009
- Urso de Prata de Melhor Ator no Festival de Berlim, 2008
- Officier des arts et des lettres, França, 2009
- Cavalheiro da Ordem e do Mérito das Letras e da Comunicação, agraffe cinématographe, Burkina Faso, 2009
- Homenagem do Ministério da Cultura no Festival Pan-africano pelo conjunto da obra, 2009
- O Tamit de ouro, 2008
- Prêmio de Melhor Ator do Festival Internacional do Filme de Zimbabwe, 2003
- Prêmio de Melhor Ator do Festival Internacional do Filme Mediterrâneo de Colônia, 2001

- Prêmio de Melhor Ator do Festival Internacional do Filme e da Francofonia de Namur, Belgica, 2001
- Prêmio da Francofonia da SACD, 1999
- Prêmio Afrique en Création, Festival de Cannes, 1994, outorgado pelo Ministério francês da Cooperação, pelo conjunto de obras cinematográficas

Homenagens
- Journée Nationale de Martin Luther King, Estados Unidos, 2005
- La Médaille de la ville de Ville Franche, 2002
- Festival de Namur, 2001
- La Médaille de la ville d'Arbois, 2001
- Festival International de Théâtre Santarcangelo Itália, 1999
- Festival des Journées Internationales Théâtrales de Carthage, 1999
- Festival Vue d'Afrique, Montreal, 1999
- La Médaille de la ville d'Aubervilliers, 1999
- La Médaille de la ville de Blaye, 1999
- Journées Cinématographiques de Carthage, 1996
- Journées théâtrales de Carthage, 1993
- Festival du Film d'Amiens, 1993

Teatro

Ator em:
Criação a partir de Tiziano Terziani, dir. Giordano Amato, 2007
Esperando Godot, de Beckett, dir. Hassane Kouyaté, 2007
Tierno Bokar, de Amadou Hampâté Bâ, dir. Peter Brook, 2004/2005
Édipo rei, de Sófocles, adapt. e dir. Sotigui Kouyaté, 2003
Hamlet, de Shakespeare, dir. Peter Brook, 2001/2002
Le costume, de Can Themba, dir. Peter Brook, 1999/2000
Antígona, de Sófocles, adapt. Jean-Louis Sagot-Duvauroux, Habib Dembélé, dir. Sotigui Kouyaté, 1999
Je sui un phénomène, dir. Peter Brook, 1999

Qui est là, de Shakespeare, adapt. J.C. Carrière, dir. Peter Brook, 1995/1996

L'homme qu, de Oliver Sachs, dir. Peter Brook, 1993/1994

Le voyage de Bougainville, de Diderot, dir. Mad N'Diaye, 1992

Moha le fou, Moha le sage de Tahar Ben Jelloun, Festival International des Francophonies de Limoges, 1991

A tempestade, de Shakespeare, dir. Peter Brook, 1990/1991

L'ivrogne dans la brousse, de Amos Tutoila, dir. Gilles Zapffel (Théâtre Ecarlate), 1988/1989

O Mahabharata, adapt. J.C. Carrière, dir. Peter Brook (versões francesa e inglesa de 1984 a 1988)

Os negros, de Jean Genet. Criação coletiva no Québec, 1974, com a participação de 26 países membros da Francofonia, dir. Claude Régy

Diretor em:

Soundjata, 2007 e 2009

Européana, de Patrick Ourednik, 2005

Édipo rei, de Sófocles, 2003

Le pont, de Laurent Van Wetter, 2003

Le lien du sang, de Athol Fugard, 2000

Jean Moulin d'après le premier combat, de Jean Moulin, 1999

Antígona, de Sófocles, adapt. J. L. Sagot-Duvauroux e H. Dembélé, 1999

Lecture d'une femme, de Salah Stétié, França, 1996

La voix du griot, criação pessoal, Francophonie de Limoge, 1986, RITEJ Lyon, 1987, Rencontres Internationales de Bretagne, 1989, Festival de Avignon, 1990

Il était une fois... son et lumière, para o 75º aniversário da Casa Católica de Burkina Faso, de Sotigui Kouyaté, 1982

La vérité n'est pas toujours bonne à dire, de Sotigui Kouyaté, 1982

Une fille sans nom, de Sotigui Kouyaté, 1979

L'homme et la bouteille, de Sotigui Kouyaté, 1978

Barnabé le vaillant, de Sotigui Kouyaté, 1977

Les causeurs de trouble, de Sotigui Kouyaté, 1976

Le cas de maître Legrand, de Sotigui Kouyaté, 1975

La princesse Yenninga, adapt. Sotigui Kouyaté, 1973
L'aveugle amoureux, de Sotigui Kouyaté, 1970
La complainte du caïman, de Sotigui Kouyaté, 1968
L'avare indigène, de Molière, adapt. Sotigui Kouyaté, 1967
La mort, de Chaka Zoulou, de Seydou Badiam Kouyaté, 1966
Le roi Kango, de Dicko Boubacar, 1964

Cinema e televisão

Durante muito tempo, Sotigui foi animador da televisão do antigo Alto Volta (Burkina Faso), participando também de apresentações teatrais e musicais ao vivo. Dirigiu de 1967 a 1970 le trio d'Art Dramatique, com o apoio da Embaixada Francesa.

Ator em:
Errance de Nouri Bouzid, 2009
London River de Rachid Bouchareb, 2008
Dans le ventre de l'enfant, de Giordan Amato, 2008
Faro, de Salif Traoré, 2007
Travaux, de Brigitte Rouan, 2004
L'annulaire, de Diane Bertrand, 2004
Génésis, de Claude Nuridsany e Marie Pérénou, 2003
Chère Marianne (telefilme), 2002
Gate to heaven, de Veit Helmer, 2002
Little Senegal, de Rachid Bouchareb, 1999
Sia ou le rêve du Python, de Dani Kouyaté, 1999
Jim la nuit, de Bruno Nuytten, 1999
Les autres, de Randa Chahat, 1998
La genèse, de Cheik Omar Sissoko, 1997
P. J., de Gérard Vergez (telefilme), 1997
Mira la magnifique, de Agnès Delarine, 1996
Sarakabo, de Denis Amar, 1996
Highlander, de Adrien Paul, 1996
L'enfant de l'absence

Rainbow pour Rimbaud, de Jean Teulé, 1995
Keïta, L Heritage du griot, de Dani Kouyaté, 1995
Sale métier de flic, de Vincent Ravalec, 1995
Une nuit de pluie, de Jacques Dubuisson, 1994
Les noms n'habitent nulle part, de Dominique L., 1994
A cran, de Solange Marin, 1994
Wendemi, de Pierre Yaméogo, 1993
Tombés du ciel, de Philippe Lioret, 1993
Ruptures, de Christine Citti, 1992
IP 5, de J. J. Beneix, 1992
Place de la République, de Arnaud Petit, 1991
Golem, l'esprit de l'exil, de Amos Gitaï, 1991
L'africaine, de Margaret von Trotta, 1990
Le lyonnais, de Cyril Collard (telefilme), 1990
Un thé au Sahara, de Bernardo Bertolucci, 1989
El Cantara, de J. Sagols (telefilme), 1989
Mami Wata, de Moustapha Diop, 1989
O Mahabharata, de Peter Brook, 1988
Y'a bon les blancs, de Marco Ferreri, 1987
Divine sieste, de Papa de Alain Nahum, (telefilme), 1986
Mécomptes d'auteur, de Roger Pigot, 1986
Qui c'est ce garçon, de Nadine Trintignant (Feuilleton TV), 1986
Descente aux enfers, de Francis Girod, 1986
Eden Miseria, de Cristine Laurent, 1986
Black mic mac, de Thomas Gilou, 1986
Le médecin de Gafiré, de Moustapha Diop, 1983
Jours de tourmente, de Paul Zoumbara, 1982
Le courage des autres, de Christian Richard, 1982
Pawéogo l'émigrant, de Sanou Kollo, 1981
Mariage du soleil et de l'eau (ator e realizador assistente), 1980
Fuite de samba (ator e realizador assistente, produção alemã), 1980
Sauterelles sur Dandé (ator e realizador assistente, produção alemã), 1980
La révolte de Nagbagaré (produção alemã), 1980

Toula, de Moustapha Allassane, 1972

FVVA, de Moustapha Allassane, 1969

Protection des semences, de Jean David, 1969

Naba Dogo, de Sanon Kollo, 1969

Kognini, de Djim Kola, 1968

BCG, de Hilaire Tiendrébéogo, 1966

Este livro foi impresso em novembro de 2020 na Gráfica Edelbra, em Erechim
O papel de capa é o cartão 250g/m^2, o de miolo é o offset 75g/m^2.
A família tipográfica utilizada é a ITC Stone Serif Medium.

[Esther] Kouyaté, Isaac Bernat e [So]tigui Kouyaté com o Urso [de] Prata de melhor papel [m]asculino ganho por Sotigui, [em] 2009, em Berlim, com o [fil]me London River, dirigido [po]r Rachid Bouchareb.
[Fo]to: de Isaac Bernat

Sotigui Kouyaté, em "Le costume" (2000). Foto da coleção particular de Esther Marty-Kouyaté

Visita ao Parque dos Crocodilos Sagrados, Burkina Faso (2003). Foto: Isaac Bernat

Sotigui Kouyaté no Parque dos Crocodilos Sagrados, Burkina Faso (2003). Foto: Isaac Bernat

Cozinha ao ar livre em Bamako, Mali (2003). Foto: Isaac Bernat

Refeição na casa de Soussaba e Uolo, Bamako, Mali (2003).
Foto: Isaac Bernat

Soussaba e Soundjata – filha e neto de Sotigui Kouyaté –, Bamako, Mali (2003). Foto: Isaac Bernat

Isaac Bernat e Ana Achcar na casa de Uolo e Soussaba, Bamako, Mali (2003). Foto: Isaac Bernat

Com Bourama Kouyaté e Issa, nosso motorista, Bamako, Mali (2003). Foto: Isaac Bernat

As griottes Luntani e Tagaré, sobrinha e prima de Sotigui, Bamako, Mali (2003). Foto: Isaac Bernat

Chegada em Bobo-Dioulasso, Burkina Faso (200...
Foto: Isaac Bern...

Viagem de Bamako, Mali, para Bobo-Dioulasso, Burkina Faso (2003). Foto: Isaac Bernat

Palco do Centro Cultural Djéliya Internationale, Bobo-Dioulasso, Burkina Faso (2003).
Foto: Isaac Bernat

Ismael, protagonista do filme Ismael, un exemple de courage, *Bobo-Dioulasso, Burkina Faso (2003). Foto: Isaac Bernat*

Sotigui com o ator polonês Ryszard Cieslak, em "Mahabharata" (1984). Foto da coleção particular de Esther Marty-Kouyaté

"Mahabharata" (1984). Foto da coleção particular de Esther Marty-Kouyaté

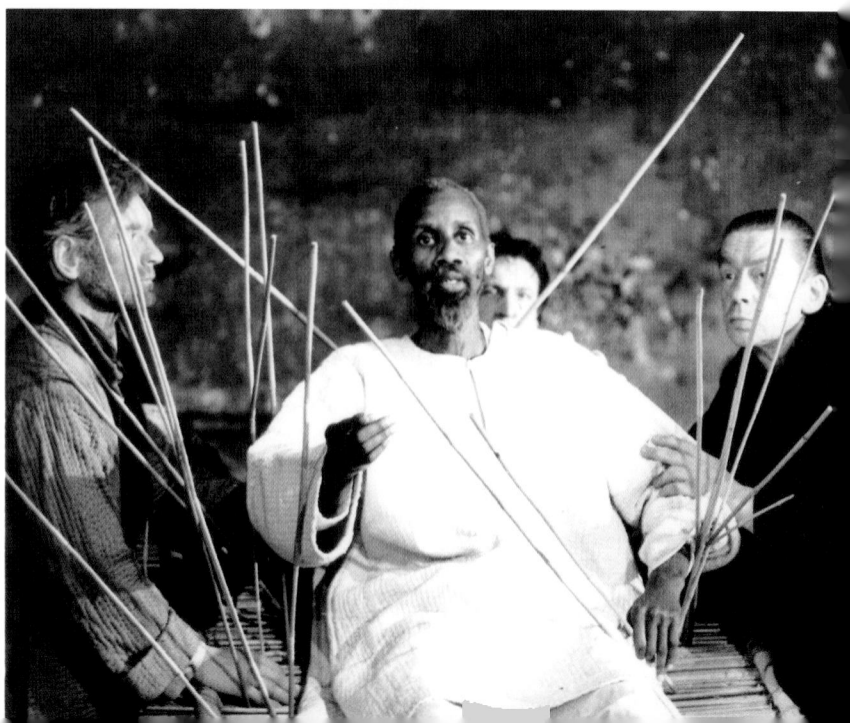

Sotigui no papel de Próspero, em "A tempestade", dirigido por Brook. Foto da coleção particular de Esther Marty-Kouyaté

*Sotigui com a esposa Esther e seus filhos Mabô e Yagaré,
em visita às suas irmãs em Ouagadougou, Burkina Faso (2003).
Foto: Isaac Bernat*

*Apresentação de músicos no quintal da casa da mãe
adotiva de Sotigui, Ouagadougou, Burkina Faso (2003).
Foto: Isaac Bernat*

...ãe adotiva de Sotigui, Ouagadougou, Burkina Faso (2003).
...to: Isaac Bernat

Grupo de brasileiros que viajou à África na casa da mãe adotiva de Sotigui, Ouagadougou, Burkina Faso (2003). Foto: Isaac Bernat

Mesquita na aldeia de Ouahabou, Burkina Faso (2003).
Foto: Isaac Bernat

l'Hadj Beton Konaté, Sotigui e sua filha, Yagare, Ouahabou, Burkina Faso (2003).
Foto: Isaac Bernat

iot *caçador tocando o* doso n'goni, *Bobo-Dioulasso, Burkina Faso (2003).*
to: Isaac Bernat

Sotigui retribuindo as homenagens do griot caçador, Bobo-Dioulasso, Burkina Faso (2003).
Foto: Isaac Bernat

*Sotigui em "A tempestade",
direção de Peter Brook
(1990).
Foto da coleção
particular de Esther
Marty-Kouyaté*

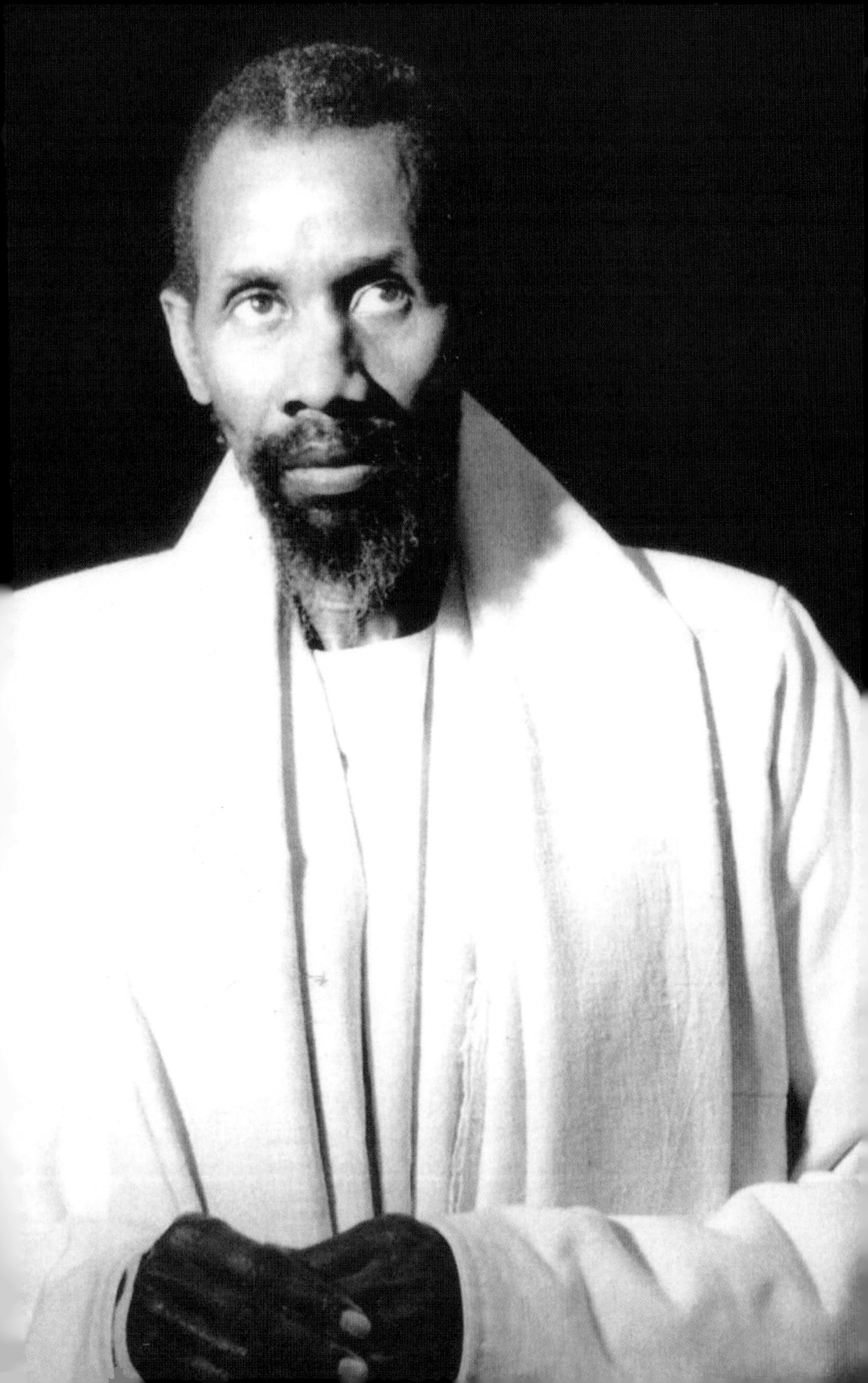

Bakari Sangaré (Ariel) e Sotigui Kouyaté (Próspero), em "A tempestade", direção de Peter Brook (1990). Foto da coleção particular de Esther Marty-Kouyaté

Cyril Guy e Sotigui Kouyaté em "Le costume" (1999). Foto da coleção particular de Esther Marty-Kouyaté

Cyril Guy, Hubert Koundé e Sotigui Kouyaté em "Le costume" (1999).
Foto da coleção particular de Esther Marty-Kouyaté

Peter Brook dirigindo Sotigui Kouyaté, Yoshi Oida e Bruce Myers, em "Tierno Bokar" (2004).
Foto da coleção particular de Esther Marty-Kouyaté

Sotigui Kouyaté e o elenco de "Tierno Bokar" (2004).
Foto: Isaac Bernat

Imagem retirada do filme Le courage des autres, *de Christian Richard (1982).*
Foto da coleção particular de Esther Marty-Kouyaté

Sotigui Kouyaté no filme Le courage des autres *(1982). Foto da coleção particular de Esther Marty-Kouyaté*

Sotigui Kouyaté no filme Le courage des autres *(1982). Foto da coleção particular de Esther Marty-Kouyaté*

Sotigui Kouyaté e Hamed Dicko no filme Keita, L'heritage du griot *(1995).*
Foto da coleção particular de Esther Marty-Kouyaté

Sotigui Kouyaté no filme Keita, L'heritage du griot *(1995).*
Foto da coleção particular de Esther Marty-Kouyaté

Sotigui Kouyaté no filme Little Senegal *(1999). Foto da coleção particular de Esther Marty-Kouyaté*

Sotigui Kouyaté no filme Little Senegal *(1999). Foto da coleção particular de Esther Marty-Kouyaté*

Sotigui durante estágio no Sesc, em São Paulo (2006).
Foto: Isaac Bernat

Sotigui Kouyaté orientando estágio na UNIRIO (2003). Foto: Isaac Bernat

Exercício O Nome do Outro em estágio na UNIRIO (2003).
Foto: Isaac Bernat

Último dia do estágio na UNIRIO (2003).
Foto: Isaac Bernat

*Sotigui Kouyaté
e Isaac Bernat.
Foto: Isaac Bernat*

*Clara Santhana apresentando "Iemanjá", no curso Interpretação V UNIRIO (2007.2).
Foto: Isaac Bernat*

Cátia Costa apresentando "Quando Oxum perdeu tudo por amor a Xangô", no curso Interpretação V UNIRIO (2007.2). Foto: Isaac Bernat

Camila Bastos apresentando "Iansã", no curso Interpretação V UNIRIO (2007.2). Foto: Isaac Bernat

*Tiago Quites apresentando "Iroco castiga a mãe que não lhe dá o filho prometido", no curso Interpretaçao V UNIRIO (2007.2).
Foto: Isaac Bernat*

Pablo Aguilar apresentando o conto "A terceira margem do rio", de Guimarães Rosa, no curso Interpretação V UNIRIO (2006.2).
Foto: Isaac Bernat

riano Pellegrini apresentando a fábula "A morte da tartaruga",
Millôr Fernandes, no curso Interpretação V UNIRIO (2006.2).
o: Isaac Bernat

Apresentação do conto "A arte do gato maravilhoso", no curso Interpretação
V UNIRIO (2006.2).
Foto: Isaac Bernat

Apresentação do conto "Méa Yeung", no curso Interpretação V UNIRIO (2006.2).
Foto: Isaac Bernat

Apresentação do conto "O cultivador e o Guinarou", no curso Interpretação V UNIRIO (2006.2).
Foto: Isaac Bernat

Apresentação do conto "O cultivador e o Guinarou", no curso Interpretação V UNIRIO (2006.2).
Foto: Isaac Bernat

...io no encontro Anjos do Picadeiro na Fundição Progresso, Rio de Janeiro (2006).
Isaac Bernat

Estágio no Sesc Consolação, São Paulo (2006).
Foto: Isaac Bernat

Exercício de grupo sobre o conto "O cultivador e o Guinarou", em estágio na UNIRIO (2003)
Foto: Isaac Berna

Exercício de grupo sobre o conto "Méa Yeung", em estágio na UNIRIO (2003).
Foto: Isaac Bernat

Leticia Spiller no exercício do conto "O corvo e a raposa", em estágio na UNIRIO (2003). Foto: Isaac Bernat

Clarice Niskier no exercício do conto "O corvo e a raposa", em estágio na UNIRIO (2003).
Foto: Isaac Bernat

Joyce Niskier e Augusto Madeira no exercício Áreas Opostas em estágio na UNIRIO (2003).
Foto: Isaac Berna